高职高专道路桥梁工程技术专业"十四五"规划教材
"互联网＋"创新型教材

公路施工技术

（第 3 版）

主　编　程玉华　韩俊平

副主编　花艳丽　王训锋　海　梅

主　审　易　操

扫码打开 公路施工技术

云端资料库

· 思政案例清单
公路施工思政案例资料

· 配套习题资料
课后习题资料汇总

· 精品课件汇编
配套课件PPT即下即用

· 错题收纳本
在线收集整理错题

武汉理工大学出版社
· 武汉 ·

内 容 提 要

　　本书以公路路基、路面工程施工过程为核心,依据最新的公路设计、施工规范和标准,全面讲述了公路路基、路面工程施工的工艺及要点。全书共分为三个项目:项目一为路基施工技术,介绍了路基认知、路基填筑与开挖施工、路基防护与加固工程施工、路基排水工程施工,以及路基工程质量评定及验收等内容;项目二为路面施工技术,介绍了路面认知、路面基层施工、沥青路面施工及水泥混凝土路面施工等内容;项目三为路基路面现场试验检测,介绍了路基路面工程质量评定方法和几种重要实测项目的检测方法。为了便于读者在学习过程中更好地了解和掌握核心内容,每个情境正文前有学习目标、能力要求,其后附有复习思考题。

　　本书既可作为道路桥梁工程技术专业、工程监理专业、工程造价专业、工程检测专业等的教材,也可作为交通土建类相关专业及路桥工程技术人员的参考用书。

图书在版编目(CIP)数据

公路施工技术/程玉华,韩俊平主编.—3 版.—武汉:武汉理工大学出版社,2023.7
ISBN 978-7-5629-6807-8

Ⅰ.①公… Ⅱ.①程… ②韩… Ⅲ.①道路施工-工程技术-高等职业教育-教材 Ⅳ.①U415.6

中国国家版本馆 CIP 数据核字(2023)第 142794 号

项目负责人:戴皓华		责 任 编 辑:戴皓华	
责 任 校 对:张　晨		版 面 设 计:正风图文	

出 版 发 行:武汉理工大学出版社
社　　　　址:武汉市洪山区珞狮路 122 号
邮　　　　编:430070
网　　　　址:http://www.wutp.com.cn
经　　　　销:各地新华书店
印　　　　刷:武汉市洪林印务有限公司
开　　　　本:787×1092　1/16
印　　　　张:17.75
字　　　　数:443 千字
版　　　　次:2023 年 7 月第 3 版
印　　　　次:2023 年 7 月第 1 次印刷
印　　　　数:2000 册
定　　　　价:48.00 元(含练习册)

前　言

（第 3 版）

本书为高职高专道路桥梁工程技术专业"十四五"规划教材之一，是根据教育部制定的高职高专道路桥梁工程技术专业教育教学标准的基本要求，并结合目前教学改革发展的需要，以及参考实际工程中专业的最新动态编写而成，是一本基于道路施工任务开发的新形态教材。

本书具有以下特色：

一是贯彻"校企双元"。基于道路施工真实过程，校企合作划分教学情境和典型工作任务，对接道路施工新规范，体现行业"四新技术"。

二是紧扣"以学生为中心"。以国家职业标准为依据，以综合职业素养培养为目标，以典型工作任务为载体，以学生为中心，以能力培养为本位，以学习成果为导向，配套相应练习册，促进"做中学""学中练""练中赛"。

三是配套"数字资源"。基于数字教育战略，教材配套电子课件、习题等数字资源，协助教师开展线上线下混合式教学，帮助学生理解教材中的重点及难点。

四是融入"课程思政"。基于课程特色和行业特点，传承"工匠精神"，引导学生立匠志、守匠德、育匠心、铸匠魂。

本书分为三个项目，共十一个学习情境。本书此次改版，更新了原有的陈旧内容，采用了最新的规范、标准，如《公路沥青路面设计规范》(JTG D50—2017)、《排水沥青路面设计与施工技术规范》(JTG/T 3350-03—2020)、《公路路基施工技术规范》(JTG/T 3610—2019)、《公路路基路面现场测试规程》(JTG 3450—2019)等。

本书由武汉交通职业学院程玉华、湖北城市建设职业技术学院韩俊平任主编并负责全书统稿，湖北城市建设职业技术学院花艳丽、中国葛洲坝集团勘测设计有限公司王训锋、内蒙古交通职业技术学院海梅任副主编，湖北城市建设职业技术学院秦洁参编，具体编写分工如下：程玉华编写项目一的情境一，韩俊平编写项目一的情境二至情境四和练习册，秦洁编写项目一的情境五，花艳丽编写项目二的情境一至情境三，海梅编写项目二的情境四，王训锋编写项目三。湖北城市建设职业技术学院易操副教授对全书的修订提出了宝贵的建议。

本书在编写过程中，参阅了许多相关教材和技术文献，在此一并向有关专家和作者致以诚挚的谢意。

由于编者水平有限，不妥之处在所难免，敬请使用本书的教师和其他读者给予批评指正。

编　者

2023 年 5 月

本书配套资源说明

本书配套了课件、习题、思政案例等信息化教学资源,这些资源可更好地辅助教学,激发学生的学习兴趣和积极性,有助于学生更好地理解和掌握课程知识,同时还可为教师组织和实施教学服务。

课程资源清单

序号	资源名称		资源数量
一	课件		1套
1	路基施工技术		5个
2	路面施工技术		5个
3	路基路面检测试验		5个
二	习题		共200道
1	路基施工技术		90道
2	路面施工技术		90道
3	路基路面检测试验		20道
三	思政资源		共16个
	融入章节	思政案例名称	
1	路基认知	中国公路70年	1个
		公路专家赵祖康事迹	1个
		加快建设交通强国	1个
2	路基填筑与开挖施工	"信义兄弟"事迹	1个
		"青藏公路、川藏公路"建设事迹	1个
3	路基防护与加固工程施工	"美丽公路"建设事迹	1个
		边坡无小事	1个
4	路基排水工程施工	水的威力	1个
5	路基工程质量评定与验收	检测数据要诚信	1个
6	路面认知	公路专家沙庆林院士事迹	1个
7	路面基层施工	"强基薄面"理念的由来	1个
8	沥青路面施工	推广国产沥青事迹	1个
		京津塘高速建设事迹	1个
		沥青摊铺机创新案例	1个
9	水泥路面施工	水泥路面填缝料研发事迹	1个
10	路基路面现场试验检测	诚信小故事	1个

资源使用方法:课件、习题直接向武汉理工大学出版社索要(电话:13469981083,微信同号)。思政案例在正文中扫码观看。

目　　录

项目一　路基施工技术

情境一　路基认知

思政案例：
中国公路 70 年

任务一　路基的性能要求

公路是一种暴露于自然界中的线形工程构造物，呈一条空间曲线。公路由于受地形、地貌、地质、水文等自然条件限制，以及为了满足经济性要求，在平面上有弯道、在纵断面上有起伏、在横断面上有填挖。公路中线及中线两侧一定范围内的地物、地貌在水平面上的投影称为路线平面图；将公路中线的立面投影展绘而成的图形称为路线纵断面图；在中心桩处垂直于公路中线方向的剖面图称为路基横断面图，如图 1-1-1 所示。

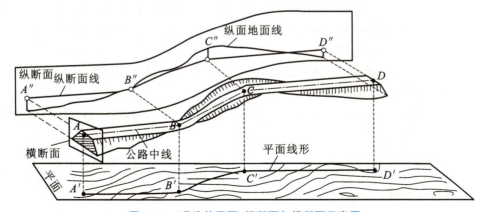

图 1-1-1　道路的平面、纵断面与横断面示意图

公路的基本组成部分包括路基、路面、桥梁、隧道、互通立交、涵洞、防护与支挡工程、排水设施、挡土墙等。此外,还有各种沿线交通安全、管理、服务、环保等附属设施。公路主要组成如图 1-1-2 所示。

图 1-1-2　公路主要组成部分

一、路基组成

路基是指按照路线位置和一定技术要求修筑的带状构造物,是路面的基础,承受由路面传递下来的行车荷载。路基包括路床和路堤两部分。路床是指路面结构层底面的路基部分,在结构上分为上路床和下路床;路堤是指高于原地面的路基,在结构上分为上路堤和下路堤,上路堤是指路床以下 0.7 m 厚度范围的填方部分,下路堤是指上路堤以下的填方部分。路床和路堤的深度区别见表 1-1-1。

表 1-1-1　路床和路堤在路基中的部位和深度区别

	在路基中的部位	路基顶面以下的深度(m)
上路床	特重、极重、轻、中及重交通荷载	0～0.3
下路床	轻、中及重交通荷载	0.3～0.8
	特重、极重交通荷载	0.3～1.2
上路堤	轻、中及重交通荷载	0.8～1.5
	特重、极重交通荷载	1.2～1.9
下路堤	轻、中及重交通荷载	>1.5
	特重、极重交通荷载	>1.9

路肩是指行车道外缘至路基边缘部分,用作路面的横向支承,分为硬路肩和土路肩两部分,硬路肩部分可作为临时停车带。

路基边坡是指在路基两侧的坡面部分,为防止水流冲刷,保证路基稳定,在坡面上采取砌石、喷浆、栽植等措施对坡面进行防护和加固。

路基排水设施是指为保持路基稳定而设的地面和地下排水构造物,包括边沟、排水沟、截水沟、急流槽、渗沟、盲沟等。

二、对路基的基本要求

1. 符合规范要求

路基横断面形式及尺寸,应符合《公路工程技术标准》(JTG B01—2014)的有关规定。

2. 具有足够的整体稳定性

路基的整体稳定性是指在车辆及自然因素作用下,路基整体不产生过大变形和破坏的性能。路基是直接在地面上填筑或者挖去一部分土石方而建成的。路基修建后,改变了原地面的天然平衡状态。因此,为防止路基结构在行车荷载及自然因素的共同作用下发生不被允许的变形或破坏,必须因地制宜地采取一定的措施来保证路基整体结构的稳定性。

3. 具有足够的强度

路基的强度是指在行车荷载作用下,路基抵抗变形与破坏的能力。因为行车荷载及路基路面的自重使路基和地基产生一定的压力,这些压力可使路基产生一定的变形,当变形超过一定限度时,会直接损坏路面而影响使用品质。为保证路基在外力作用下,不致产生超过容许范围的变形,要求路基应有足够的强度。

4. 具有足够的水温稳定性

路基的水温稳定性是指路基在水和温度的作用下保持其强度的能力,包括水稳定性和温度稳定性。路基在地面水和地下水作用下,其强度将会显著地降低。特别是季节性冰冻地区,由于水温状况的变化,路基将产生周期性冻融,形成冻胀和翻浆,使路基强度急剧下降。因此,对于路基,不仅要求有足够的强度,而且还应保证在最不利的水温状况下,强度不至于显著降低,这就要求路基应具有足够的水温稳定性。

三、路基土的分类及工程特性

1. 路基土的分类

根据《公路土工试验规程》(JTG 3430—2020),我国公路用土依据土的颗粒组成特征、土的塑性指标和土中有机质存在的情况,分为巨粒土、粗粒土、细粒土和特殊土四类,并进一步细分为 13 种土(图 1-1-3)。土的颗粒组成特征用不同粒径粒组在土中的百分含量表示。不同粒组的划分界限及范围如表 1-1-2 所示。

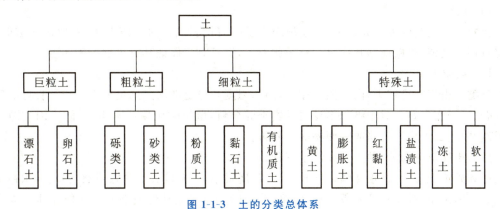

图 1-1-3 土的分类总体系

(1) 巨粒土

试样中巨粒组质量多于总质量 75% 的土称为漂(卵)石;巨粒组质量为总质量 50%～75%(含 75%)的土称为漂(卵)石夹土;巨粒组质量为总质量 15%～50%(含 50%)的土称为漂(卵)质土;巨粒组质量少于或等于总质量 15% 的土,可扣除巨粒,按粗粒土或细粒土的相应规定分类定名。

表 1-1-2　粒组划分表　　　　　　　　　　　　单位:mm

200	60	20	5	2	0.5	0.25	0.075	0.002	<0.002
巨粒组		粗粒组						细粒组	
漂石 (块石)	卵石 (小块石)	砾(角砾)			砂			粉粒	黏粒
		粗	中	细	粗	中	细		

(2)粗粒土

试样中巨粒组质量小于或等于总质量 15%,且巨粒组土粒与粗粒组土粒的质量之和大于总土质量 50% 的土称为粗粒土。粗粒土分为砾类土和砂类土两种;砾粒组质量多于砂粒组质量的土称为砾类土,砾粒组质量少于或等于砂粒组质量的土称为砂类土。

(3)细粒土

试样中细粒组土粒质量大于或等于总质量 50% 的土称为细粒土。试样中有机质含量大于或等于总质量的 5% 的土称为有机质土,有机质含量大于或等于 10% 的土称为有机土。

(4)特殊土

特殊土包括黄土、膨胀土、红黏土、盐渍土、冻土和软土。黄土、膨胀土、红黏土按塑性指数(I_p)和液限(W_p)划分。黄土属于低液限黏土,$W_\mathrm{L}<40\%$;膨胀土属于高液限黏土,$W_\mathrm{L}>50\%$;红黏土属于高液限粉土,$W_\mathrm{L}>55\%$。盐渍土按照土层中所含盐的种类和质量百分比进行分类,分为弱盐渍土、中盐渍土、强盐渍土和过盐渍土。冻土按冻结状态持续时间分为多年冻土、隔年冻土和季节性冻土。

2. 土的工程性质

公路用土具有不同的工程性质,在选择路基填筑材料以及修筑稳定土路面结构层时,应根据不同的土类分别采取不同的工程技术措施。

(1)巨粒土

巨粒土有很高的强度和稳定性,是填筑路基很好的材料。对于漂石土,在码砌边坡时,应正确选用边坡值,以保证路基稳定。对于卵石土,填筑时应保证其有足够的密实度。

(2)粗粒土

砾类土由于粒径较大,内摩擦力亦大,因而强度和稳定性均能满足要求。级配良好的砾类土混合料,密实度好。对于级配不良的砾类土混合料,填筑时应保证密实度,防止因空隙大而造成路基积水、不均匀沉陷或表面松散等病害。

砂类土又可分为砂、砂土和砂性土三种。

砂和砂土无塑性,透水性强,毛细水上升高度很小,具有较大的摩擦系数,强度和水稳定性均较好。但由于黏性小、易松散,压实困难,砂和砂土需要振动法或灌水法才能压实。为克服这一缺点,可添加一些黏质土,以改善其使用质量。

砂性土既含有一定数量的粗颗粒,使路基具有足够的强度和水稳性,又含有一定数量的细粒土,使其具有一定的黏性,不至于过分松散。砂性土一般遇水疏散快、不膨胀,干时有足够的黏结性,扬尘少,容易被压实。因此,砂性土是修筑路基的良好材料。

（3）细粒土

粉质土为最差的筑路材料。它含有较多的粉土粒，干时易被压碎，扬尘大，浸水时很快被渗透，易成稀泥。粉质土的毛细作用强烈，毛细上升高度快，上升高度一般可达 0.9～1.5 m。在季节性冰冻地区，水分积聚现象严重，造成严重的冬季冻胀，春融期间出现翻浆，故又称翻浆土。如遇粉质土，特别是在水文条件不良时，应采取一定的措施，改善其工程性质，达到规定的要求后方可使用。

黏质土透水性很差，黏聚力大，因而干时坚硬，不易挖掘。它具有较大的可塑性、黏结性和膨胀性，毛细现象也很显著，用来填筑路基比粉质土好，但不如砂性土。浸水后黏质土能较长时间保持水分，因而承载能力小。对于黏质土如在适当的含水率时加以充分压实和有良好的排水设施，用其筑成的路基也能获得稳定。

机质土（如泥炭、腐殖土等）不宜作路基填料，如遇有机质土均应在设计和施工上采取适当措施。

（4）特殊土

黄土属于大孔和多孔结构，具有湿陷性。膨胀土受水浸湿发生膨胀，失水则收缩。红黏土失水后体积收缩量较大，盐渍土潮湿时承载力很低。因此，特殊土也不宜作路基填料。

3. 路基土的工程分级

《公路工程标准施工招标文件》（2018 年版）"第七章 技术规范"规定，路基土石划分的标准是：在公路路基土石挖方中用不小于 112.5 kW 推土机单齿松土器无法松动，须用爆破或用钢楔大锤或用气钻方法开挖的，以及体积大于或等于 1 m³ 的孤石为石方，其余为土方。为便于选择施工方法和施工机具，确定工程量和费用，在施工中路基土、石按其开挖难易程度，可分为六级，如表 1-1-3 所示。

表 1-1-3 路基土、石工程分级

土、石等级	土、石类别	土、石名称	钻 1 m 所需时间		双人打眼（人工，h）	爆破 1 m³ 所需炮眼长度（m）		开挖方法
			湿式凿岩一字合金钻头净钻时间（min）	湿式凿岩普通淬火钻头净钻时间（min）		路堑	隧道导坑	
Ⅰ	松土	砂类土、腐殖土、种植土、中密的黏性土及砂性土、松散的含水率不大的黏土，以及含有直径 30 mm 以下的树根或灌木根的泥炭土						用铁锹挖，脚蹬一下到底的松散土层

续表 1-1-3

土、石等级	土、石类别	土、石名称	钻 1 m 所需时间			爆破 1 m³ 所需炮眼长度(m)			开挖方法
			湿式凿岩一字合金钻头净钻时间(min)	湿式凿岩普通淬火钻头净钻时间(min)	双人打眼(人工,h)	路堑	隧道导坑		
Ⅱ	普通土	水分较大的黏土、密实的黏性土及砂性土、半干硬状态的黄土,以及含有直径 30 mm以上的树根或灌木根的泥炭土、碎石类土(不包括块石土及漂石土)							部分用镐刨松,再用锹挖,以脚蹬需连蹬数次才能挖动
Ⅲ	硬土	硬黏土、密实的硬黄土,含有较多的块石土及漂石土,各种风化成土块的岩石							必须用镐先全部刨过才能用锹
Ⅳ	软石	各种松散岩石、盐岩、胶结不紧的砾岩、泥质页岩、砂岩、煤、较坚实的泥灰岩、块石土及漂石土、软的节理多的石灰岩		7 以内	0.2 以内	0.2 以内	2.0 以内		部分用撬棍或十字镐及大锤开挖,部分用爆破法开挖
Ⅴ	次坚石	硅质页岩、砂岩、白云岩、石灰岩、坚实的泥灰岩、软玄武岩、片麻岩、正长岩、花岗岩	15 以内	7~20	0.2~1.0	0.2~0.4	2.0~3.5		用爆破法开挖
Ⅵ	坚石	硬玄武岩、坚实的石灰岩、白云岩、大理岩、石英岩、闪长岩、粗粒花岗岩、正长岩	15 以上	20 以上	1.0 以上	0.4 以上	3.5 以上		用爆破法开挖

四、路基受力状况及路基工作区

1. 路基受力状况

路基承受着路基路面自重和车辆荷载的共同作用。理想的设计应使路基受力时只产生弹性变形,即当车辆驶过后,路基能恢复原状,以保证路基相对稳定,而不致引起路面破坏。

路基土在车轮荷载作用下所引起的垂直压应力 σ_1,可以用式(1-1-1)近似计算。计算时假定车轮荷载为一圆形均布垂直荷载,路基为一弹性均质半空间体,则得:

$$\sigma_1 = K \frac{P}{Z^2} \tag{1-1-1}$$

式中　P——侧车轮荷载(kN);

　　　K——系数,一般 $K = 0.5$;

　　　Z——圆形均布荷载中心下应力作用点的深度(m)。

路基路面自重在路基内深度为 Z 处所引起的垂直压应力 σ_2 按式(1-1-2)计算。计算时,近似将路面材料当作路基材料。

$$\sigma_2 = \gamma Z \tag{1-1-2}$$

式中　γ——土的容重(kN/m³);

　　　Z——应力作用点深度(m)。

路基内任一深度处的垂直压应力包括车轮荷载引起的垂直应力 σ_1 和路基路面自重引起的垂直压应力 σ_2,两者共同作用。

行车荷载应力 σ_1 分布随深度增加逐渐减小,自重应力 σ_2 随深度增加呈线性增大,两者的共同作用如图 1-1-4 所示。

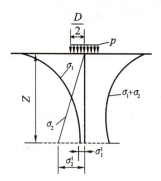

图 1-1-4　土基应力分布

2. 路基工作区

在路基某一深度 Z_a 处,车轮荷载通过路面传递到路基的垂直应力 σ_1 与路基土自重引起的垂直应力 σ_2 之比大于 0.1 的应力深度范围称为路基工作区,即车轮荷载作用影响较大的路基土范围。在路基工作区范围以下的路基,车轮荷载对路基土强度及稳定性影响很小,可略去不计。

工程意义:路基工作区内路基的强度和稳定性对保证路面结构强度和稳定性极为重要,所以,对工作区深度范围内的土质选择和路基的压实度应提出较高的要求。

当路基工作区深度 Z_a 大于路基填土高度(路堤高度)H 时,行车荷载的作用不仅施加于路堤,而且施加于天然地基上部土层,因此,天然地基上部土层和路堤应同时满足工作区的强度要求,均应充分压实,如图 1-1-5 所示。

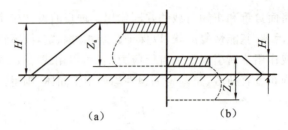

图 1-1-5 工作区深度和路基填土高度

(a)路基填土高度大于 Z_a;(b)路基填土高度小于 Z_a

3. 路基干湿类型

路基的强度和稳定性与路基土的干湿状态,以及大气温度引起的路基的水温状况有着密切的关系,并在很大程度上影响路面的使用性能。路基土的干湿状态通过路基平衡湿度(用饱和度表示)进行预估,分为干燥、中湿和潮湿三类,新建公路路床应处于干燥或中湿状态。

路基设计时依据路基工作区深度(Z_a)、路床顶面至地下水位的相对高度(h)、地下水位高度(h_w)、毛细水上升高度(h_0)及路基填土高度(h_t)、路基土类别确定路基干湿类型,并预估路基结构的平衡湿度,如图 1-1-6 所示。

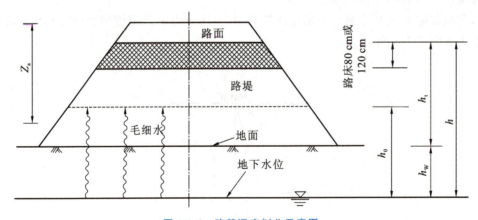

图 1-1-6 路基湿度划分示意图

h_t—路基填土高度($h_t \geqslant 0$ 时为路堤,$h_t < 0$ 时为路堑);h_w—地下水位高度;

h_0—毛细水上升高度;h—路床顶面至地下水位的相对高度;Z_a—路基工作区深度

干燥类路基的湿度由气候因素控制,即地下水位很低,路基工作区(Z_a)处于地下水毛细润湿面之上,路基平衡湿度完全由气候因素变化控制。

中湿类路基湿度兼受地下水和气候因素影响,即地下水位较高,路基工作区被地下毛细润湿面分为上、下两部分,下部受毛细水润湿的影响,上部则受气候因素影响。

潮湿类路基湿度由地下水控制,即地下水或地表长期积水水位高,路基工作区均处于地下水毛细润湿区影响范围内,路基平衡湿度由地下水位或地表长期积水的水位升降所控制。

4. 路基填土高度

路基填土高度的作用是为了避免水分对路基工作区性能产生显著影响,使路基土强度产生过大衰减,造成路基工作区承载力不够。

路基填土高度是指路肩边缘距原地面的高度。路基最小填土高度是指为保证路基稳定,根据土质、气候和水文地质条件所规定的路肩边缘距原地面的最小高度。路基填土高度应满足各等级公路所对应的路基设计洪水频率及设计洪水水位,路基高度不宜小于中湿状态路基临界高度;不含路面厚度的路基高度不宜小于路基工作区深度;季节性冰冻地区,不含路面厚度的路基高度不宜小于道路冻结深度。

五、路基土的常用强度指标

路基土的强度是指路基土在外力和重力作用下抵抗相对滑移变形和竖向垂直变形的能力。根据路基土简化的力学模型以及土体破坏的原因不同,表征路基土强度的指标主要有路基土的承载能力和抗剪强度。

1. 路基土的承载能力指标

路基土的承载能力是指路基土在一定应力作用下的抗变形能力。用于表征路基土承载能力的参数指标有路基土回弹模量 E_0、地基反应模量 K_0、加州承载比 CBR 等。

（1）路基土回弹模量

路基土回弹模量表示路基土在弹性变形阶段内,在垂直荷载作用下,抵抗竖向变形的能力。现场测定路基土回弹模量时,采用一定直径的刚性承载板用加载卸载的试验方法测试确定,具体参见《公路土工试验规程》(JTG 3430—2020);室内测定路基土和粒料回弹模量采用动三轴试验仪测试确定,具体参见《公路路基设计规范》(JTG D30—2015)附录 A。

《公路路基设计规范》(JTG D30—2015)规定,新建公路路基设计以路床顶面回弹模量为设计指标,以路床顶面竖向压应变为验算指标。路面结构设计的路基回弹模量设计值 E_0 应符合下列要求:路基在平衡湿度状态下,路床顶面回弹模量不应低于现行《公路沥青路面设计规范》(JTG D50—2017)和《公路水泥混凝土路面设计规范》(JTG D40—2011)的有关规定。路基顶面回弹模量即路床顶面回弹模量,要求见表 1-1-4。

表 1-1-4　路床顶面综合回弹模量要求（$[E_0]$,不小于,MPa）

交通荷载等级	极重	特重	重	中等	轻交通
沥青路面	70	60	50	40	
水泥混凝土路面	80			60	40

（2）地基反应模量 K_0

在刚性路面设计中,除用弹性模量表征路基土强度外,亦常用路基土反应模量作为强度指标。该力学模型假设地基上任一点的反力与该点的挠度成正比,而与其他点无关,即路基土相当于由互不联系的弹簧组成,如图 1-1-7 所示。

这种地基力学模型由捷克工程师文克勒(E.Winkler)首先提出,因此,又叫作文克勒地基。地基反应模量 K_0(MPa/m)为压力 P 与沉降 L 之比,即:

$$K_0 = P/L$$

(1-1-3)

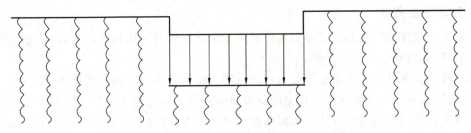

图 1-1-7　文克勒地基力学模型

地基反应模量 K_0 值，由承载板试验确定。承载板的标准直径规定为 76 cm，采用一次加载法，施加的荷载由两种方法控制：当地基较为软弱时，用 0.127 cm 的沉降控制承压板的荷载；当地基较为坚硬，沉降难以达到 0.127 cm 时，以单位压力 $P = 0.07$ MPa 控制承载板的荷载。

（3）加州承载比 CBR

加州承载比是美国加利福尼亚州提出的一种评定路基及路面材料抗变形能力的指标。承载能力以材料抵抗局部荷载压入变形的能力表征，并以高质量标准碎石的承载能力为标准，以它们的相对比值表示 CBR 值。

一般采用贯入量为 2.5 mm 时的单位压力与标准压力之比作为材料的承载比（CBR）。即标准试件在贯入量为 2.5 mm 时所施加的试验荷载与标准碎石材料在相同贯入量时所施加的荷载之比，以百分率表示。

CBR 试验有室内试验与现场试验两种。对于现场试验，应通过试验分析，寻找与室内试验之间的关系，换算为室内试验 CBR 值后，再用于路基施工强度检验或评定。其具体试验方法请参阅《公路土工试验规程》（JTG 3430—2020）。常用路基土的 CBR 值见表 1-1-5。

表 1-1-5　常用路基土的 CBR 值

土　类	CBR（%）
级配良好的砾石、砾石-砂混合料	60～80
级配差的砾石、砾石-砂混合料	35～60
均匀颗粒的砾石和砂质砾石；粉质砾石、砾石-砂-粉土混合料	40～80
黏土质砾石、砾石-砂-黏土混合料；级配良好的砂、砾石质砂；粉质砂、砂-粉土混合料	20～40
级配差的砂或砾石质砂	15～25
黏土质砂、石砂-黏土混合料	10～20
粉土、砂质粉土、砾石质粉土；贫黏土、砂质黏土、砾石质黏土、粉质黏土	5～15
无机质粉土、贫有机质黏土、云母质黏土或硅藻土	4～8
有机质黏土、肥黏土、有机质粉土	3～5

以上三项指标，都表征特定力学模型下路基土的应力与应变关系。但由于路基土是非线弹性体，其强度还随土质、密实度、水温状况及自然条件而变，因此，在应用各项指标进行路面设计和对路基土强度进行评价时，必须与路面结构设计方法相配合，与路基路面的设计方法相

配合,把路基路面的设计力学模型与具体条件和要求联系起来。

我国公路水泥混凝土路面、沥青路面设计方法中,采用回弹模量作为路基路面的设计参数指标。而在国外公路建设中多采用 CBR 指标。为积累经验,促进国际学术交流,我国《公路路基设计规范》(JTG D30—2015)和《公路路基施工技术规范》(JTG/T 3610—2019)中将 CBR 值作为路基填料选择的依据。

2. 路基土的抗剪强度指标

土的抗剪强度指土体抵抗剪切破坏的能力。路基土的抗剪强度对于分析土坡稳定以及挡土墙后土压力计算具有十分重要的意义。

路基土的抗剪强度通常用库仑公式表示:

$$\tau = c + \sigma \tan\varphi \tag{1-1-4}$$

式中 τ——土的抗剪强度(kPa);

c——土的黏聚力(kPa);

σ——剪切破坏面上的法向总应力(kPa);

φ——土的内摩擦角(°)。

c、φ 值为土的抗剪强度指标,反映了土体抗剪强度的大小,是路基土非常重要的力学指标。

路基土的抗剪强度测试有很多种方法。若用三轴压缩试验测定,在一定围压下进行轴向加载,可以模拟土体受荷时发生的应力情况。如果试验时可以完全控制排水,水分可以从空隙流出或排出,则路基土的抗剪强度完全可以按库仑公式式[(1-1-4)]表示。

任务二 路基构造认知

路基包括一般路基和特殊路基。一般路基是指在正常的地质和水文条件下,填方高度或挖方高度不超过规范允许范围(土质路堤 20 m,土质路堑 20 m,石质路堑 30 m)的路基。通常一般路基可以结合当地地形、地质情况,直接选用典型横断面图作各横断面的设计图,无须进行单独验算。超过规范规定的高填、深挖路基,以及地质和水文等条件不良的路基称为特殊路基。为确保路基具有足够的强度和稳定性,对特殊路基需要进行单独设计和验算。

思政案例:公路
专家赵祖康事迹

一、路基典型横断面

路基设计高程低于天然地面时,需要开挖;路基设计高程高于天然地面时,需要填筑。由于填挖情况的不同,典型的路基横断面形式可归纳为路堤、路堑、半填半挖路基、不填不挖路基四种形式。

1. 路堤

图 1-1-8 所示为路堤的几种常见横断面形式。按照路堤的填土高度不同,路堤可以划分为矮路堤、高路堤和一般路堤。填土高度小于路基工作区深度的路堤为矮路堤[图 1-1-8(a)];填土边坡高度大于 20 m 的路堤为高路堤;填土高度大于路基工作区深度,填土边坡高度小于

20 m 的路堤为一般路堤[图 1-1-8(b)]。

由于路堤通风良好,排水方便,且对填料的性质、状态和密实程度可以按要求加以控制。因此,路堤病害较少,是工程中经常采用的一种形式。

一般路堤可按常规设计,采用规定横断面尺寸,可不作特殊处治。原地面倾斜的全填路堤,当倾斜度陡于 1∶5 时,需将原地面挖成台阶(土质地面),台阶宽度不小于 2 m,向内倾斜横坡不小于 2%[图 1-1-8(c)],或者将原地面凿毛(石质地面)。原地面倾斜度陡于 1∶2.5 的陡坡路堤,宜设置石砌护脚[图 1-1-8(d)],且必须进行稳定性验算。

矮路堤因受地面水的影响,设计时路基两侧均应设置边沟以确保满足最小填土高度要求,使路基处于干燥或中湿状态。矮路堤的高度通常接近或小于路基工作区深度,除填方路堤本身需要满足规定的施工要求外,天然地面也应按规定进行压实,达到规定的压实度,必要时进行换土或加固处理,以保证路基路面的强度和稳定性。

高路堤的填方数量大、占地多,为使路基稳定和横断面经济合理,需要单独设计。

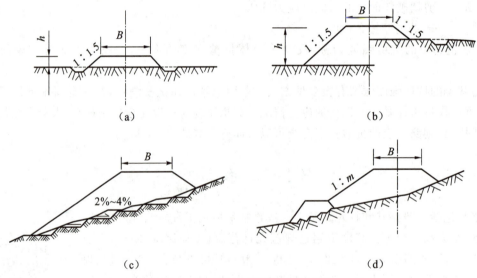

图 1-1-8　路堤的几种常用横断面形式
(a)矮路堤;(b)一般路堤;(c)挖台阶路堤;(d)护脚路堤

2. 路堑

路堑是指低于原地面的挖方路基。常见路堑断面形式有全挖路基、台口式路基及半山洞路基,如图 1-1-9 所示。挖方边坡可视高度和岩土层情况设置成直线或折线。挖方边坡坡脚处设置边沟,路堑的上方可设置截水沟[图 1-1-9(a)]。

陡坡上的半路堑,路线宜向内侧移动,尽量采用台口式路基[图 1-1-9(b)],避免因路基外侧出现少量填方而导致不稳定。遇有整体性的坚硬岩层,为节省石方工程,可采用半山洞路基[图 1-1-9(c)]。

路堑由天然地层开挖而成,地势低于原地面,受排水、通风、采光、照明影响,病害多于路堤,且行车视距差,行车条件和景观要求也有所降低,施工难度大。所以,应尽量少用很深的长路堑。

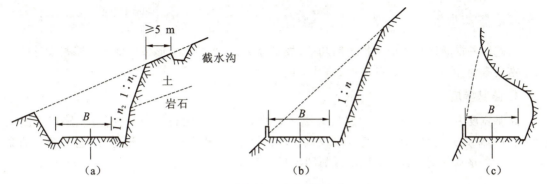

图 1-1-9 路堑的几种常用横断面形式

(a)全挖路基;(b)台口式路基;(c)半山洞路基

3. 半填半挖路基

位于山坡上的路基,为了减少土石方数量,保持土石方数量横向平衡,通常取路中心的标高接近原地面标高,形成半填半挖路基。若处理得当,则路基稳定可靠,是比较经济的断面形式,如图 1-1-10 所示。

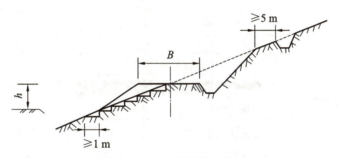

图 1-1-10 半填半挖路基

半填半挖路基兼有路堤和路堑的特点,因此,应同时满足相应规范对路堤和路堑的要求。同时,半填半挖路基因在填挖结合处易开裂,需要特别处理,可设置土工格栅等。

4. 不填不挖路基

不填不挖路基土石方量小,但排水不利,且原地面土的压实度往往不够,易被水淹、雪埋,应尽量少用或不用(图 1-1-11)。若不得已使用,为保证路基稳定性,需将路床顶面以下 30 cm 范围内的土翻挖压实或换填,路基两侧设置边沟,以利排水。

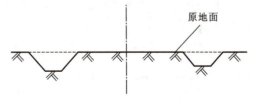

图 1-1-11 不填不挖路基

二、路基几何尺寸要求

公路路基横断面形式应根据公路功能、技术等级、交通量和地形条件确定。路基设计的三大基本要素为：路基宽度、路基高度、路基边坡坡度。

1. 路基宽度

路基宽度为一个横断面上两路肩外缘之间的宽度，通常为行车道路面宽度、路肩宽度之和，当设有中央分隔带、变速车道、爬坡车道、紧急停车带、错车道、超车道等时，这些部分的宽度均应计入路基宽度。路基宽度组成如图1-1-12所示。

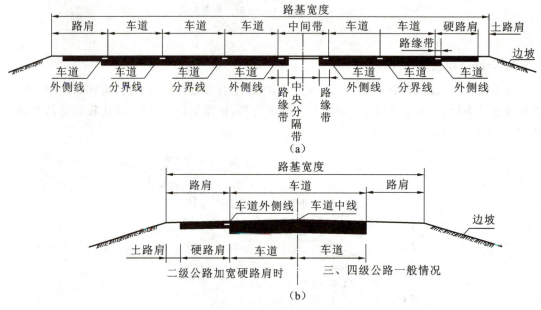

图 1-1-12　公路路基整体式断面形式
(a)高速公路和一级公路；(b)二、三、四级公路

各级公路的车道数和车道宽度应符合表1-1-6规定，中间带包括中央分隔带和两侧路缘带，其宽度见表1-1-7。各级公路均应设置右侧路肩，高速、一级公路应在右侧硬路肩内设置右侧路缘带，宽度为0.5 m，各级公路右侧路肩宽度应符合表1-1-8规定。

表 1-1-6　车道数和车道宽度

公路等级	高速公路			一级公路			二级公路		三级公路		四级公路	
设计速度(km/h)	120	100	80	100	80	60	80	60	40	30	30	20
车道宽度(m)	3.75			3.75		3.50	3.75	3.50	3.50	3.25	3.25	3.00
车道数(条)	≥4			≥4			2		2		2(1)	

表 1-1-7　中间带宽度

设计速度（km/h）		120	100	80	60
中央分隔带宽度（m）	一般值	3.00	2.00	2.00	2.00
	最小值	2.00	2.00	1.00	1.00
左侧路缘带宽度（m）	一般值	0.75	0.75	0.50	0.50
	最小值	0.75	0.50	0.50	0.50
中间带宽度（m）	一般值	4.50	3.50	3.00	3.00
	最小值	3.50	3.00	2.00	2.00

表 1-1-8　右侧路肩宽度

公路等级		高速公路			一级公路（干线功能）		一级公路（集散功能）和二级公路		三、四级公路		
设计速度（km/h）		120	100	80	100	80	80	60	40	30	20
右侧硬路肩宽度（m）	一般值	3.00 (2.50)	3.00 (2.50)	3.00 (2.50)	3.00 (2.50)	3.00 (2.50)	1.50	0.75	—	—	—
	最小值	1.50	1.50	1.50	1.50	1.50	0.75	0.25	—	—	—
土路肩宽度（m）	一般值	0.75	0.75	0.75	0.75	0.75	0.75	0.75	0.75	0.50	0.25 或 0.50
	最小值	0.75	0.75	0.75	0.75	0.75	0.50	0.50			

注：① 当三、四级公路设计车速为 20 km/h 时，土路肩宽度双车道时为 0.5 m、单车道为 0.25 m。

　　② 正常情况下，采用"一般值"；在设爬坡车道、变速车道及超车车道路段，受地形、地物等条件限制路段及多车道公路特大桥，可论证采用"最小值"。

　　③ 高速公路和作为干线的一级公路以通行小客车为主时，右侧硬路肩宽度可采用括号内数值。

2. 路基高度

路基高度是指路堤的填筑高度或路堑的开挖深度，具体是指路基设计高程与地面高程之差。由于原地面沿横断面方向往往是倾斜的，在路基宽度范围内路基高度有差别，为此，路基高度有中心高度与边坡高度之分。路基中心高度指路基中心线处设计高程与原地面高程之差，而路基两侧的边坡高度指填方坡脚或挖方坡顶与路基边缘的相对高差。

路基高度由路线纵坡设计确定，要综合考虑路线纵坡要求、路基稳定性和工程经济性等因素，从路基的强度和稳定性要求出发，路基上部土层应处于干燥或中湿状态，路基高度应根据临界高度，并结合公路沿线具体条件和排水及防护措施，确定出合理的路基高度。

3. 路基边坡坡度

路基边坡坡度，用边坡坡度 H 与边坡宽度 b 的比值表示，并取 $H=1$，通常用 $1:n$ 或者 $1:m$ 表示。如图 1-1-13 所示，$H:b=1:0.5$（路堑边坡）或 $H:b=1:1.5$（路堤边坡）。

路基边坡坡度的大小，取决于边坡的土质、岩石的性质及水文地质条件等自然因素和边坡的高度，并关系到路基的稳定和工程投资。因此，确定边坡坡度对路基的稳定性和工程经济合理性至关重要。一般路基的边坡坡度可根据工程实践经验和设计规范推荐数值采用。

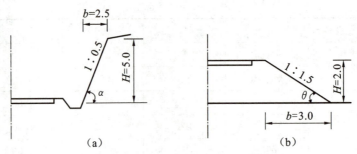

图 1-1-13　路基边坡坡度(尺寸单位:m)

(a)路堑;(b)路堤

(1) 土质路堤边坡

一般路堤边坡坡度可根据填料类别和边坡高度按表 1-1-9 所列坡度选用。

表 1-1-9　路堤边坡坡度

填料类别	边坡坡度	
	上部高度 $H \leqslant 8$ m	下部高度 $H \leqslant 12$ m
细粒土	1:1.5	1:1.75
粗粒土	1:1.5	1:1.75
巨粒土	1:1.3	1:1.5

边坡高度大于 20 m 的高路堤,边坡形式宜采用阶梯形,边坡坡度由稳定性分析计算确定。

(2) 石质路堤边坡

当公路沿线有大量天然石料或路堑开挖的废石方,可用以填筑路堤时,填石路堤可采用与土质路堤相同的路堤断面形式。填石路堤的边坡坡度应根据填石种类、边坡高度和基底的地质条件确定。但当采用易风化岩石和软质岩石填筑路堤时,边坡坡度应按土质路堤边坡设计。在路基基底良好时,填石路堤边坡坡度不宜陡于表 1-1-10、表 1-1-11 规定。

表 1-1-10　填石路堤边坡坡度

填石料种类	边坡高度(m)			边坡坡度	
	全部高度	上部高度	下部高度	上部	下部
硬质岩石	20	8	12	1:1.1	1:1.3
中硬岩石	20	8	12	1:1.3	1:1.5
软质岩石	20	8	12	1:1.5	1:1.75

表 1-1-11　岩石分类表

岩石类型	单轴饱和抗压强度(MPa)	代表性岩石
硬质岩石	$\geqslant 60$	1. 花岗岩、闪长岩、玄武岩等岩浆岩类;
中硬岩石	30~60	2. 硅质、铁质胶结的砾岩及砂岩、石灰岩、白云岩等沉积岩类; 3. 片麻岩、石英岩、大理岩、板岩、片岩等变质岩类

岩石类型	单轴饱和抗压强度（MPa）	代表性岩石
软质岩石	5～30	1. 凝灰岩等喷出岩类； 2. 泥砾岩、泥质砂岩、泥质页岩、泥岩等沉积岩类； 3. 云母片岩或千枚岩等变质岩类

（3）土质路堑边坡

土质路堑边坡坡度，应根据边坡高度、土的密实度、地下水和地面水的情况等因素确定。一般情况下，具有一定黏性土质的挖方边坡，坡度取值为 1：0.5～1：1.5，当边坡高度不大于 20 m 时，不同高度、不同密实程度的土质路堑边坡坡度可参照表 1-1-12。

表 1-1-12　土质路堑边坡坡度

主的类别		边坡坡度
黏土、粉质黏土、塑性指数大于 3 的粉土		1：1
中密以上的中砂、粗砂、砾砂		1：1.5
卵石土、碎石土、圆砾土、角砾土	胶结和密实	1：0.75
	中密	1：1

土的密实程度划分见表 1-1-13。

表 1-1-13　土的密实程度划分表

分级	试坑开挖情况
较松	铁锹很容易铲入土中，试坑坑壁容易坍塌
中密	天然坡面不易陡立，试坑坑壁有掉块现象，部分需用镐开挖
密实	试坑坑壁稳定，开挖困难，土块用手使劲捏才能破碎，从坑壁取出大颗粒处能保持凹面形状
胶结	细粒土密实度很高，粗颗粒之间呈弱胶结，试坑用镐开挖很困难，天然坡面可以陡立

（4）岩石路堑边坡

岩石路堑边坡形式及坡度，应根据地质与水文条件、边坡高度、施工方法，结合自然稳定边坡的调查情况、岩石风化破碎程度等主要因素来确定。当岩石路堑边坡高度不大于 30 m 时，无外倾软弱结构面的边坡可根据表 1-1-14 和表 1-1-15 选择。

表 1-1-14　岩石边坡的岩体分类

边坡岩体类型	判定条件			
	岩体完整程度	结构面结合程度	结构面产状	直立边坡自稳能力
I	完整	结构面结合良好或一般	外倾结构面或外倾不同结构面的组合线倾角大于 75°或小于 35°	30 m 高的边坡长期稳定，偶有掉块

续表 1-1-14

边坡岩体类型	判定条件			
	岩体完整程度	结构面结合程度	结构面产状	直立边坡自稳能力
Ⅱ	完整	结构面结合良好或一般	外倾结构面或外倾不同结构面的组合线倾角为35°～75°	15 m 高的边坡稳定,15～30 m 高的边坡欠稳定
	完整	结构面结合差	外倾结构面或外倾不同结构面的组合线倾角大于75°或小于35°	
	较完整	结构面结合良好或一般或差	外倾结构面或外倾不同结构面的组合线倾角小于35°,有内倾结构面	边坡出现局部塌落
Ⅲ	完整	结构面结合良差	外倾结构面或外倾不同结构面的组合线倾角为35°～75°	8 m 高的边坡稳定,15 m 高的边坡欠稳定
	较完整	结构面结合良好或一般	外倾结构面或外倾不同结构面的组合线倾角为35°～75°	
	较完整	结构面结合差	外倾结构面或外倾不同结构面的组合线倾角大于75°或小于35°	
	较完整(碎裂镶嵌)	结构面结合良好或一般	结构面无明显规律	
Ⅳ	较完整	结构面结合差或很差	外倾结构面以层面为主,倾角多为35°～75°	8 m 高的边坡不稳定
	较完整(散体、碎裂)	碎块间结合很差		

表 1-1-15　岩石路堑边坡坡度

边坡岩体类型	风化程度	边坡坡度	
		$H<15$ m	15 m≤$H<30$ m
Ⅰ 类	未风化、微风化	1∶0.1～1∶0.3	1∶0.1～1∶0.3
	弱风化	1∶0.1～1∶0.3	1∶0.3～1∶0.5
Ⅱ 类	未风化、微风化	1∶0.1～1∶0.3	1∶0.3～1∶0.5
	弱风化	1∶0.3～1∶0.5	1∶0.5～1∶0.75
Ⅲ 类	未风化、微风化	1∶0.3～1∶0.5	—
	弱风化	1∶0.5～1∶0.75	—
Ⅳ 类	弱风化	1∶0.5～1∶1	
	强风化	1∶0.75～1∶1	

对于土质挖方边坡高度超过 20 m,岩石挖方边坡高度超过 30 m 和不良地质地段的路堑边坡,应进行单独勘察设计和稳定性验算,以及采取排水、护坡与加固等技术措施。

任务三　识读路基施工图

思政案例:加快
建设交通强国

公路施工图,亦称公路设计文件。高等级公路的设计文件一般由专业的公路勘测设计部门负责设计。根据有关规定,高等级公路设计文件大致包括如下内容。

一、公路施工图的组成

1. 设计说明书

设计说明书是用文字表述的方式说明设计人的设计意图。其具体内容包括三大部分:

(1)工程概况

主要说明工程来源、范围、修建理由、工程修建后的效益及设计标准等。

(2)设计概要

设计概要是对设计图纸的简要说明,一般包括:

① 平面设计。说明线路的平面位置关系,平曲线半径、超高、加宽情况,行车视距及与沿线有关路口的衔接处理等。

② 纵断面设计。说明该公路的控制高程,最大纵坡与最小纵坡、竖曲线半径等。

③ 横断面设计。说明该公路的红线宽度,横断面的规划布置,机动车道宽度与车道分配,非机动车道宽度、分隔带、挡土墙等的布置,路面横坡及路拱曲线的形式等。

④ 路面结构设计。说明路基干湿类型,路基形变模量及对应的回弹模量,整体形变模量,路面结构组成与厚度,水泥混凝土路面传力杆与边缘钢筋、角隅钢筋的设置情况等。

⑤ 公路排水系统设计。说明公路排水系统的设计依据、公路汇水及排水规模、主要排水方式及边沟深度、断面尺寸、排水出口等。

⑥ 交通工程设计。说明各种交通安全、管理及服务等设施的设置情况,应达到的技术要求等。

⑦ 立交桥及道路照明设计。说明其设置理由、规模及其形式等。

⑧ 环境保护设计。说明公路对环境影响的程度及采取的保护措施等。

(3)施工注意事项

设计人员交代施工范围内征地拆迁事项,沿线施工中应注意的问题,对施工方案及沿线施工配合的建议,沿线特殊路段的施工技术措施等。

2. 工程数量表

这部分一般分以下几项:

(1)路基工程

根据设计图纸计算出该路的排水沟、盲沟等排水工程数量,护坡、挡土墙、桥涵工程数量,修整、压实、填(挖)土路基的工程数量及特殊路基处理的工程数量。

(2)路面工程

根据设计图纸计算出该路各结构层的工程数量,包括面层与底层,均以 m^2 为单位。

(3)土石方工程

主要列出不同运距土石方挖、填数量及调配。

（4）交通工程设施

列出沿线各种交通工程设施工程数量。

（5）杂项工程

此部分包括便道、伐树、征地、拆除线杆、房屋及加固原有管线等项的工程数量。

3. 公路分项、分部工程施工图

（1）定线关系测量成果图或道路路线示意图。

（2）道路平面设计图及征地地亩图。

（3）道路纵断面设计图。

（4）标准横断面及路面结构设计图。

（5）交叉口设计图。

（6）附属构造物设计图，如挡土墙、桥涵及护坡护面设计图等。

（7）其他附属工程设计图，如排水沟等。

（8）交通工程设施图。

以上对高等级公路施工图的组成和内容做了简单介绍，目的是让施工和管理人员对设计图纸有一个总体了解，为熟悉施工图纸提供一个大致线索。

二、全面熟悉公路工程施工图

1. 全面熟悉"公路平面设计图"

图 1-1-14 是××高速公路第××标段公路平面设计图，分析该图如下：

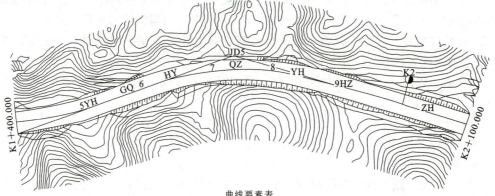

曲线要素表

交点号	交点位置	偏角(°)	切线长度 T_1 T_2	半径 R_1 R_y R_2	网线参数 A_1 A_2	曲线长度 L_{S1} L_y L_{S2}	曲线总长	外距
				曲线要素值(m)				
JD4	K1+387.993	左31°7′26″	197.029 197.029	581.478	201.751 201.751	70.000 245.868 70.000	385.868	22.492
JD5	K1+743.789	右34°36′57″	166.958 166.958	423.006	172.077 172.077	70.000 185.563 70.000	325.563	20.568
JD6	K2+195.258	右39°54′37″	162.280 162.280	350.000	156.525 156.525	70.000 173.799 70.000	313.799	22.977

图 1-1-14 高速公路平面设计图

（1）从该标段公路平面总体线形外貌可知：直线曲线组合、曲线元素图上位置，百米里程桩号、交点、导线点图上位置，构造物盖板涵等图上位置，路堑、路堤图上位置等。

（2）从图中"曲线要素表"可知：曲线要素数据、交点桩号和交点位置等。

（3）从图上可以了解到该段新建公路沿线的地形地貌以及挖方、填方段大致情况。

（4）从图上可以了解到支线（改道线路）与主线路的关系，以及支线线形外貌等。

2. 全面熟悉"路线纵断面图"

图 1-1-15 是××高速公路第××标段（局部）线路纵断面图，分析该图可知：

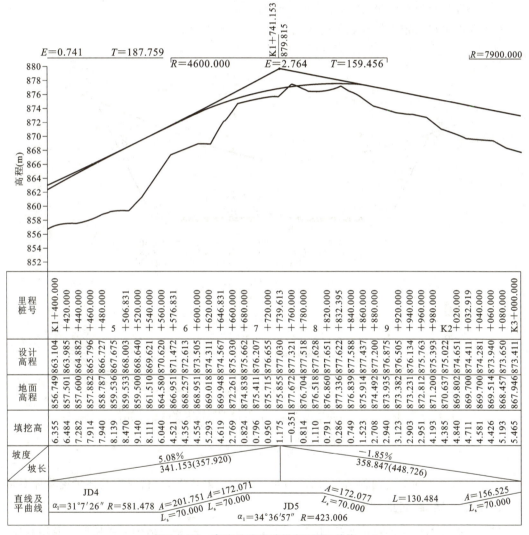

图 1-1-15　高速公路线路纵断面图（单位：m）

（1）线路中线纵向高低起伏情况以及中线纵向原地形高低起伏情况。

（2）线路中线里程桩号及相应的地面高程、设计高程、填挖高度、地质概况、直线及平曲线、超高方式、超高段起终里程桩号、超高曲线半径、缓和曲线长度、左右转角。

（3）竖曲线形（凸或凹）竖曲线要素。

（4）线路中线纵坡，变坡点里程桩号及高程。

（5）线路沿线构造物、涵洞等里程桩号。

3. 全面熟悉"路基横断面图"

图 1-1-16 是某高速公路某标段 K3＋320 路堑横断面图（挖方横断面图），分析该图可知：

（1）路面以上挖方概况。

（2）路面上原地形两侧的高低情况。

（3）中桩挖方高度、边桩挖方高度可按比例尺从图上量取，据此和边坡坡度可定出初挖时堑顶的位置。

（4）路面中央有分隔带，路边是水沟、碎落台。

（5）从图上可确定中桩至坡脚的距离、坡度及挖方面积等。

同理，可分析图 1-1-17 所示填方横断面图。

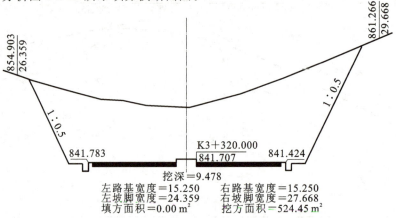

图 1-1-16　挖方横断面图（单位：m）

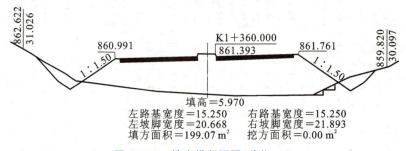

图 1-1-17　填方横断面图（单位：m）

路基横断面图除上述两种情形外，还有填挖混合横断面图，分析时应具体情况具体对待。

4. 全面熟悉"路面结构图"

图 1-1-18 是某高速公路路面结构图。分析该图可知主线路面结构层各层厚度及填料要求、中央分隔带宽度、路缘带宽度、行车道宽度、硬路肩宽度、土路肩宽度、路拱坡度、土路肩坡度等。

5. 全面熟悉"路基设计表"

路基设计表是公路设计文件的组成内容之一，它是平、纵、横等主要测设资料的综合。表中填列所有整桩、加桩及填挖高度、路基宽度（包括加宽）、超高值等有关资料，为路基横断面设计的基本数据，也是施工的依据之一。表 1-1-16 是某高速公路某一里程段的路基设计表，在熟悉此表数据时应结合路面纵断面图、路面结构图和路基横断面图进行综合分析。

6. 全面熟悉"埋石点成果表"

埋石点成果表包括导线点成果表、水准点成果表,通过对其分析,结合实地勘察,可知该施工标段有哪些已知导线点、水准点可以采用,以便拟订复测方案,确定进一步加密施工导线点、施工水准点的方法。

导线点成果表样式详见表 1-1-17,分析该表可知:

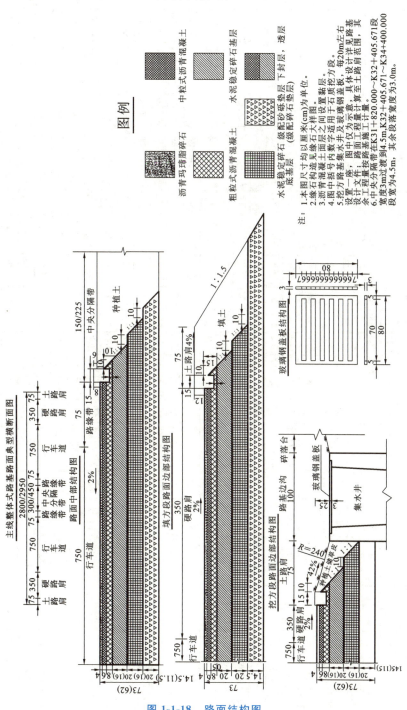

图 1-1-18　路面结构图

表 1-1-16　路基设计表

桩号	平曲线		坡度及竖曲线		地面高程(m)	设计高程 PH(m)	填挖高度(m)		路面宽度(m)							各点与设计高程 PH 之高差(m)						边沟与排水沟						备注
	左	右	凹	凸					左				右			左			右			左			右			
							填	挖	W3	W2	W1		W1	W2	W3	A3	A2	A1	B1	B2	B3	坡度	底宽	沟底高	坡度	底宽	沟底高	
1	2	3	4	5	6	7	8	9	10	11	12	13	14	15	16	17	18	19	20	21	22	23	24	25	26	27	28	29
K0+900000					841.277	844.609	3.332		0.75	2.50	10.50	3.00	10.05	2.50	0.75	0.564	0.584	0.417	-0.472	-0.584	-0.620					0.600	842.989	
HY+90133					842.318	844.864	2.546		0.75	2.50	10.50	3.00	10.05	2.50	0.75	0.627	0.650	0.525	-0.525	-0.650	-0.688					0.600	843.176	
+920000					843.126	846.323	2.197		0.75	2.50	10.50	3.00	10.05	2.50	0.75	0.627	0.650	0.525	-0.525	-0.650	-0.688					0.600	843.636	
+940000					843.676	846.037	2.361		0.75	2.50	10.50	3.00	10.05	2.50	0.75	0.628	0.650	0.525	-0.525	-0.650	-0.688					0.600	844.393	
+960000					845.305	846.750	1.445		0.75	2.50	10.50	3.00	10.05	2.50	0.75	0.628	0.650	0.525	-0.525	-0.650	-0.687					0.600	845.062	
+950000					847.814	847.462		0.352	0.75	2.50	10.50	3.00	10.05	2.50	0.75	0.627	0.650	0.525	-0.525	-0.650	-0.688					0.600	845.774	
K1+00000					848.349	848.172		0.177	0.75	2.50	10.50	3.00	10.05	2.50	0.75	0.628	0.650	0.525	-0.525	-0.650	-0.687					0.600	846.485	
QZ+01405		A=90253 L=170000			847.343	845.617	1.328		0.75	2.50	10.50	3.00	10.05	2.50	0.75	0.628	0.650	0.525	-0.525	-0.650	-0.687					0.600	816.485	
+020000					846.670	848.882	2.212		0.75	2.50	10.50	3.00	10.05	2.50	0.75	0.627	0.650	0.525	-0.525	-0.650	-0.688					0.600	816.983	
+040000					844.656	849.590	4.934		0.75	2.50	10.50	3.00	10.05	2.50	0.75	0.627	0.650	0.525	-0.525	-0.650	-0.688		0.600	848.054		0.600	847.194	
+000000					844.910	850.298	5.388		0.75	2.50	10.50	3.00	10.05	2.50	0.75	0.628	0.650	0.525	-0.525	-0.650	-0.688		0.600	818.742		0.600	847.903	
+100000					845.488	851.004	5.156		0.75	2.50	10.50	3.00	10.05	2.50	0.75	0.628	0.650	0.525	-0.525	-0.650	-0.688		0.600	849.255		0.600	846.507	
+120000					845.853	851.710	5.857		0.75	2.50	10.50	3.00	10.05	2.50	0.75	0.628	0.650	0.525	-0.525	-0.650	-0.687		0.600	848.823		0.600	845.666	
HY+120964	A=90253 L=170000				847.818	852.414	4.596		0.75	2.50	10.50	3.00	10.05	2.50	0.75	0.627	0.650	0.525	-0.525	-0.650	-0.688		0.600	849.103		0.600	846.993	
+140000					847.695	852.448	4.753		0.75	2.50	10.50	3.00	10.05	2.50	0.75	0.628	0.650	0.525	-0.525	-0.650	-0.687		0.600	849.187		0.600	850.727	
+160000					847.593	853.118	5.525		0.75	2.50	10.50	3.00	10.05	2.50	0.75	0.451	0.473	0.382	-0.382	-0.473	-0.501		0.600	851.125		0.600	850.761	
+180000					849.500	853.820	4.320		0.75	2.50	10.50	3.00	10.05	2.50	0.75	0.265	0.288	0.232	-0.252	-0.288	-0.304		0.600	853.085		0.600	851.617	
GQ+190964					850.119	854.521	4.402		0.75	2.50	10.50	3.00	10.05	2.50	0.75	0.079	0.102	0.082	-0.082	-0.102	0.108		0.600	853.600		0.600	852.516	
+200000					851.584	854.905	3.321		0.75	2.50	10.50	3.00	10.05	2.50	0.75	-0.023	0.000	0.000	0.000	0.000	0.000		0.600	853.853		0.600	853.413	
+220000					853.620	855.222	1.602		0.75	2.50	10.50	3.00	10.05	2.50	0.75	-0.073	-0.050	-0.041	0.041	0.050	0.047		0.600	854.149		0.600	853.906	
+240000					851.970	855.935	3.965		0.75	2.50	10.50	3.00	10.05	2.50	0.75	-0.814	-0.162	-0.131	0.121	0.162	0.152		0.600	854.750		0.600	854.269	
+260000					852.103	856.664	4.561		0.75	2.50	10.50	3.00	10.05	2.50	0.75	-0.296	-0.233	-0.221	0.221	0.233	0.257		0.600	854.787		0.600	854.415	
HY+260964	R=500679 L=249808				853.476	857.410	3.934		0.75	2.50	10.50	3.00	10.05	2.50	0.75	-0.407	-0.385	-0.311	0.311	0.385	0.362		0.600	854.744		0.600	853.562	
+280000					853.518	857.446	3.928		0.75	2.50	10.50	3.00	10.05	2.50	0.75	-0.413	-0.390	-0.315	0.315	0.390	0.367		0.600	854.759		0.600	854.206	
+300000					853.700	858.173	4.473		0.75	2.50	10.50	3.00	10.05	2.50	0.75	-0.413	-0.390	-0.315	0.315	0.390	0.368		0.600	854.752		0.600	854.267	
+320000					853.700	858.953	5.253		0.75	2.50	10.50	3.00	10.05	2.50	0.75	-0.413	-0.390	-0.315	0.515	0.390	0.367		0.600	854.671		0.600	856.018	
					853.700	859.749	6.049		0.75	2.50	10.50	3.00	10.05	2.50	0.75	-0.413	-0.390	-0.315	0.315	0.390	0.367		0.600	855.293		0.600	854.316	

表 1-1-17 导线点成果表

点名	坐标 x(m)	坐标 y(m)	高程 H (m)	备注	点名	坐标 x(m)	坐标 y(m)	高程 H (m)	备注
GP$_{01}$	3 236 180.213	488 711.969	107.591	GPS高程	GP$_{21}$	3 237 059.532	482 444.465	82.093	水准高程
GP$_{02}$	3 235 981.301	488 680.356	89.472	水准高程	GP$_{22}$	3 205 974.220	482 189.451	82.786	水准高程
GP$_{03}$	3 236 169.399	488 417.458	69.943	水准高程	GP$_{23}$	3 237 344.245	482 052.583	85.912	GPS高程
GP$_{04}$	3 235 989.831	488 156.785	122.666	GPS高程	GP$_{24}$	3 237 416.680	481 691.370	82.546	GPS高程
GP$_{05}$	3 235 504.190	478 899.632	121.559	GPS高程	GP$_{25}$	3 237 232.833	481 611.807	82.858	水准高程
GP$_{06}$	3 235 369.561	487 595.848	123.334	GPS高程	GP$_{26}$	3 327 711.020	481 238.413	91.297	GPS高程
GP$_{07}$	3 235 314.820	487 153.403	105.774	GPS高程	GP$_{27}$	3 237 513.796	481 179.260	88.870	水准高程
GP$_{08}$	3 235 438.400	486 608.215	119.790	GPS高程	GP$_{28}$	3 237 764.573	480 853.488	82.632	GPS高程
GP$_{09}$	3 235 797.151	486 374.163	117.480	GPS高程	GP$_{29}$	3 238 009.637	480 744.360	84.062	水准高程
GP$_{10}$	3 235 873.434	486 218.951	117.023	GPS高程	GP$_{30}$	3 238 064.499	480 628.895	82.666	水准高程
GP$_{11}$	3 235 870.378	485 340.682	102.534	GPS高程	GP$_{31}$	3 237 923.625	480 465.774	82.426	水准高程
GP$_{12}$	3 236 126.895	485 502.501	103.343	GPS高程	GP$_{32}$	3 238 025.795	480 202.421	85.505	水准高程
GP$_{13}$	3 235 776.853	485 202.641	100.405	水准高程	GP$_{33}$	3 238 273.843	479 566.062	125.343	GPS高程
GP$_{14}$	3 236 220.437	484 999.197	99.198	水准高程	GP$_{34}$	3 238 362.305	479 257.968	121.789	GPS高程
GP$_{15}$	3 235 962.535	484 885.853	96.285	水准高程	GP$_{35}$	3 238 245.584	478 774.059	94.150	水准高程
GP$_{16}$	3 236 029.484	484 705.950	103.909	GPS高程	GP$_{36}$	3 238 444.607	478 615.737	94.175	水准高程
GP$_{17}$	3 236 211.715	484 617.700	107.532	GPS高程	GP$_{37}$	3 238 439.623	477 933.254	104.358	水准高程
GP$_{18}$	3 236 693.942	484 114.739	93.038	GPS高程	GP$_{38}$	3 238 281.835	477 042.930	114.278	水准高程
GP$_{19}$	3 236 737.948	483 870.650	84.423	水准高程	GP$_{39}$	3 238 609.037	476 955.792	109.843	水准高程
GP$_{20}$	3 236 915.953	483 606.633	88.297	水准高程	GP$_{40}$	3 237 879.080	476 108.618	148.525	GPS高程

(1) 施工标段内导线点的点名。

(2) 该导线点的 x、y 坐标值。

(3) 相邻导线点间平距以及导线边的方位角。

知道了这些概况,还要到实地勘察其所在位置,桩点完好程度,道路中线通视情况,导线点之间互相通视情况等。水准点高程成果表样式详见表1-1-18。

表 1-1-18　水准点高程成果表

水准点编号	水准点所在地	黄海高程(m)	备注
Ⅱ田衢 8		60.137	Ⅱ等国家水准点
Ⅱ田衢 11		88.594	Ⅱ等国家水准点
Ⅱ田衢 16		79.553	Ⅱ等国家水准点
BM₁	松下湾黄红新家后门门口(漆)	90.388	与 B₁ 共点
BM₂	江坑村 53 号董发文家房前的水泥地上(刻)	101.917	K54＋360 左 200 m
BM₃	上店南面水库坝的溢洪道桥上(刻)	99.726	K55＋490 左 260 m
BM₄	中云福利砖厂附近的水井边圈上(刻)	102.073	K56＋500 左 10 m
BM₅	中云至银峰公路相思亭处的公路边上(刻)	97.201	K58＋900 左 110 m
BM₆	房子南门门槛上(刻)	89.772	K60＋100 左 200 m
…	…	…	…
BM₃₁	东流安碑桥上(刻)	55.084	K90＋490 右 260 m
BMC₁	汪村吴塘生房前过道上(刻)	56.269	与 B₉ 共点

7. 全面熟悉"直线曲线及转角表"

表 1-1-19 是××高速公路××标段直线曲线及转角表,通过对其分析可知:

(1) 该施工标段的交点编号、交点所在里程桩号、交点间距、交点边方位角、转角(左转角或右转角)及交点的 N、E 坐标值。

这些要素以及交点所在圆曲线的半径是计算线路上任意一点坐标的已知条件(计算线路 上任意一点的坐标方法详见公路勘测设计课程)。

(2) 该施工标段是直线或曲线,以及直线起点、终点里程桩号和 N、E 坐标值,或圆曲线 ZY、QZ、YZ 的里程桩号及 N、E 坐标值和曲线要素(半径、切线长、曲线长、外距等)。

(3) 缓和曲线起点、终点里程桩号及 N、E 坐标值等。

8. 全面熟悉"逐桩坐标表"

逐桩坐标表是公路中线每隔一定间距中桩的 N、E 坐标值及方位角一览表。通常情况下,逐桩坐标表所给出的桩号坐标是路基横断面中桩的坐标。为了方便施工,我们还应该根据施工要求计算出每隔 20 m 或 25 m(路基为 25 m,底基层、基层为 10～20 m)的中桩,左右边桩的坐标,编制成逐桩坐标表,以方便放样。逐桩坐标表样式详见表 1-1-20。

综上所述,经过对各种图表的分析,要掌握如下要点:

(1) 路面宽度、路基施工宽度、底基层施工宽度、基层施工宽度等。

表1-1-19 直线曲线及转角表

交点号	桩/N/E	交点位置	交点间距(m)	计算方位角	曲线间直线长(m)	转角	切换长度 T₁/T₂	半径 R₁/Rᵧ/R₂	转角 A₁/A₂	曲线长度 Lₛ₁/Lᵧ/Lₛ₂	曲线总长	外距	第一回旋线起点	第一回旋线终点或圆曲线起点	圆曲线中点	圆曲线终点或第二回旋线起点	第二回旋线终点	备注
JD0	桩	K0+000.000	173.669	56°47′7″	135.548													
	N	978 382.8003																
	E	401 208.7864																
JD1	桩	K0+373.669	370.643	120°9′11″	0.000	右6°31′53″	228.121/228.121	312.973	148.014/140.014	70.000/275.502/70.000	415.502	55.350	K0+145.548	K0+215.548	K0+353.299	K0+491.061	K0+561.51	
	N	978586.8507											978462.280	978598.2734	978531.5187	978506.1267	978472.26534	
	E	401521.8233											401330.7176	401390.7056	401523.2456	401657.3147	401719.0767	
JD2	桩	K0+703.572	325.370	80°47′39″	0.000	左9°21′32″	142.55/142.55	300.000	149.914/149.914	70.000/136.083/70.000	276.053	19.332	K0+561.061	K0+631.031	K0+659.092	K0+767.133	K0+837.133	
	N	978400.6733											978472.2633	978439.5010	978419.6832	978414.9754	978423.4745	
	E	401842.3134											401719.0767	401780.886	401845.8276	401913.5598	401982.9992	
JD3	桩	K1+091.981	379.877	119°51′50″	0.000	右39°4′11″	182.848/182.848	416.237	170.649/170.649	70.000/213.830/70.000	353.830	25.943	K0+837.133	K0+907.133	K0+014.048	K1+120.964	K1+190.954	
	N	978452.7273											978423.4745	978427.2297	978427.2046	978394.8103	978361.6798	
	E	402163.4922											401982.9992	402052.3625	402158.8407	402260.4219	402322.0602	
JD4	桩	K1+397.993	363.987	88°44′23″	0.000	左31°7′26″	197.029/197.029	518.478	201.751/201.751	70.000/245.868/70.000	385.868	22.492	K1+190.964	K1+260.964	K1+383.897	K1+506.831	K1+576.831	
	N	978263.5710											978361.6798	978328.0543	978285.3661	978267.7690	978267.9042	
	E	402492.9262											402322.0602	402383.4422	402498.4825	402619.9192	402689.9078	
JD5	桩	K1+743.789	459.882	123°21′20″	130.584	右34°36′57″	166.958/166.958	423.006	172.077/172.077	70.000/185.563/70.000	325.563	20.568	K1+576.831	K1+646.831	K1+739.613	K1+832.395	K1+902.395	
	N	978271.5759											978367.9042	978267.5133	978251.8098	978261.6269	978179.7767	
	E	402856.8255											400689.9078	402759.8855	402851.139	402936.7910	40296.2812	
JD6	桩	K2+195.258	302.985	163°15′58″	0.000	右39°54′37″	162.280/162.280	350.000	156.525/156.525	70.000/173.799/70.000	313.799	22.977	K2+032.979	K2+102.979	K2+189.878	K2+276.777	K2+346.777	
	N	978018.7501											978107.9711	978067.5796	978005.0221	977929.6397	977863.3424	
	E	403240.9026											403105.3545	403262.4832	403222.4778	403265.2598	403287.6275	
JD7	桩	K2+487.482	320.036	145°20′54″	0.000	左17°55′4″	140.705/140.705	470.220	216.600/216.600	70.000/139.595/70.000	279.595	8.586	K2+345.777	K2+416.777	K2+485.575	K2+556.372	K2+626.372	
	N	977728.5962											977863.3424	977796.6758	977732.3185	977671.1097	977612.8491	
	E	403328.1403											403287.6275	403308.9436	403335.8773	403369.3553	403408.1434	
JD8	桩	K2+805.703	631.281	115°51′27″	313.391	左29°29′26″	179.331/179.331	548.035	195.863/195.863	70.000/213.078/70.000	352.078	19.048	K2+626.372	K2+696.372	K2+802.412	K2+908.451	K2+978.451	
	N	977465.3274											977612.8491	977556.1361	977479.7897	977418.9725	977387.1149	
	E	403510.1087											403408.1434	403449.1538	403522.5056	403609.1690	403671.4852	
JD9	桩	K3+430.401				右28°51′8″	138.019/138.019	40.000	167.322/167.322	70.000/131.426/70.000	271.426	13.550	K3+292.382	K3+362.382	K3+428.095	K3+493.807	K3+563.807	
	N	977190.0035											977250.1984	977217.8361	977179.6673	977133.2616	977077.3478	
	E	404078.1863											403953.9858	404016.0393	404069.4256	404115.8475	404157.9225	

表1-1-20　逐桩坐标表

桩号	坐标 N	坐标 E	方位角
QDK0+000.000	978382.8003	401208.7864	56°54'7"
+020.000	978393.7217	401225.5412	56°54'7"
+040.000	978404.6432	401242.2959	56°54'7"
+060.000	978415.5646	401259.0507	56°54'8"
+080.000	978426.4861	401275.8055	56°54'7"
+100.000	989486.5646	401275.8055	56°54'7"
+120.000	978448.3290	401309.3150	56°54'7"
+140.000	978459.2504	410326.0697	56°54'7"
ZHK0+145.548	978462.2801	401330.7176	56°54'7"
+160.000	978470.1526	401342.8370	57°10'30"
+180.000	978480.8313	401359.7470	58°27'15"
+200.000	978490.9726	401376.9836	60°46'45"
HYK0+215.548	978498.2734	401390.7096	63°18'34"
+220.000	978500.2447	401394.7012	64°7'28"
+240.000	978508.3923	401412.9626	67°47'9"
+260.000	978515.3572	401431.7071	71°26'50"
+280.000	978521.1108	401450.8581	75°6'31"
+300.000	978525.6297	401470.3374	78°46'12"
+320.000	978528.8954	401490.0655	82°25'53"
+340.000	978530.8946	401509.9619	86°5'34"
QZK0+353.299	978531.5187	401523.2456	88°31'39"
+360.000	978531.6192	401529.9454	89°45'15"
+380.000	978531.0662	401549.9343	93°24'56"
+400.000	978529.2377	401569.8472	97°4'37"
+420.000	978526.1414	401589.6026	100°41'18"
+440.000	978521.7899	401609.1199	104°23'59"
+460.000	978516.2008	401628.3196	108°3'40"
+480.000	978509.3971	401647.1231	111°43'21"
HYK0+491.051	978509.1267	401657.3147	113°44'44"
K0+500.000	978501.4114	401665.461	115°16'45"
+520.000	978492.4254	401683.3217	117°56'58"
+540.000	978482.7758	401700.8391	119°34'25"
+560.000	978472.7910	401718.1683	120°9'5"
GQK0+561.051	978472.2633	401719.0767	120°9'11"
+580.000	978462.7916	401735.4890	119°39'47"
+600.000	978453.1067	401752.9869	118°5'0"
+620.000	978444.0778	401770.8309	115°24'44"
HYK0+631.051	978439.5010	401780.8886	113°28'6"
+640.000	978436.0600	401789.1496	111°45'33"
+660.000	978429.2703	401807.9597	107°56'22"
+680.000	978423.7436	401827.1767	104°7'11"
QZK0+699.092	978419.6832	401845.8276	100°28'25"
+700.000	978419.5195	401846.7207	100°18'0"
+720.000	978416.6017	401866.5030	96°28'49"
+740.000	978415.0083	401886.4357	92°39'38"
+760.000	978414.7463	401906.4303	88°50'27"
YHK0+767.133	978414.9754	401913.3598	87°28'43"
+780.000	978415.8000	401926.3992	85°14'49"
+800.000	978417.9355	401946.2831	82°40'30"
+820.000	978420.7728	401966.0803	81°11'40"
GQK0+837.133	978423.4745	401982.9992	80°47'39"
+840.000	978423.9330	401986.8200	80°48'8"
+860.000	978427.0652	402005.5821	81°18'29"
+880.000	978429.8870	402025.3816	82°36'3"
+900.000	978432.1250	402045.2549	84°40'48"
HYK0+907.133	978432.7297	402052.3625	85°36'43"
+920.000	978433.5157	402065.5157	87°22'59"
+940.000	978433.9487	402085.19806	90°8'10"
K0+960.000	978433.4208	402105.1891	92°53'21"
+980.000	978431.9333	402125.1318	59°38'32"
K1+000.000	978429.4897	402144.9800	98°23'42"
QZK1+014.048	978427.2046	402158.8407	100°19'44"
+020.000	978426.0956	202164.6880	101°8'53"
+040.000	978421.7588	402184.2101	103°54'4"
+060.000	978416.4894	402203.5015	106°39'15"
+080.000	978410.0901	402222.5175	109°24'26"
+100.000	978409.2033	402241.2142	112°9'37"
+120.000	978345.2173	402259.5485	114°54'48"
YHK1+120.964	978394.8104	402260.4219	115°2'46"
+140.000	978386.3950	402277.4959	17°18'36"
+160.000	978378.9501	402295.1245	118°55'16"
+180.000	978367.1325	402312.5488	119°44'44"
GQK1+190.964	978361.6798	402322.0602	119°51'50"
+200.000	978357.1828	402329.8983	119°48'23"
+220.000	978347.3085	402347.2906	119°16'13"
+240.000	978337.6834	402364.8219	118°10'17"
+260.000	978328.4836	402382.5796	116°30'34"
HYK1+260.964	978328.0543	402383.4422	116°24'54"
+280.000	978319.8661	402400.6267	114°32'22"
+300.000	978311.8742	402418.9595	112°34'7"
+320.000	978304.5175	402437.5562	110°35'53"
+340.000	978297.8046	402456.3950	108°37'38"
+360.000	978291.7436	402475.4534	106°39'24"
+380.000	978286.3415	402494.7090	104°41'9"
QZK1+383.897	978285.3661	402498.4825	104°18'7"
+400.000	978281.6048	402498.1390	102°42'55"
+420.000	978277.5391	402533.7204	100°44'40"

（2）线路纵坡度、横坡度、填方边坡坡度、挖方边坡坡度等。

（3）变坡点所在地桩号、高程。

（4）竖曲线要素：半径、切线长度及外距、相邻直线的纵坡等。

（5）圆曲线要素：半径、切线长度、曲线长度、外距以及直圆（ZY）、曲中（QZ）、圆直（YZ）的桩号及坐标值。

（6）缓和曲线起、终点桩号及坐标值，超高段设定的最大横坡度。

（7）施工段的已知导线点、水准点编号及实地位置可利用程度。

（8）该施工段的线形是直线还是曲线。

（9）该施工段全长挖、填方段起终点里程桩号。

复习思考题

1. 路床、路堤在路基中的深度是如何划分的？

2. 路基要满足哪些基本要求？

3. 路基土的分类及工程特性如何？

4. 何为路基工作区？

5. 路基干湿类型有哪几种？分别由什么控制？

6. 路基土的强度指标有哪些？

7. 简述路基典型横断面形式及其特点。

8. 路基宽度由哪些部分组成？试绘制路基整体式横断图。

情境二 路基填筑与开挖施工

知识目标

1. 了解路基施工准备的工作内容；
2. 熟悉路基压实原理；
3. 掌握路基填筑施工工艺；
4. 掌握路基开挖施工工艺。

能力目标

1. 培养学生具备路基填筑与开挖施工现场组织、协调能力。
2. 培养学生具备路基填筑与开挖施工技术交底能力。

素质目标

1. 培养学生具备遵守规范、诚实守信、吃苦耐劳的匠德。
2. 培养学生具备爱岗敬业、精益求精、团结协作的匠心。

思政案例：
"信义兄弟"事迹

任务一 路基施工准备

路基施工，就是以设计图纸和《公路路基施工技术规范》(JTG/T 3610—2019)为依据，以工程质量为中心，有组织、有计划地将设计图纸转化为工程实体的建筑活动。路基施工准备工作包括施工准备、施工测量、路基横断面放样、场地清理、施工前的复查和试验工作等。

一、施工准备

施工准备的主要工作包括组织准备、物资准备和技术准备等。

1. 组织准备

组织准备工作主要是建立和健全施工队伍和管理机构，明确施工任务，制定必要的规章制度，确定施工所应达到的目标等，还要与有关单位及个人签订协议，在动工前将各种拆迁及征地等事项处理完毕。组织准备是其他准备工作的开始。

2. 物资准备

路基施工要消耗大量的材料和机具，物资准备工作应按实施性施工组织设计的要求与合同的相关规定进行，包括各种材料的采购、加工、调运和储备等工作。同时要检修或购置施工机械，做好施工人员的后勤保障准备，正所谓"兵马未动，粮草先行"。机械设备和材料的准备工作是路基施工组织计划的重要组成部分。

3. 技术准备

路基施工前，施工单位应在全面熟悉设计文件和设计交底的基础上作进一步的研究，进行施工现场勘查，核对设计文件，发现问题应及时根据相关程序提出修改意见并报请变更设计，编制施工组织设计,恢复路线,进行施工放样与场地清理,修建临时工程、进行有关试验和铺筑试验段等。

(1) 熟悉、研究并核对设计文件

进行施工前的现场调查,核对设计是否符合实际情况,工程质量能否得到保证,施工是否具有足够的可靠性。在施工人员熟悉设计文件并充分准备的基础上,由建设单位负责人召集设计、施工、监理人员参加图纸会审会议。设计人员向施工方作图纸交底,讲清设计意图和对施工的主要要求。施工人员应对图纸和有关问题提出质询。最终由设计单位对图纸会审中提出的合理化建议,按程序进行设计变更或补充设计。

(2) 制定施工组织设计

根据核实的工程量、工地条件、工期要求及本单位的施工设备情况,制定实施性施工组织设计(包括选择施工方案,确定施工方法,布置施工场地,编制施工进度计划和材料、劳动力、机械计划,拟定关键工程的施工技术措施与安全措施等),报业主及监理工程师审批。

路基施工测量放样、场地清理、开工前的原材料试验和铺筑试验段等内容将进行专项介绍。

二、施工测量

从路线勘测到施工进场一般要经过一段时间。在这段时间内,原钉桩标志可能有部分丢失或移动。因此,勘测单位向施工单位交桩后,施工方必须按设计图表对路线进行复测,把决定路线位置的各测点加以恢复,包括导线、中线、水准点的复测与固定,横断面的检查与补测。

1. 导线、中线复测与固定

导线复测就是把控制路线中线的各导线点在地面上重新钉出。导线复测应使用满足测量精度的仪器。在导线复测时,若原有导线不能满足施工需要时,应增设满足相应精度要求的附合导线点;施工前应对可能受施工影响的导线点加固或改移,对导线桩点应进行不定期检查和定期复测,复测周期不应超过 6 个月。导线测量精度应符合表 1-2-1 的规定。

表 1-2-1　导线复测精度参数

测量等级	闭合导线长度(km)	边数	每边测距中误差(mm)	单位权中误差(″)	导线全长相对闭合差	方位角闭合差(″)
一级	≤6	≤12	±14	±5.0	≤1/17000	≤$10/\sqrt{n}$
二级	≤3.6	≤12	±11	±8.0	≤1/11000	≤$16/\sqrt{n}$

注:n 为测站数。

中线复测就是把标定路线平面位置的各点在地面上重新钉出。路基施工前,应进行全段中线放样并固定路线主要控制桩,高速、一级公路宜采用坐标法进行测量放样。中线放样时,应注意路线中线与结构物中心、相邻施工段的中线是否闭合,注意设计图纸和实际放样是否吻合,发现问题应及时查明原因,报监理工程师审批并进行处理。

2. 水准点的复测与加设

中线恢复后,对沿线的水准点作复核性水准测量,并复核水准点一览表中水准基准点高程和中桩的地面高程。沿路线每 500 m 宜设置一个水准点,高速、一级公路宜加密,每 200 m 设一个水准点。在结构物附近、高填深挖路段以及工程量集中和地形复杂路段,宜增设临时水准点,临时水准点的高程必须符合精度要求。水准点精度应符合表 1-2-2 的规定。

表 1-2-2　水准点测量精度参数

测量等级	往返较差、附合或环形闭合差(mm)		
	平原、微丘	重丘、山岭	检测已测测段高差之差(mm)
四等	$\leqslant 20\sqrt{l}$	$\leqslant 6.0\sqrt{n}$ 或$\leqslant 25\sqrt{l}$	$\leqslant 30\sqrt{L_i}$
五等	$\leqslant 30\sqrt{l}$	$\leqslant 45\sqrt{l}$	$\leqslant 40\sqrt{L_i}$

注:① 当计算往返较差时,l 为水准点间的路线长度(km),当计算附合或环形闭合差时,l 为附合导线或环形路线长度(km)。

② n 为测站数,L_i 为检测段长度(km),小于 1 km 时按 1 km 计算。

3. 横断面的检查与补测

路基施工前,应对原地面进行复测,核对或补充横断面,发现问题时应进行处理。在恢复中线时新设的桩点,应进行横断面的补测。此外,应检查路基边坡设计是否恰当,与有关构造物如涵洞、挡土墙的设计是否配合相称。凡是在恢复路线时发现原设计中的一切不正确之处,都应在图纸上明确地记录下来,并与复测的结果一起呈报监理工程师复核或审批。

三、路基横断面放样

路基施工前,应根据路线中桩、路基横断面图或路基设计表进行放样工作,目的是在原地面上标定出路基边缘、路堤坡脚及路堑坡顶、边沟以及各种附属设施(如取土坑、护坡道、弃土堆)等的位置,定出路基轮廓,放置边桩,画出作业界限,以方便施工。下面主要介绍路基边桩和边坡的放样。

1. 路基边桩的放样

路基边桩放样就是在地面上将每一个横断面的路基边坡线与地面的交点,用木桩标定出来。边桩的位置由两侧边桩至中桩的距离来确定。路基边桩的放样方法有图解法、解析法、渐进法等。

(1)图解法

有路基一般横断面图,且填挖方不大时的低等级公路可采用图解法放样边桩。

先在横断面图上量取中桩至边桩的距离,然后在实地用皮尺或测距仪沿横断面方向测量出该水平距离即可定出边桩,如图 1-2-1 中 A、B 点。在每个横断面都放出边桩后,再分别将路线中线两侧的路堤坡脚桩或路堑坡顶桩用灰线连接起来,即为路基填挖边界。

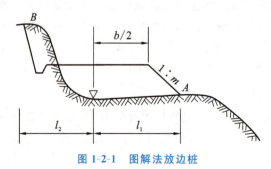

图 1-2-1　图解法放边桩

（2）解析法

根据施工填挖高度及路基宽度,计算出边桩与中桩距离,并以此距离标定出边桩位置。该方法精度比图解法的高,主要用于平坦地形或地面横坡均匀一致地段的路基边桩放样。

① 平坦地形的边桩放样

路堤坡脚至中桩的距离:

$$D = \frac{B}{2} + m \times H \qquad (1\text{-}2\text{-}1)$$

路堑坡顶至中桩的距离:

$$D = \frac{B}{2} + S + m \times H \qquad (1\text{-}2\text{-}2)$$

式中　D——边桩至中桩的水平距离(m);

　　　　B——路基宽度(m);

　　　　m——边坡坡度;

　　　　H——填挖高(m);

　　　　S——路堑边沟顶宽(m)(图 1-2-2)。

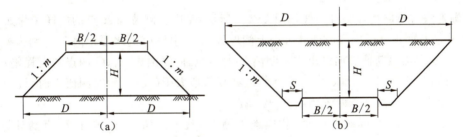

图 1-2-2　平坦地形的边桩放样
(a)路堤;(b)路堑

② 倾斜地面上边桩放样

当地面横坡坡度较大时,计算时应考虑横坡坡度的影响。设地面横坡坡度为 $1:m$,如图 1-2-3 所示。

路堤坡脚至中桩的距离 $D_{上}$、$D_{下}$ 为:

$$D_{上} = \frac{B}{2} + m(H - h_{上}) \qquad (1\text{-}2\text{-}3)$$

$$D_{下} = \frac{B}{2} + m(H + h_{下}) \qquad (1\text{-}2\text{-}4)$$

路堑坡顶至中桩的距离 $D_{上}$、$D_{下}$ 为:

$$D_{上} = \frac{B}{2} + S + m(H + h_{上}) \qquad (1\text{-}2\text{-}5)$$

$$D_{下} = \frac{B}{2} + S + m(H - h_{下}) \qquad (1\text{-}2\text{-}6)$$

式中　$h_{上}$、$h_{下}$——上、下两侧路基坡脚(或坡顶)至地面中桩的高差。

由于边桩未定,所以 $h_{上}$、$h_{下}$ 均为未知数。实际工作中,可采用"渐近法",在现场边测边标定。

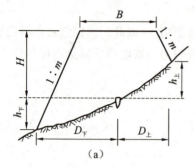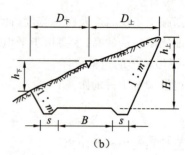

图 1-2-3　倾斜地形的边桩放样

(a)路堤；(b)路堑

（3）渐近法

渐近法的原理是：在分段丈量水平距离的同时，用水准仪或全站仪测出该段地面两点的高差 h_i，最后累计出边桩点与地面中桩点的高差 h、平距 l，将其代入相应公式，验证其水平距离是否正确，如有不符，就逐渐移动边桩，直至正确位置为止。该法精度高，即可用于高等级公路，又可用于中、低级公路。

用渐近法进行路堤坡脚桩放样如图 1-2-4 所示，路堤上侧坡脚 A 点的放样步骤如下：

① 从横断面设计图中或由计算求得上侧坡脚 A 至中桩 O 的水平距离 l'，l' 为大概值；

② 从 O 点沿横断面方向测出水平距离 l 得 A_1 点，同时测出 A_1、O 两点的高程差 h'；

③ 根据 h' 用式(1-2-3)复算水平距离 l，如复算值大于(或小于)实测值 l' 时，说明假定的边桩距中桩太近(或太远)，两者相差 $|l-l'|$；

④ 继续假定放大(或缩小) l 值，相应地重测 h'，代入式(1-2-3)再计算，直到计算距离 l 与实测距离 l' 相等为止。

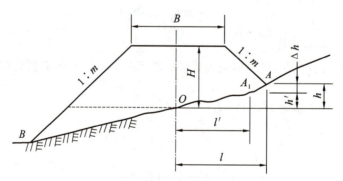

图 1-2-4　用渐近法放样路堤坡脚

用渐近法定出路堤下侧坡脚 B，方法相同，只需要用式(1-2-4)代替式(1-2-3)即可。

2. 路基边坡的放样

有了边桩还不足以指导施工，为使填、挖的边坡坡度达到设计要求，还应把边坡坡度在实地标定出来，以方便施工。

（1）用竹竿、绳索挂线放坡

当路堤填土高度不大时，可一次把线挂好。当路堤填土高度较高时，可分层挂线，在每次挂线前,应当标定中线并用水准仪抄平,如图 1-2-5 所示,O 为中桩,A、B 为边桩,CD 为路基宽度。测设时在 C、D 处竖立竹竿,将高度等于中桩填土高度处的 C'、D' 用绳索连接,同时用绳索连接到边桩上。

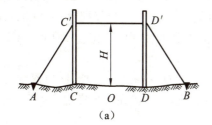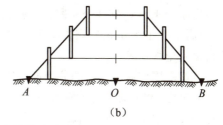

图 1-2-5　用竹竿、绳索挂线放坡

(a)一层挂线;(b)分层挂线

（2）用边坡样板放样边坡

施工前按照设计边坡坡度做好边坡样板,施工时,按照边坡样板进行放样。边坡样板有活动边坡样板(边坡尺)和固定边坡样板两种。活动边坡样板(边坡尺)如图 1-2-6 所示,当水准气泡居中时,边坡尺的斜边所指示的坡度正好为设计边坡坡度,故借此指示检核路堤或路堑边坡。路堑边坡放样时,可采用在坡顶外侧设置固定边坡样板的方法,如图 1-2-7 所示。

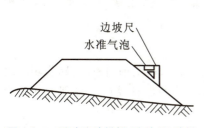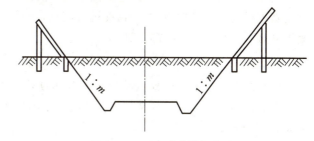

图 1-2-6　活动边坡样板(边坡尺)放样　　　　　　图 1-2-7　固定边坡样板放样

四、场地清理

施工前应清除施工现场内所有阻碍施工或影响工程质量的障碍物。其主要工作内容如下:

1. 划分公路用地界及建筑物拆迁

公路用地为公路路堤两侧排水沟外边缘(无排水沟时为路堤或护坡道坡脚)以外或路堑坡顶截水沟外边缘(无截水沟为坡顶)以外不少于 1 m 范围内的土地;在有条件的地段,高速、一级公路不少于 3 m 以及二级公路不少于 2 m 范围内的土地为公路用地。

施工前,应进行公路用地测量,并绘制用地平面图及用地划界表,送交有关单位办理拆迁及占用土地手续。

施工前,公路用地范围内原有构造物,应根据设计要求进行处理,如路基范围内的既有垃圾堆、有机杂质、淤泥、池塘等均应妥善处理。路基施工范围内的既有房屋、道路、通信和电力设施、坟墓及其他建筑物,均应会同有关部门事先拆迁或改造。若路基施工会影响沿线附近建筑物的稳定时,应予以适当加固。

用地划界及拆迁建筑物工作一般由业主在施工单位进驻工地前完成。

2. 砍树伐根和清除表土

公路工程占地范围内的树木、灌木丛、孤石等必须清除或移植。二级及二级以上公路路堤和填方高度小于1 m的其他公路路堤,应将路基基底范围内的树根全部挖除,并将坑穴填平夯实;填方高度大于1 m的二级以下公路路堤,可保留树根,但树根不能露出地面。取土坑范围内的树根应全部挖除。

应对路基范围内和取土坑的原地面表层腐殖土、表土、草皮等进行清理,清理深度应根据种植土厚度决定,清出的种植土应集中堆放并充分利用。填方地段在清理完地表面后,还应整平压实达到设计要求,方可进行填方作业。

3. 施工场地排水

场地排水是指疏干、排除场地上所积地面水,以保持场地干燥,为施工提供正常条件。通常做法是根据现场情况,设置纵横向排水沟,形成排水系统,将水引入附近河渠、低洼处予以排除。

五、施工前的复查和试验工作

路基工程需要大量的填料,它是路基工程的物质基础,因此,在施工前的准备工作中,必须对路基工程范围内的地质、水文情况进行调查,并通过取样、试验,确定相关材料(如土、工业废渣等)的性质、数量,以保证施工所需。

1. 试验工作要点

(1)施工技术人员应根据设计文件提供的资料,对取自挖方、借土场、料场的路堤填料进行复查和取样试验。如设计文件提供的料场不满足要求时,应自行勘查寻找,以保证施工用料可靠和数量充足。

(2)路基施工前,应按照有关规定和要求,建立工地实验室,配备相关人员,配置试验仪器设备并进行资质认证。

(3)路基施工前,应对路基基底土进行相关试验。每公里至少取2个点;土质变化大时,视具体情况增加取样点数。

(4)应及时对来源不同、性质不同,拟作为路堤填料的材料进行复查和取样试验。土的试验项目包括天然含水率、液限、塑限、标准击实试验、CBR试验等,必要时应做颗粒分析、相对密度、有机质含量、易溶岩含量、冻胀和膨胀量等试验。

2. 试验路段

(1)下列情况应进行试验段施工:

① 二级及二级以上公路路堤;

② 填石路堤、土石路堤;

③ 特殊地段路堤;

④ 特殊填料路堤;

⑤ 拟采用新技术、新工艺、新材料的路基。

(2)试验路段应选择地质条件、断面形式等工程特点具有代表性的地段,路段长度不宜小于200 m。

（3）铺试验路段的目的：

① 确定路基预沉量值。

② 合理选用压实机具；选用机具考虑因素有道路不同等级、工程量大小、施工条件和工期要求等。

③ 按压实度要求，确定压实遍数。

④ 确定路基宽度内松铺系数，计算每层松铺厚度。

⑤ 根据土的类型、湿度、设备及场地条件，选择压实方式。

任务二 填方路基施工

路堤填筑施工的工艺流程图如图 1-2-8 所示。

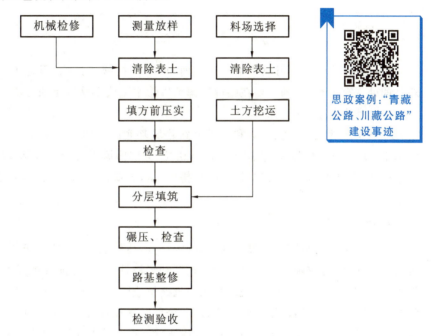

思政案例："青藏公路、川藏公路"建设事迹

图 1-2-8 路堤填筑施工的工艺流程

测量放样、清除表土已在路基施工准备中介绍，下面重点介绍料场选择、基底处理、填筑、压实。

一、基底处理与填料选择

1. 路堤基底的处理

路堤基底是指土、石填料与原地面的接触部分。在路堤填筑前进行基底处理，能使填土与原地面结合密实，保持路基稳定，防止路堤沿基底发生滑动；或路堤填筑后产生过大的沉陷变形，则可根据基底的土质、水文、横坡坡度和植被情况及填土高度采取相应的处理措施。

（1）稳定斜坡上地基表层的处理，应符合下列要求：

① 地面横坡坡度缓于 1∶5 时；在清除地表草皮、腐殖土后，可直接在天然地面上填筑

路堤。

② 地面横坡坡度为 1:5~1:2.5 时,应将原地面挖成台阶,台阶宽度应不小于 2 m,台阶顶面做成向内倾斜 2%~4% 的斜坡,如图 1-2-9(a)所示。

③ 当地面横坡坡度陡于 1:2.5 时,应进行个别设计,特殊处理,如设置护脚或护墙,如图 1-2-9(b)所示。

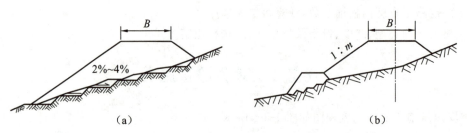

图 1-2-9　斜坡路堤的基地处理
(a)挖台阶;(b)设石砌护脚

(2) 当路基稳定受到地下水的影响时,应予以拦截或排除,引地下水至路堤基底范围以外。如处理有困难时,则应当在路堤底部填以渗水土或不易风化的岩块。

(3) 地基表层应碾压密实。

一般土质地段,高速、一级和二级公路路堤基底的压实度不应小于 90%,三、四级公路不应小于 85%。矮路堤地基表层土应进行超挖、分层回填压实,其处理深度不应小于路床深度。

稻田、湖塘等地段,应视具体情采取排水、清淤、晾晒、换填、加筋、外掺无机结合料等处理措施。

2. 填料选择

填筑路堤的材料应选择强度高、水稳定性好、压缩变形小、便于施工压实以及运距短的土石材料。在选择填料时,一方面要考虑料源和经济性,另一方面要顾及填料的性质是否合适。为了节约和少占耕地良田,一般应利用附近路堑或附属工程的弃方作为填料,尽量使填料的运距缩短,节约资金。路基填料强度应符合《公路路基设计规范》(JTG D30—2015)的规定。

(1) 碎石土、卵石土、砾石土、中砂和粗砂等,具有透水性好、摩阻系数大、强度受水的影响小等优点,是良好的路堤填筑材料,填料最大粒径应小于 150 mm。

(2) 亚砂土、亚黏土、轻黏土等,经压实后能获得足够的强度和稳定性,是比较理想的路堤填料。

(3) 泥炭、淤泥、冻土、强膨胀土、有机土及易溶盐超过允许含量的土等,不得直接用于填筑路堤。季节性冻土地区路床及浸水部分的路堤不应直接采用粉质土填筑。

(4) 液限大于 50%、塑性指数大于 26 的细粒土,以及含水率超过规定的土,不得直接作为路堤填料,需要用时,必须采取满足设计要求的技术处理,经检验合格后方可使用。

(5)钢渣、粉煤灰等材料,可用作路堤填料,其他工业废渣在使用前应进行有害物质含量的试验,避免有害物质超标,污染环境。

(6)浸水路堤、桥涵台背及挡土墙墙背应选用渗水性良好的填料。各级公路路基填方材料的最小强度和最大粒径应符合表 1-2-3 的要求。

表 1-2-3 路基填方材料最小强度和最大粒径

路基部位		路面底面以下深度（m）	填料最小强度（CBR）（%）			粒料最大粒径（cm）
			高速公路、一级公路	二级公路	三、四级公路	
上路床		0～0.3	8	6	5	10
下路床	轻、中等及重交通	0.3～0.8	5	4	3	10
	特重、极重交通	0.3～1.2	5	4	—	10
上路堤	轻、中等及重交通	0.8～1.5	4	3	3	15
	特重、极重交通	1.2～1.9	4	3	—	15
下路堤	轻、中等及重交通	1.5 以下	3	2	2	15
	特重、极重交通	1.9 以下				

注：① 当路基填料 CBR 值达不到表列要求时，可掺石灰或其他稳定材料处理。
　　② 当三、四级公路铺筑沥青混凝土和水泥混凝土路面时，应采用二级公路的规定。

二、路基填筑

1. 填筑方法

路堤填筑方法有分层填筑法、竖向填筑法和混合填筑法三种。填筑路堤分几个作业段施工时，接头部位如能交替填筑，则应分层相互交替搭接，搭接长度不小于 2 m，如不能交替填筑，则先填路段应按 1∶1 坡度分层预留台阶。

（1）分层填筑法

路堤填筑必须考虑不同土质，从原地面逐层填起，并分层压实，每层厚度随压实方法而定。分层填筑方法又可分为水平分层填筑和纵坡分层填筑两种。

水平分层填筑是填筑时按照横断面全宽分成若干水平层次，逐层向上填筑。如原地面不平，应由最低处分层填起，每填一层，经压实合格后再填上一层，依次循环进行直至达到设计高程，如图 1-2-10 所示（图中 1～4 表示填筑土层序号）。此法施工操作方便、安全，压实质量容易保证。

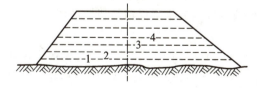

图 1-2-10 水平分层填筑

纵坡分层填筑是依纵坡方向分层，逐层向上填筑，如图 1-2-11 所示（图中 1～6 表示填筑土层序号）。原地面纵坡小于 20°，采用推土机或铲运机从路堑取土且填筑距离较短的路堤，可用该法施工，其缺点是不易碾压密实。

（2）竖向填筑法

从路基一端按各横断面的全部高度，逐步推进填筑，仅适用于无法自下而上填土的陡坡、断岩或泥沼地区，如图 1-2-12 所示。此法的缺点是，因填土过厚，路堤不易压实，且会使路堤

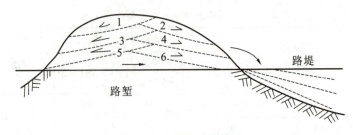

图 1-2-11　纵坡分层填筑

沉陷不均匀。为此,应采用必要的技术措施,如选用高效能的压实机械(振动或夯击式压路机)碾压;采用沉陷量较小的砂性土或废石方作填料;暂不修建较高级路面,允许短期自然沉降等。

(3) 混合填筑法

当高等级公路路线穿过深谷陡坡,且上部的压实度标准要求较高,路堤下层采用竖向填筑,上层用水平分层填筑,此种方法称为混合填筑法,如图 1-2-13 所示。该法适用于因地形限制或填筑堤身较高,不宜自始至终采用水平分层填筑或竖向填筑的情况,多在地势平坦或两侧有可利用的山地土场的场合采用。

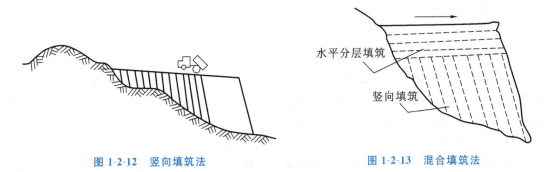

图 1-2-12　竖向填筑法　　　　　图 1-2-13　混合填筑法

2. 土质路堤的填筑

(1) 运料

采用大吨位的自卸汽车组成车队,从取土场或挖方段挖土装车,运至填方段。卸土应由远及近卸料,必要时在填方路段画卸料方格确保均匀卸料,如图 1-2-14(a)所示。

(2) 摊铺

采用推土机摊铺,如图 1-2-14(b)所示。路床部分每层最大压实厚度不宜超过 30 cm,路床顶最后一层压实厚度不宜小于 10 cm。不同土质的路堤,松铺厚度不同,要通过铺筑试验段确定松铺厚度。

(3) 整平

采用平地机整平,如图 1-2-14(c)所示,应整成坡度为 2%～4% 的双向路拱横坡,以利于施工期间的排水。

整平后,检测土的含水率,若土过干(低于最佳含水率),需要洒水;若土过湿(高于最佳含水率),需要晾晒或掺石灰处理。通过洒水或晾晒使土的含水率接近土的最佳含水率(与之偏差在±2% 以内)。

（a）　　　　　　　　　　（b）　　　　　　　　　　（c）

图 1-2-14　路堤填筑

（a）卸土；（b）摊铺；（c）整平

3. 填石路堤的填筑

填石路堤是指用粒径大于 37.5 mm 且含量超过总质量 70% 的石料填筑的路堤。填石路堤的施工要点如下：

（1）填石路堤填料粒径应不大于 500 mm，并不宜超过层厚的 2/3。不均匀系数宜为 15～20。路床底面以下 400 mm 范围内应设置碎石过渡层，过渡层碎石粒径应小于 150 mm，其中小于 5 mm 的细粒料含量应不小于 30%，必要时宜设置土工布隔离层；路床范围应用符合要求的土填筑，填料粒径应小于 100 mm。

（2）填石路堤应分层填筑、分层压实。在陡山坡地段施工特别困难时，三级及三级以下砂石路面公路的下路堤可采用倾填方式填筑。

（3）对岩性相差大的填料应分层或分段填筑，软质石料与硬质石料不得混合使用。

（4）填石路堤顶面与细粒土填土层之间应填筑过渡层或铺设无纺土工布隔离层。

（5）填石路堤应采用大功率推土机和自重不小于 18 t 的振动压路机。

4. 土石路堤的混填

土石路堤是指采用石料含量占总质量 30%～70% 的土石混合材料修筑的路堤。土石路堤混填时的施工要点如下：

（1）膨胀岩石、易溶性岩石、崩解性岩石、盐化岩石等不得用于路基填筑。

（2）土石路堤宜选用质量不小于 18 t 的振动压实机械施工。

（3）路堤施工前，应根据土石混合材料的类别分别进行试验路段施工，确定能达到最大压实干密度的松铺厚度、压实机械型号及组合、压实速度和压实遍数、沉降差等参数，以控制施工。

（3）土石路堤不得倾填，应分层填筑压实。

（4）土石路堤碾压前应使大粒径石料均匀分散在填料中，石料间孔隙应填充小粒径石料、土和石渣。

（5）填料由土石混合料变化为其他填料时，土石混合材料最后一层的压实厚度应小于 300 mm，该层填料最大粒径宜小于 150 mm，压实后该层表面应无孔洞。

5. 不同性质的土填筑路堤的规定

在施工中沿线土质经常在变化，为避免将不同性质的土任意混填，造成路基病害，必须在施工前进行现场调查，做出正确的规划，拟定合理的调配方案。

不同性质的土混合填筑须遵循的规定：

（1）用不同性质的土混合填筑路堤时，应水平分层、分段填筑，分层压实，同一水平层路基应采用同一种填料。分层数应尽量减少，每种填料的填筑层被压实后的连续厚度不宜小于 500 mm，填筑路床顶最后一层时，压实后的厚度应不小于 10 cm。不得混杂乱填，以免形成水囊或滑动面。

（2）用透水性较小的土填筑路堤下层时，其表面应做成坡度为 2‰～4‰ 的双向横坡，并采取相应的防水措施，以保证来自上层透水性填土的水分及时排出。

（3）用透水性较小的土填筑路堤上层时，不应覆盖在透水性较大的土所填筑的下层边坡上，以保证水分的蒸发和排除。

（4）潮湿或冻融敏感性小的填料应填筑在路基上层，强度较小的土应填在下层。在有地下水的路段或临水路基范围内，宜填筑透水性好的填料。

（5）对于纵向用不同性质的土填筑的相邻两段路堤，为防止发生不均匀变形，在交接处应做成斜面，并将透水性差的土填在斜面下部，如图 1-2-15 所示。

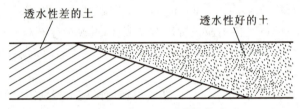

图 1-2-15　不同土质路堤接头

用不同性质的土填筑路堤的正确与错误方案如图 1-2-16 所示。

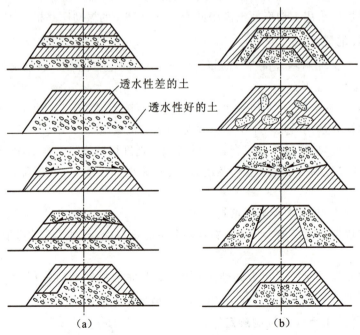

（a）　　　　　　　　　　　　　　（b）

图 1-2-16　路堤分层填筑方案
（a）正确方案；（b）错误方案

三、路基压实

1. 压实原理

碾压是路基填筑施工的一个关键工序，其目的是有效地压实路基填土，这样才能保证路基工程的施工质量。

（1）路基压实的目的

路堤填筑所用的土或路堑开挖形成路基表面的土，由于开挖扰动破坏了土体原来紧密的状态，致使结构松散，颗粒间需要重新密实组合。为了使路基具有足够的强度和稳定性，必须予以压实，以提高其密实程度。

路基土是三相体，土粒为骨架，土颗粒之间的孔隙被水和空气占据。压实的目的是使土粒重新组合，将孔隙水和土中空气挤出，土颗粒彼此挤紧，孔隙缩小，使土的单位质量提高，形成密实整体，最终使土的强度增加，稳定性提高。

大量的试验和工程实践已经证明，土基经压实后，路基的塑性变形、渗透系数、毛细水上升及隔温性能等均有明显改善。

（2）影响压实效果的主要因素

土的压实过程和结果受到多种因素的影响，包括内因——含水率和土的性质，外因——压实功能、压实机具和方法、压实厚度等。分析这些影响因素，对于深入了解土的压实机理和指导压实工作，具有重要的意义。

① 含水率对压实效果的影响

通过室内击实试验绘制的密实度（干密度 ρ）与含水率 w 之间的关系曲线如图 1-2-17 所示，在干密度与含水率关系曲线上与最大干密度 ρ_d 对应的含水率称为最佳含水率 w_0，其含义是某种土在一定的压实作用下，只有在最佳含水率时，才能压实到最大干密度。

在施工现场，用某种压路机碾压含水率过小的土，难以达到较大的压实度；此外，土的含水率超过最佳含水率过多时，同样难以达到较大的压实度。对含水率过大的土进行碾压时，经常会发生"弹簧"现象而不能压实。

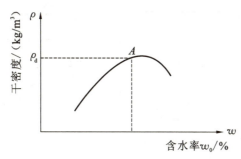

图 1-2-17　干密度与含水率关系曲线

② 土质对压实效果的影响

土质对压实效果的影响亦很大。一般规律是：不同的土质，有不同的 w_0 与 ρ_d；分散性（液限、黏性）较高的土，其 w_0 值较高，ρ_d 值较低；砂性土的压实效果优于黏性土，如图 1-2-18 所示。其机理在于土粒越细,比表面积会越大,加之黏土中含有亲水性较高的胶体物质,需要较多的水分包裹土粒以形成水膜,因此亚砂土和亚黏土的压实性能较好,而黏土的压实性能较差。

③ 压实功能对压实效果的影响

压实功能是指压实工具的质量、碾压次数或锤落高度、作用时间等。它对压实效果的影响较大,是除含水率以外的另一重要因素。图 1-2-19 所示是压实功能与压实效果的关系曲线。该曲线表明,同一种土的最佳含水率 w_0 随压实功能的增大而减小,最大干密度 ρ_d 随压实功能的增加而增大。在相同含水率条件下,压实功能越大,则土的密实度(即 ρ_d)越大。据此规律,施工中如果土的含水率低于 w_0 而加水有困难时,可采用增加压实功能(重碾或增加碾压次数)的办法来提高其密实度。但必须指出,用增加压实功能的办法提高路基土压实的效果是有一定限度的,当压实功能增加到一定程度后,土的密实度增加就不明显了;如果超过某一限度,再采用增加压实功能的办法来提高土的密实度,不但经济上不合理,甚至压实功能过大,会破坏路基土结构,效果适得其反。相比之下,严格控制最佳含水率,要比增加压实功能收效大得多。因此,在路基压实施工中,控制最佳含水率是关键,在此前提下,采取分层填土,控制有效土层厚度,必要时适当增大压实功能,才能使路基压实取得良好效果。

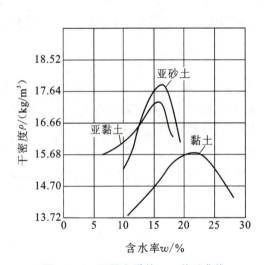

图 1-2-18　不同土质的 ρ-w 关系曲线

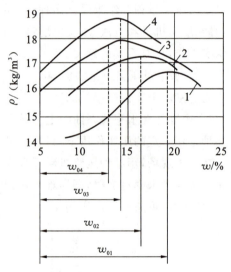

图 1-2-19　在不同压实功能下土的 ρ-w 关系曲线
曲线 1、2、3、4 代表的压实功能分别为
600、1150、2300、3400(kN·m)

④ 压实机具和方法对压实效果的影响

压实机具和方法对压实效果的影响反映在以下几方面:

a. 压实机具不同,压力传布的有效深度也不同。

b. 压实机具质量及作用时间不同,压实效果也不同。

c. 相同的压实机具采用不同的压实方法,压实效果也不同。

d. 碾压速度越高,压实效果越差。

⑤ 压实厚度对压实效果的影响

根据试验路所获得压实厚度资料显示,压实施工中,压实厚度过薄,则施工不经济;压实厚度过厚,则达不到设计要求。相同压实条件下(土质、含水率与压实功能不变),由实测土层不同深度的密实度(或压实度)可以得知,密实度随深度递减,表层 5 cm 的密实度最高。不同压实工具的有效压实深度有所差异,根据压实工具类型、土质及压实的基本要求,路基分层压实的厚度有具体的规定数值。一般情况下,夯实不宜超过 20 cm;12～15 t 光面压路机,不宜超过 25 cm;振动压路机或夯击机,宜以 50 cm 为限。确定实际施工时的压实厚度后,还应通过现场试验确定合适的摊铺厚度。

综上所述,在路基压实施工中,应控制土的含水率在最佳含水率容许波动范围内,根据土质和压实机具的性能,通过试验确定合适的分层碾压松铺厚度、碾压方式、碾压次数以及碾压速度等,以获得最佳的压实效果。

2. 路基压实标准

(1) 土质路基压实标准

从前面分析可知,最大干密度 ρ_d 是路基土压实的一项重要指标,它与土的强度和稳定性有十分密切的关系,反映了路基土使用品质。因此,一般都用它来衡量压实的质量。但是,路基土在野外施工时,由于受种种条件限制,不能达到室内标准击实试验所得的最大干密度。因此,应根据工程实际需要,适当降低要求,拟定压实标准。我国现行规范以压实度作为控制土质路基压实的标准。所谓压实度,是指工地上压实达到的干密度 ρ_d 与用室内标准击实试验所得的该路基土的最大干密度 $\rho_{d,max}$ 之比,用 K 表示,即

$$K = \frac{\rho_d}{\rho_{d,max}} \times 100\% \tag{1-2-7}$$

压实度 K 是一个以 $\rho_{d,max}$ 为标准的相对值,意为压实的程度。

标准击实试验分为重型标准击实试验和轻型标准击实试验两种。我国《公路路基设计规范》(JTG D30—2015)采用重型标准击实试验方法。压实度 K 必须满足《公路路基施工技术规范》(JTG/T 3610—2019)规定的压实度标准。土质路堤、零填及路堑路床的压实度标准见表 1-2-4。

表 1-2-4 土质路堤、零填及路堑路床压实度标准

填筑部位(路面底面以下深度)(m)				路基压实度(%)		
				高速公路、一级公路	二级公路	三、四级公路
填方路基	上路床		0～0.3	≥96	≥95	≥94
	下路床	轻、中等及重交通	0.3～0.8	≥96	≥95	≥94
		特重、极重交通	0.3～1.2	≥96	≥95	—
	上路堤	轻、中等及重交通	0.8～1.5	≥94	≥94	≥93
		特重、极重交通	1.2～1.9	≥94	≥94	—
	下路堤	轻、中等及重交通	1.5 以下	≥93	≥92	≥90
		特重、极重交通	1.9 以下			

续表 1-2-4

填筑部位(路面底面以下深度)(m)			路基压实度(%)		
			高速公路、一级公路	二级公路	三、四级公路
零填及路堑路床	上路床	0～0.3	≥96	≥95	≥94
	下路床 轻、中等及重交通	0.3～0.8	≥96	≥95	—
	特重、极重交通	0.3～1.2			

注:① 表列压实度以现行《公路土工试验规程》(JTG 3430—2020)重型击实试验法为准。

② 当三、四级公路铺筑沥青混凝土路面或水泥混凝土路面时,其压实度应采用二级公路的规定值。

③ 路堤采用粉煤灰、工业特殊填料,或处于特殊干旱或特殊潮湿地区时,在保证路基强度和回弹模量要求的前提下,通过试验论证,压实度标准可降低 1～2 个百分点。

(2)填石路堤压实标准

填石路堤,包括分层填筑和倾填爆破石块的路堤,不能用土质路基的压实度来判定其密实程度。不同强度的石料,应分别采用不同的填筑层厚和压实控制标准。填石路堤的压实质量标准宜采用孔隙率作为控制指标。硬质石料、中硬石料、软质石料的压实质量控制标准分别见表 1-2-5 至表 1-2-7。施工压实质量可采用孔隙率与压实沉降差或施工参数联合控制。

表 1-2-5 硬质石料压实质量控制标准

路基部位	路面底面以下深度(m)	摊铺厚度(mm)	最大粒径(mm)	压实干密度(kg/m³)	孔隙率(%)
上路堤	0.80～1.50 (1.20～1.90)	≤400	小于层厚 2/3	由试验确定	≤23
下路堤	>1.50 (>1.90)	≤600	小于层厚 2/3	由试验确定	≤25

注:"路面底面以下深度"栏,括号中数值分别为特重、极重交通的上路堤、下路堤的深度范围。

表 1-2-6 中硬石料压实质量控制标准

路基部位	路面底面以下深度(m)	摊铺厚度(mm)	最大粒径(mm)	压实干密度(kg/m³)	孔隙率(%)
上路堤	0.80～1.50 (1.20～1.90)	≤400	小于层厚 2/3	由试验确定	≤22
下路堤	>1.50 (>1.90)	≤500	小于层厚 2/3	由试验确定	≤24

注:"路面底面以下深度"栏,括号中数值分别为特重、极重交通的上路堤、下路堤的深度范围。

表 1-2-7　软质石料压实质量控制标准

路基部位	路面底面以下深度 （m）	摊铺厚度 （mm）	最大粒径 （mm）	压实干密度 （kg/m³）	孔隙率 （%）
上路堤	0.80～1.50 （1.20～1.90）	≤300	小于层厚	由试验确定	≤20
下路堤	>1.50 （>1.90）	≤400	小于层厚	由试验确定	≤22

注："路面底面以下深度"栏，括号中数值分别为特重、极重交通的上路堤、下路堤的深度范围。

3. 压实工序的控制

为了有效地压实路基填筑土，必须对碾压工序进行控制，具体要求如下：

（1）确定工地施工要求的压实度。路基要求的压实度根据填挖类型和公路等级及路堤填筑高度而定，见表 1-2-4。通常根据表中的规定，用标准击实试验，得出最大干密度和相应最佳含水率。

（2）对于各种压实机具碾压不同土类的适宜厚度，所需压实遍数与填土的实际含水率（最佳含水率±2%以内）等，均应根据要求的压实度，通过试验路段加以确定。高等级公路路基填土压实宜采用振动压路机或 35～50 t 轮胎压路机进行。采用振动压路机碾压时，第一遍静压，第二遍开始用振动压实。

压实过程中应严格控制填土的含水率。含水率过大时，应将土翻晒至要求的含水率再碾压；含水率过小时，需均匀洒水后再进行碾压。通常天然土的含水率接近最佳含水率时，在填土后应随即压实。

（3）碾压应遵循先轻后重、先慢后快、先两边后中间（匝道及弯道的超高路段需要压实时，则由内侧至外侧，宜先低后高）的原则，并控制压实速度以保证路基压实质量。碾压时，横向接头的轮迹应有一部分重叠，对振动压路机一般重叠 40～50 cm，对三轮压路机一般重叠 1/2 后轮宽；对两轮压路机重叠 1/3 后轮宽；前后相邻两区段宜纵向重叠 1～1.5 m。应做到无漏压、无死角和确保碾压均匀。

（4）填石路堤在压实前，应先用大型推土机推铺平整，个别不平处，应用人工配合，用细小石屑找平。宜选用 18 t 以上的重型振动压路机。碾压时，要求均匀压实，不得漏压。每层的松铺厚度在 0.4 m 左右，当采用重型振动压路机或夯锤压实时，可加厚至 1.0 m。

填石路堤所要求的密实度（孔隙率）、所需的碾压遍数（或夯压遍数）应经过试验确定。以18 t 以上的振动压路机进行压实试验，当压实层顶面稳定，不再下沉（无轮迹）时，可判定为密实状态，即密实度合格。

（5）土石混填路堤的压实要根据混合料中巨粒土含量的多少来确定。当巨粒土含量较少时，应按填土路堤的压实方法进行压实；当巨粒土含量较多时，应按填石路堤的压实方法进行压实。不论何种路堤，碾压都必须确保均匀密实。

（6）压实度的检测方法有灌砂法、环刀法、灌水法（水袋法）和核子密度湿度仪法等。细粒土现场压实度检查可采用灌砂法或环刀法；粗粒土及路面结构压实度检查可采用灌砂法、水袋法或钻孔取样蜡封法。应用核子密度仪时，应经对比试验检验，确认其可靠性。各种试验方法的原理和操作方法详见《公路路基路面现场测试规程》(JTG 3450—2019)。

4. 压实质量控制与检查

(1) 填石路堤压实质量控制

填石路堤的压实质量标准采用孔隙率作为控制指标,施工压实质量采用孔隙率与压实沉降差或施工参数(压实功率、碾压速度、压实遍数、铺筑厚度等)联合控制。

填石路堤的压实质量可以采用试验路段确定的压实沉降差或孔隙率进行检测。压实沉降差采用重型振动压路机(建议 14 t 以上)按规定碾压参数碾压两遍后各测点的高程差,压实沉降差平均值应不大于 5 mm,标准差不大于 3 mm。孔隙率的检测应采用水袋法进行。

(2) 土质路基压实质量控制

在压实过程中,施工单位的自检人员应经常检查压实度是否符合要求,以便随时调整。每一压实层均应检验压实度,合格后方可填筑其上一层。

路基压实度以重型击实标准为准。标准密度应做平行试验,以平均最大干密度作为标准密度值,并作为现场检验的标准值。

路基压实度应以 1～3 km 的路段为检验评定单元,按《公路工程质量检验评定标准》(JTG F80/1—2017)要求的检测频率进行现场压实度抽样检查。检验取样频率为每 200 m 每压实层测 2 处。必要时可根据需要增加检查点数,以防止压实不足处漏检。

在压实度检验评定单元,按要求的检测频率及方法进行现场压实度抽样检查,求出每一测点的压实度 K_i,再按式(1-2-8)计算检验评定单元的压实度代表值 K(算术平均值的下置信界限):

$$K = \bar{k} - \frac{t_\alpha}{\sqrt{n}} S \geqslant K_0 \tag{1-2-8}$$

式中　$\bar{k}$——检验评定段内各测点压实度的平均值。

t_α——t 分布表中随测点数和保证率(或置信度 α)而变的系数;$t_\alpha/\sqrt{n}$ 根据采用的保证率(高速公路、一级公路:基层、底基层为 99%,路基、路面面层为 95%;其他公路:基层、底基层为 95%,路基、路面面层为 90%),查《公路工程质量检验评定标准》(JTG F80/1—2017)附表 B 确定。

S——检测值的均方差。

n——检测点数。

K_0——压实度标准值。

当 $K \geqslant K_0$,且单点压实度 K_i 全部大于或等于规定值减 2 个百分点时,评定路段的压实度合格率为 100%,压实度达到标准;当 $K \geqslant K_0$,且单点压实度 K_i 全部大于或等于规定极值时,按测定值不低于规定值减 2 个百分点的测点计算合格率,以检验压实度是否达到标准;当 $K < K_0$,或某一单点压实度 K_i 小于规定极值时,该评定路段压实度为不合格,相应分项工程评为不合格。

路堤施工段落较短时,分层压实度应全部符合要求,且样本数不少于 6 个。

压实度评定要点是:

① 控制平均压实度的置信下限,以保证总体水平;

② 规定单点极值不得超出给定值,防止局部隐患;

③ 规定扣分界限以区分质量优劣。

任务三　挖方路基施工

土质路堑开挖施工流程如图 1-2-20 所示。

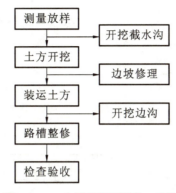

图 1-2-20　土质路堑开挖施工流程

1. 测量放样

根据设计图纸采用全站仪或经纬仪恢复路线中桩,直线段每 20 m 一个中桩,曲线段每 15 m 一个中桩。放样出路堑坡顶桩、截水沟位置桩及用地界桩,用白灰画出开挖线。截水沟与开挖线的距离不小于 5 m,保证排水通畅。

修建临时截、排水设施,以减少雨水对路基的破坏。临时排水设施应与永久排水设施相结合。

2. 土方开挖

（1）一般规定

土方开挖应自上而下进行,不得乱挖超挖,严禁掏底开挖。拟用作路基填料的土方,应分类开挖、分类使用。

开挖过程中,应采取措施保证边坡稳定,开挖坡面应一次性成型,且应开挖一级,防护一级,防止边坡失稳滑塌。

开挖中应采取临时排水措施,确保施工作业面不积水。边沟与截水沟应从下游向上游开挖。截水沟通过地面坑凹处时,应将凹处填平夯实。边沟及截水沟开挖后,应及时进行防渗处理,不得渗漏、积水和冲刷边坡及路基。挖方路基施工遇到地下水时应采取排导措施,将水引入路基排水系统。不得随意堵塞泉眼。

（2）开挖方法

对于土质路堑,可根据路堑深度、纵向长度及所处的地形选择不同的开挖方式。目前,常用的土质路堑开挖方法可分为全断面横挖法、纵挖法及混合开挖法三种。

① 全断面横挖法

对路堑整个横断面的宽度和深度从一端或两端逐渐向前开挖的方式称为全断面横挖法。

此方法适用于开挖浅且短的路堑。图1-2-21(a)所示为一层全断面横挖法,其适用于开挖浅且短的路堑。图1-2-21(b)所示为多层全断面横挖法,适用于开挖深且土方量大的路堑。施工时,各层纵向前后拉开,多层出土,可安排较多的人工和机械,以加快施工进度。每层挖掘台阶深度:人工施工时,一般为1.5～2.0 m;机械施工时,可达到3～4 m。同时,各层要有独立的临时排水设施。

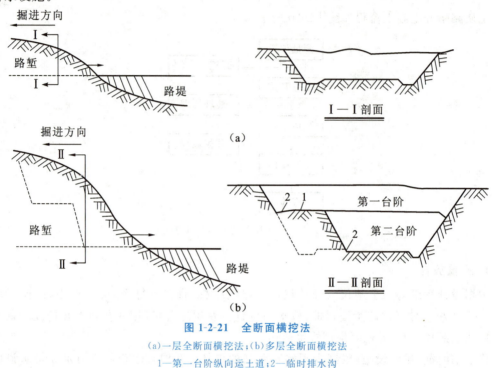

图 1-2-21　全断面横挖法
(a)一层全断面横挖法;(b)多层全断面横挖法
1—第一台阶纵向运土道;2—临时排水沟

② 纵挖法

此方法适用于较长的路堑,纵挖法可分为分层纵挖法、分段纵挖法、通道纵挖法三种。前者适用于路堑宽度和深度均不大的情况;后者适用于路堑较长、弃土运距较远的傍山路堑开挖。

分层纵挖法是指沿路堑全宽以深度不大的纵向分层挖掘前进的作业方式,如图1-2-22所示,适用于较长的路堑开挖。当路堑长度不超过100 m,开挖深度不大于3 m,地面较陡时,宜采用推土机作业;当地面横坡较缓时,表面宜横向铲土,下层的土宜纵向推运;当路堑横向宽度较大时,宜采用两台或多台推土机横向联合作业,作业顺序按"1—2—3—4—5—6"的施工顺序进行。

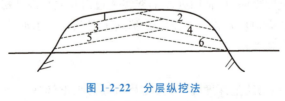

图 1-2-22　分层纵挖法
注:1～6表示施工顺序

分段纵挖法是指沿路堑纵向选择若干处,在山体较薄一侧横向朝着路线先挖穿,提供通道便于横向出土,这样将路堑沿纵向分成若干段,待机械到达路线位置时,各段再纵向开挖的作业方法,如图 1-2-23 所示。此法适用于路堑过长、纵向弃土运距过远的傍山路堑。这种方法由于增加了许多工作面,使得施工进度大大加快。选择具体方案时,应综合考虑山体一侧堑壁不厚的横向出土通道与附近的弃土场及有利于废弃土方调配等条件。

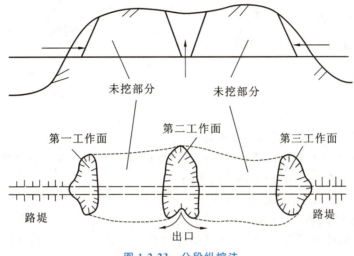

图 1-2-23 分段纵挖法

通道纵挖法是指沿路堑纵向挖掘一通道,然后将通道向两侧拓宽,上层通道拓宽至路堑边坡后,再开挖下层通道,按此方向直至开挖到挖方路基顶面标高,如图 1-2-24 所示。这是一种快速施工的有效方法,通道可作为机械行驶和运输土方车辆的道路,便于挖掘和外运的流水作业。

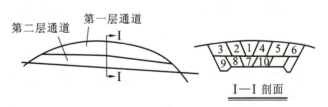

图 1-2-24 通道纵挖法

注:1~10 表示施工顺序

③ 混合开挖法

先在路堑中央沿路线纵向挖成通道,然后在堑内改为横向挖成若干个通道,使许多挖掘机械各自到达横向通道内的工作面后,再沿路线纵向进行全断面开挖,此种纵挖法与全断面横挖法结合的作业方法称为混合开挖法,如图 1-2-25 所示。当路堑较深时,还可以结合机械的功能进行分层施工作业。此法适用于工程量很大但工期又紧的重点快速工程,并且以铲式挖掘机和运输自卸车配合使用为宜。具体实施混合开挖法时,对于各种机械尤其是运土车辆的进出,必须统一调度、相互协调,使其运行流畅。

3. 装运土方

采用自卸汽车及时把非适用材料清运到弃土场,分层填筑堆放;可以利用的土运到路基填

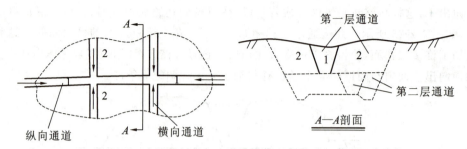

图 1-2-25　混合开挖法
注:1、2 表示施工顺序

方段利用。

非适用材料作为弃方时,应按以下规定处理:

① 施工前,应对设计提供的弃土方案进行现场核对,如有问题应及时处理。

② 弃土宜集中堆放,并与周边环境相协调。

③ 严禁在靠近桥梁墩台、涵洞口处弃土。

④ 不得向水库、湖泊、岩溶漏斗及暗河口处弃土。

⑤ 弃土宜分层填筑、分层压实,弃土场的边坡不得陡于 1:1.5,顶面宜设置不小于 2% 的排水坡。

⑥ 弃土作为路基反压护道时,宜与路基同步填筑。

⑦ 在地面横坡陡于 1:5 的路段,路堑顶部高侧不得设置弃土场。

⑧ 弃土场应及时施作防护和排水工程,对坡脚应按设计要求进行加固。

4. 边坡清刷

开挖至边坡线前,应预留一定宽度(30 cm),采用人工刷坡或挖掘机刷坡,保证边坡线外的土层不受到扰动。

5. 路床整形

开挖至零填、路堑路床部分后,应尽快进行路床施工;如不能及时进行,宜在路床顶设计标高以上预留至少 300 mm 厚的保护层。

路床范围内原状土符合要求的,可直接进行路床成形施工,先采用平地机进行路床整形,再用压路机进行压实。路床范围内为较湿土时,应采取换填、改良土质或设置盲沟处理。

6. 检查验收

每公里土质路堑开挖完成后,对其进行检查验收,检测其压实度、弯沉、高程、宽度、中线偏位、平整度、边坡、横坡是否满足规范要求。

二、石质路基施工

爆破法施工是石质路基施工最有效的方法之一。爆破可以爆松冻土、爆除淤泥、开采石料等。山区公路路基石方工程量大且集中时,采用爆破法施工,不但可以提高功效、缩短工期、节约劳动力,而且可以改善线形,提高公路使用质量。

1. 爆破作用原理

为了爆破某一岩体,在其中或表面放置的一定数量的炸药,称为药包,按其形状或集结程度的不同,可以分为集中药包、延长药包和分集药包三种。凡药包形状接近球状或立方体,以及高度不超过直径四倍的圆柱体和最长边不超过最短边四倍的直角六面体,均属于集中药包。相反,药包的长度或高度超过上述情况者,属于延长药包。分集药包是提高炸药有效能量利用率的新型装药方式,它是将一个集中药包分为两个保持一定距离集中的子药包。

（1）药包在无限介质内的爆破作用

药包在无限介质内爆炸时,炸药在瞬间通过化学反应转化为气体状态的爆炸产物。由于膨胀作用,体积增加百倍乃至数千倍,产生不小于 15000 MPa 的静压力,同时产生温度高达 1500~4500 ℃、速度高达每秒上千米的冲击波,以动压力的形式,自药包中心按球面等量向外扩散,传递给周围介质,使介质产生各种不同程度的破坏和振动现象。这种现象随着至药包中心的距离增大而逐渐消失。按破坏程度的不同把作用范围大致分为四个爆破作用圈:压缩圈、抛掷圈、松动圈、振动圈,如图 1-2-26 所示。

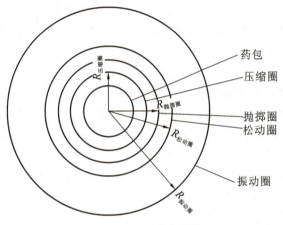

图 1-2-26　爆破作用圈

（2）药包在有限介质内的爆破作用与爆破漏斗

药包在有限介质内爆炸时,在具有临空面的表面上都会出现一个爆破坑,一部分炸碎的土石被抛至坑外,一部分仍落在坑底。由于爆破坑形状如同漏斗,称为爆破漏斗,如图 1-2-27 所示。爆破漏斗的形状和大小,不但与药包量大小、炸药性能、介质的性能等有关,同时还与临空面的数量和所处的边界条件有关。

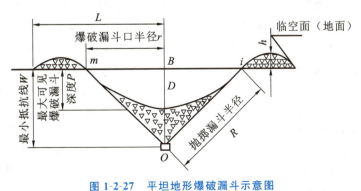

图 1-2-27　平坦地形爆破漏斗示意图

　　爆破漏斗一般用以下几个要素表示：

　　W——最小抵抗线，即药包中心至临空面的最短距离(m)；

　　r——爆破漏斗口半径，即最小抵抗线与临空面交点至漏斗口边缘的距离(m)；

　　R——抛掷漏斗半径，即从药包中心沿漏斗边缘至坑口的距离(m)。

　　爆破作用的性质通常用爆破作用指数 n 来表示。爆破作用指数是爆破漏斗口半径与最小抵抗线的比值，即 $n=r_0/W$。当 $n=1$ 时，称为标准抛掷爆破，此时漏斗顶部夹角为 90°；当 $n>1$ 时，称为加强抛掷爆破；当 $n<1$ 时，称为减弱抛掷爆破；当 $n<0.75$ 时，不会发生抛掷现象，岩石只能产生松动和隆起。通常将 $n=0.75$ 时的爆破称为标准松动爆破，将 $n<0.75$ 时的爆破称为减弱松动爆破。

2. 炸药种类和起爆方法

　　(1) 炸药种类

　　炸药是一种化学性质不稳定的化学混合物，受一定外力作用就能引起高速化学分解反应，产生大量气体和热量，并能将其集中的能量在瞬间释放出来。炸药种类繁多，在爆破工程中常用的可分下列两类：

　　① 起爆炸药

　　起爆炸药是一种爆炸速度极高的烈性炸药，爆速可达 2000～8000 m/s，主要用于制造雷管和速燃导火索等。起爆炸药又可分为正起炸药和副起炸药。正起炸药对热能和机械冲击能均具有强烈的敏感性；副起炸药须由正起炸药起爆，其爆速甚高，可加强雷管的起爆能量。

　　② 爆破炸药

　　用来对岩石或其他介质进行爆破的炸药称为爆破炸药，它的敏感性较低，要在起爆炸药强力的冲击下才能爆炸。道路工程中常用的爆破炸药有下列几种：

　　a. 黑色炸药。黑色炸药是由硝酸钾(或硝酸钠)、硫黄和木炭所组成的混合物，对火星和冲击极敏感，易燃烧爆炸，不防潮，威力低，适用于石料开采。

　　b. 三硝基甲苯(TNT)。TNT 为淡黄色针状结晶体，熔铸块呈褐色，敏感度低，安定性好，耐水性强，爆炸威力大，适用于爆破坚硬的岩石。但其本身含氧量不足，爆炸时会产生有毒的一氧化碳，不宜用于地下作业。

　　c. 胶质炸药。胶质炸药是由硝化甘油和硝酸铵组成(有时用硝酸钾或硝酸钠)的混合物，另加入一些木屑和稳定剂制成的。胶质炸药可分为耐冻、非耐冻两种。工业上常用的是硝化甘油及二硝化乙二醇含量分别为 62% 和 35% 的耐冻胶质炸药。它对冲击、摩擦和火星都很敏感，如果湿度较高或储存时间过久，其容易分解、渗油和挥发，此时对外界的作用更敏感，受冻后尤其危险，它是一种危险性较高的炸药。但胶质炸药威力大，不吸湿，有较大密度和可塑性，适合于水下和坚石爆破。

　　d. 硝铵炸药。硝铵炸药是目前石方爆破中广泛应用的一种炸药，主要品种有煤矿铵锑炸药、岩石铵锑炸药、露天铵锑炸药等。道路工程中常用的岩石硝铵炸药由硝酸铵、TNT 和少量木粉组成，其配比为 85∶11∶4，具有中等威力和一定的敏感性，在 8 号雷管作用下可以充分起爆，是安全性较高的炸药。但是它具有吸湿性与结块性，受潮后敏感性和威力显著降低，同时产生毒气。

　　e. 铵油炸药。铵油炸药是硝酸铵和柴油(或加木粉)的混合物，通常两者比例为 94.5∶5.5，当加入木粉时，硝酸铵∶柴油∶木粉比例为 92∶4∶4。这是一种廉价、安全、制造简单、威力比硝铵炸药略低、敏感性低的炸药,具有结块性和吸湿性,使用时不能直接用 8 号雷管起爆,须同时用 10% 的硝铵炸药作起爆体,才能使其充分起爆。

　　f. 浆状炸药。浆状炸药是以硝酸铵、TNT(或铝、镁粉)和水为主混合而成的一种糯糊状炸药,其威力大、抗水性强,适用于深水爆破(坚硬岩石),但需烈性炸药起爆。

　　(2)起爆器材及起爆方法

　　炸药的爆炸需要给予一种动力撞击或是一种火药的起爆,因此,为保证施工安全,要给炸药安装起爆器材。

　　① 起爆器材

　　雷管是常用的起爆材料,如图 1-2-28 所示。按照引爆方式分为火雷管和电雷管两种,两者构造基本相同。

　　火雷管也叫普通雷管,用导火索引爆。火雷管在管壳开口的一端留有 15 mm 长的空隙,以便插入导火索,另一端做成窝槽状。火雷管一般分为 10 个规格,工程上常用规格为 6~8 号。

　　电雷管用电流点火引爆。电雷管在管壳口的一段,有一个电气点火装置,通电时,电流通过电桥丝,灼热的电桥丝将引燃剂点燃,使炸药爆炸。电雷管又分为即发电雷管、迟发电雷管。即发电雷管用于同时点火同时起爆,迟发电雷管用于同时点火但不同时起爆。

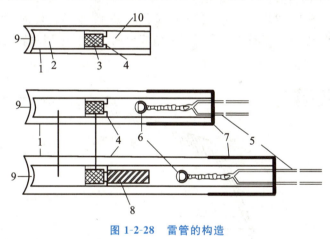

图 1-2-28　雷管的构造

1—雷管壳;2—副装药;3—正装药;4—加强帽;5—电器点火装置;
6—滴状引燃剂;7—密封胶;8—引缓剂;9—窝槽;10—帽孔

　　② 起爆方法

　　电力起爆法指利用电雷管中电力引火剂的通电发热燃烧使雷管爆炸,从而引起药包爆炸。电力起爆网中,电雷管的联结形式有串联、并联和混合联结三种。电力起爆所用电线必须采用绝缘完好的导线。

　　火花起爆法是指利用导火线燃烧引爆火雷管,从而使药包爆炸的起爆方法。导火索是点燃火雷管的配置材料,外形为圆形索线,索芯内有黑火药,中间有纱导线,芯外紧缠着一层纱包线或防潮剂。

　　传爆线又称导爆线,其索芯用高级烈性炸药制成,内有双层棉织物,一层为防潮层,一层为缠绕着的纱线,为与导火索区别,表面涂成红色或红黄相间等色。传爆线着火较困难,使用时须在药室外的一段传爆线上捆扎一个 8 号雷管来起爆,由于传爆线的爆速快,故在大量爆破的药室中,使用传爆线起爆可以提高爆破效果,但必须严格遵守安全规定。

3. 常用爆破方法

(1)中小型爆破

① 钢钎炮(眼炮)

在路基工程中,钢钎炮通常指炮眼直径和深度分别小于 7 cm 和 5 m 的爆破方法。因其炮眼浅、用药少、工效低,一般情况下,单独使用钢钎炮爆破石方是不大经济的,但是,因为其比较灵活所以仍不失为一种重要的炮型,在地形艰险及爆破量较小的地段(如打水沟、开挖便道、基坑等)仍属必需,在综合爆破中,钢钎炮是一种改造地形、为其他炮型服务的辅助炮型。

② 药壶炮(烘膛炮)

药壶炮是指在深 2.5 m 以上的炮眼底部用少量炸药经一次或多次烘膛,使眼底成葫芦形,将炸药集中装入药壶中以提高爆炸效果的一种炮型,如图 1-2-29(a)所示。它适用于结构均匀密实的硬土、次坚石、坚石。当炮眼深度小于 2.5 m,或在节理发达的软石、很薄的岩层、渗水区域或雨季施工时,不宜采用。

③ 猫洞炮(蛇穴炮)

猫洞炮指将集中药包直接放入直径为 0.2~0.5 m、炮眼深 2~6 m 的水平或略有倾斜的炮洞中的一种炮型,如图 1-2-29(b)所示。猫洞炮适用于硬土、胶结良好的古河床、冰碛层、软石和节理发育较好的次坚石。坚石中可利用裂缝整修成洞。这种炮型对岩包和特大孤石的爆破效果最佳。

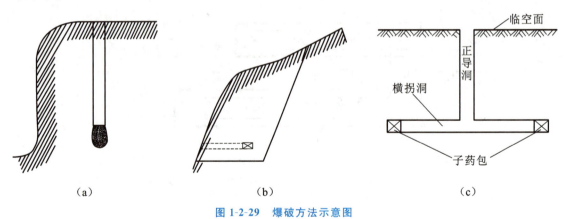

(a)　　　　　　　　　　(b)　　　　　　　　　　(c)

图 1-2-29　爆破方法示意图

(a)药壶炮;(b)猫洞炮;(c)导洞与药室爆破

(2)大爆破

大爆破是采用导洞和药室装药,用药量在 1000 kg 以上的爆破,如图 1-2-29(c)所示。大爆破主要用于石方大量集中,地势险要或工期紧迫路段。采用大爆破施工要慎重,必须在施工前做好技术设计,爆破后应做出技术总结。

(3)微差爆破

两相邻药包或前后排药包以毫秒的时间间隔(一般为 15~75 ms)依次起爆,称为微差爆破,亦称毫秒爆破。其优点是可减振,提高爆破效果,省药,有利于挖掘机作业。

（4）光面爆破和预裂爆破

光面爆破是在开挖限界的周边，适当排列一定间隔的炮孔，在有侧向临空面的情况下，用控制抵抗线和药量的方法进行爆破，使之形成一个光滑平整的边坡。

预裂爆破是在开挖限界处按适当间隔排列炮孔，在没有侧向临空面和最小抵抗线的情况下，用控制药量的方法预先炸出一条裂缝，使拟爆体与山体分开，作为隔震、减震带，起保护和减弱开挖限界以外山体或建筑场的地震破坏作用。光面与预裂爆破后，在边坡壁上通常均留下半个炮孔的痕迹。

进行光面或预裂爆破时，应严格保持炮孔在同一平面内，炮孔间距 a 和最小抵抗线 W 之比应小于 0.8。装药量应控制适当，并采用合理的药包结构，通常使炮孔直径大于药卷直径 1～2 倍，或采用间隔药包、间隔钻孔装药。预裂炮的起爆时间在主炮之前，光面炮在主炮之后，其间隔时间可取 25～50 ms。同一排孔必须同时起爆，最好用传爆线起爆，否则会影响爆破质量。

4. 爆破施工

（1）施工前的准备工作

根据批准的设计方案进行现场核对，编制导洞、药室施工组织设计，并进行现场放样，组织人、材、机进场。

（2）导洞和药室的开挖

导洞分竖井和平洞两种，竖井深度不宜大于 16 m，竖井开挖深度大于 6 m 时，应采取通风措施。药室应按设计断面开挖，且宜近似做成立方体。

（3）爆破前的准备工作

准备工作包括导洞和药室的验收，装药，导洞和竖井的堵塞，起爆线路的敷设。

（4）爆破

起爆前，还应检查起爆电源的电压，如果符合要求，即可发出起爆信号，通知警戒人员开始起爆。起爆前 30 min，由总指挥发布起爆命令，做最后一次验收检查和安全检查，无新情况，即可起爆。起爆后 30 min 进行全面技术检查，无问题时再发出解除警报信号。

（5）瞎炮处理

如有瞎炮，必须小心谨慎，由专人负责指挥处理。洞室炮一般只能沿着导洞小心地掏取堵塞物，找出电线重新起爆，否则应取出起爆体。对于硝铵炸药的中、小炮，可用灌水使炸药失效等较安全的方法处理。

（6）清理危石和石方清运

危石清理采用人工直接撬除法和爆破法施工，对人工可撬动的危石，由人工直接撬除；对人工不可撬动的危石，先钻孔爆破，再人工撬除。

作业面上的危石已经过处理后，清理石渣的人员、车辆方准进入现场。石渣按照自上而下的顺序装车外运，若炸落的岩石体积很大，可进行二次爆破。

（7）石质路堑边坡清刷及路床检验

从开挖面自上而下分级清刷边坡，每清运 3～5 m 深的石方时，应对新露出来的边坡进行刷坡。软质岩石边坡可用人工或机械清刷，坚石或次坚石边坡可用炮眼法、裸露药包法清刷边坡，同时清除危石或松石。石质路堑边坡因过量超挖而影响上部边坡岩体稳定时，应用浆砌片石补砌超挖的坑槽。

石质路堑边坡应顺直、圆滑、大面平整。清刷后的边坡坡度不陡于设计值。

若开挖后的路床底基岩高程过高时,宜凿平;过低时,宜用石屑、灰土或碎石填平并碾压密实。

5. 石方开挖注意事项

(1) 应根据岩石的类别、风化程度、岩层产状,制定开挖方案。

(2) 应逐级开挖,控制边坡高度和坡度。

(3) 施工过程中,每挖深 3～5 m 应进行边坡边线和坡度的复测。

(4) 爆破作业应符合《爆破安全规程》(GB 6722—2014)的有关规定。

(5) 严禁采用硐室爆破,靠近边坡部位的硬质岩应采用光面爆破或预裂爆破。

(6) 采用爆破法开挖石方,应先查明空中缆线、地下管线的位置,以及开挖边界线外可能受爆破影响的建筑物类型、居民居住情况等,对不能满足安全距离的石方宜采用化学静态爆破或机械开挖。

(7) 对边坡应逐级进行整修,同时清除危石及松动石块。

1. 路基施工准备的工作内容有哪些?

2. 路堤填筑方法有哪些? 适用性如何?

3. 简述路基填筑的主要工序。

4. 土质路基开挖的方式有哪些? 适用性如何?

5. 简述爆破作业的程序。

6. 简述路基压实原理。影响路基压实效果的因素有哪些?

7. 简述路基压实方法。

情境三　路基防护与加固工程施工

 知识目标

1. 了解路基防护与加固工程的作用；
2. 熟悉路基防护与加固工程的类型；
3. 掌握路基坡面防护的施工工艺；
4. 掌握挡土墙的施工工艺。

思政案例："美丽公路"建设事迹

能力目标

1. 培养学生具备路基防护与加固工程施工现场组织、协调能力。
2. 培养学生具备路基防护与加固工程施工技术交底能力。

素质目标

培养学生具备爱岗敬业、团结协作、爱护环境的匠心。

由岩、土填挖而成的路基，受到浸水、风化、温差、河水及软土地基沉陷等自然因素的影响易导致各种变形、病害甚至破坏。为了减少与防治公路病害，确保行车安全，保持公路与自然环境相协调，保证公路使用品质，做好路基防护工程及支挡工程具有十分重要的意义。

路基防护与加固工程，按其作用不同可分为边坡坡面防护、冲刷防护、挡土墙工程和湿软地基加固四大类。

任务一　路基防护工程构造认知

一、坡面防护

对受自然因素作用易产生破坏的边坡坡面，应根据气候条件、岩土性质、边坡高度、边坡坡度、水文地质条件、施工条件、环境保护、水土保持要求等因素，按表 1-3-1 经技术经济比选后选择适宜的防护措施。

表 1-3-1　坡面防护工程类型及适用条件

防护类型	种类	适用条件
植物防护	植草或喷播植草	可用于坡度不陡于 1：1 的土质边坡防护。当边坡较高时，植草可与土工网、土工网垫结合防护
	铺草皮	可用于坡度不陡于 1：1 的土质边坡或全风化、强风化的岩石边坡防护
	种植灌木	可用于坡度不陡于 1：0.75 的土质、软质岩石和全风化岩石边坡防护

续表 1-3-1

防护类型	种类	适用条件
骨架植物防护	喷混植生	可用于坡度不陡于1∶0.75的砂性土、碎石土、粗粒土、巨粒土及风化岩石边坡防护,边坡高度不宜大于10 m
	—	可用于坡度不陡于1∶0.75的土质边坡和全风化、强风化的岩石边坡防护
工程防护	喷护	可用于坡度不陡于1∶0.5的易风化但未遭强风化的岩石边坡防护,高速公路、一级公路和环境景观要求高的公路不宜采用
	挂网喷护	可用于坡度不陡于1∶0.5的易风化、破碎的岩石边坡防护,高速公路、一级公路和环境景观要求高的公路不宜采用
	干砌片石护坡	可用于坡度不陡于1∶1.25的土质边坡或岩石边坡防护
	浆砌片石护坡	可用于坡度不陡于1∶1的易风化岩石边坡和土质边坡防护
	护面墙	可用于坡度不陡于1∶0.5的土质边坡和易风化剥落的岩石边坡防护

1. 植物防护

植物防护主要适用于允许流速小于1.8 m/s的季节性水流冲刷及较缓的土质边坡,依靠成活植物的发达根系,深入土层,使表土固结。不同的植被,还可起到交通诱导、安全、防眩、吸尘、隔音作用,同时美化路容,协调环境。因此,在适宜于植物生长的土质边坡上,应优先采用植物防护。

(1)植草防护

植草防护适用于边坡坡度不陡于1∶1,地面径流速度不超过0.6 m/s,适于草类生长的土质边坡。一般选用根系发达、茎干低矮、枝叶茂盛、生长力强、多年生长的草种,并尽量采用几种草籽混种。植草的最小土层厚度不应小于0.15 m,灌木最小土层厚度不应小于0.30 m。

(2)铺草皮防护

铺草皮适用于需快速绿化,地面径流速度不超过1.8 m/s的土质边坡。草皮宜选用根系发达、茎矮叶茂的耐旱草种,不宜采用喜水草种。草皮厚度宜为60~100 mm,呈带状或块状,其规格大小视施工情况而定。铺草皮前应将坡面整平,必要时加铺50~100 mm种植土层。草皮铺砌形式有叠铺(分水平、垂直和倾斜叠置)、平铺(平行于坡面满铺)和方格网式等。每块草皮钉2~4根竹木梢桩,使草皮与坡面固结,如图1-3-1所示。

植树适用于坡度缓于1∶0.75的边坡,或边坡以外的河岸及漫滩外侧。树种应选用能迅速生长且根深枝密,适用于当地气候的低矮灌木类。

(3)三维植被网防护

三维植被网防护适用于砂性土、土夹石及风化岩石且坡度缓于1∶0.75的边坡。三维网固定于坡面,起固筋作用,网包能很好地固定填充土。三维植被网中的回填土采用客土或土、肥料及含腐殖质土的混合物。

(4)湿法喷播

湿法喷播适用于土质边坡、土夹石边坡、严重风化岩石且坡度缓于1∶0.5的路堑和路堤边坡,中央分隔带、立交区、服务区及弃土堆绿化防护等。以水为载体将种子喷播于坡面上,达

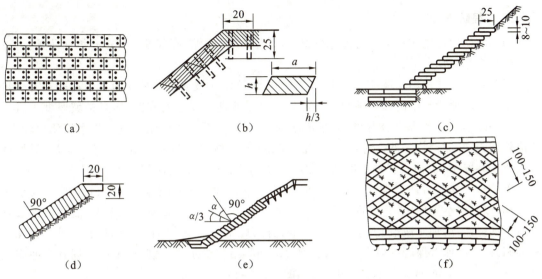

图 1-3-1　铺草皮示意图（尺寸单位：cm）

(a)平铺平面；(b)平铺剖面；(c)水平叠铺；(d)垂直叠铺；(e)斜交叠铺；(f)网格式

h—草皮厚度，为 5～8 cm；a—草皮边长，为 20～25 cm

到快速绿化、稳固边坡的目的。

（5）客土喷播

客土喷播适用于风化岩石、土壤较少的软质岩石、养分较少的土壤、硬质土壤、植物立地条件差的高大陡坡面和受侵蚀显著的坡面。当坡度陡于 1∶1 时，宜设置挂网或混凝土框架。喷混植生（种植土、草纤维、缓释营养肥料、黏合剂、保水剂等按一定比例混合）的厚度不宜小于 0.10 m，种植土、草纤维、缓释营养肥料、黏合剂、保水剂等混合材料应通过试验确定，符合要求后加入专用设备充分混合，喷射到坡面，达到快速绿化的目的。

2. 骨架植物防护

骨架植物防护适用于土质和强风化的岩石边坡，防止边坡被雨水侵蚀，避免土质边坡面上产生沟槽，其形式多样，主要有拱形骨架、菱形（方格）骨架、人字形骨架、多边形混凝土空心块等。浆砌片石（混凝土块）骨架植物防护既能稳定路基边坡，又能改善环境景观，与周围环境自然融合，是目前高速公路边坡防护的主要形式之一，值得广泛推广应用。

浆砌片石或水泥混凝土骨架植物护坡适用于坡度缓于 1∶0.75 的土质和全风化岩石边坡。当坡面受雨水冲刷严重或潮湿时，坡度应缓于 1∶1，若降雨量较大且集中地区，骨架宜做成截水沟型，断面尺寸由降雨强度计算确定，并与周围景观相协调。骨架宽度宜为 200～300 mm，嵌入边坡土深度 200～300 mm，主骨架间距一般为 2.0～4.0 m。

多边形水泥混凝土空心块植物护坡视需要设置浆砌片石或混凝土骨架；多边形空心预制块的混凝土强度等级不低于 C20，厚度不小于 150 mm。空心预制块内应填充种植土，喷播植草。

锚杆混凝土框架植物护坡适用于土质边坡和坡体中无不良结构物、风化破碎的岩石路堑边坡。锚杆采用非预应力的全长黏结型锚杆，锚杆间距、长度应根据边坡地质情况确定。锚杆保护层厚度不应小于 20 mm。框架应采用钢筋混凝土，混凝土强度等级不应低于 C25，框架几何尺寸应根据边坡高度和地层情况等确定，框架内宜植草。

3. 工程防护

当不宜使用植物防护或考虑就地取材时,采用砂石、水泥、石灰等材料进行坡面防护。

(1)石砌护坡

干砌片石护坡适用于坡度缓于 1∶1.25 的土质路堑边坡或边坡易受地表水冲刷及有少量地表水渗出的地段。干砌片石护坡一般可分为单层铺砌和双层铺砌两种,且护坡厚度不宜小于 0.25 m。为提高路基整体强度,防止水分侵入,干砌片石宜用砂浆勾缝。当水流流速较大,波浪作用强,有漂浮物等冲击时,不宜采用干砌片石护坡的边坡,宜采用浆砌片石护坡,其厚度不宜小于 0.25 m,并应设置伸缩缝和泄水孔。浆砌片石边坡坡度应缓于 1∶1。

无论是干砌片石还是浆砌片石,均应在片石下面设置砂砾或碎石垫层,厚度不宜小于 0.10 m,以起到整平作用,并可防止水流将干砌片石层下面的边坡细土粒带走,能使结构层具有一定的弹性,增加对波浪、流冰及漂浮物的抵抗力。石砌护坡坡脚应修筑墁石基础。在无河水冲刷时,基础埋置深度一般为护坡厚度的 1.5 倍。沿河受水流冲刷时,基础应埋置在冲刷线以下 0.5~1.0 m 处,或采用石砌深基础,如图 1-3-2 所示。

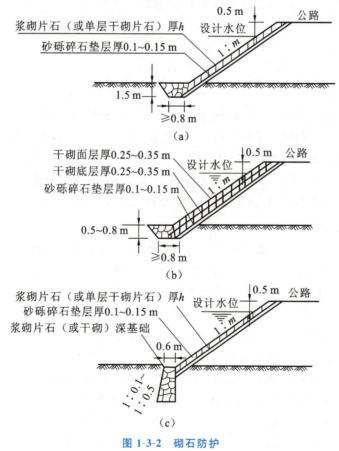

图 1-3-2　砌石防护

(a)单层石砌护坡;(b)双层石砌护坡;(c)深基础石砌护坡

m 值应小于或等于 1.15;h 值干砌为 0.25~0.35m,浆砌为 0.25~0.4m

水泥混凝土预制块护坡适用于石料缺乏地区的路基边坡防护。预制块的混凝土强度等级不应低于 C15,在严寒地区不应低于 C20。

（2）喷护

常用的喷护方法有喷浆和喷射混凝土。喷护材料可采用砂浆或水泥混凝土，喷浆防护厚度不宜小于 50 mm，砂浆强度不应低于 M10，喷射混凝土防护厚度不宜小于 80 mm，混凝土强度等级不应低于 C15，混凝土中集料最大粒径不宜超过 15 mm。喷护坡面应设置伸缩缝及泄水孔，伸缩缝间距为 15～20 m，泄水孔间距 2～3 m，孔径 100 mm。

（3）锚杆挂网喷浆（混凝土）防护

锚杆挂网喷浆（混凝土）防护适用于坡面为碎裂结构的硬质岩石或层状结构的不连续地层以及坡面岩石与基岩分开并有可能下滑的挖方边坡。先在清挖出的密实、稳定的基岩上，钻孔、安装锚杆、灌浆，然后挂上纤维网柱或钢丝网柱，最后用高压泵喷射混凝土，钢筋网喷射混凝土厚度不应小于 0.10 m，且不应大于 0.25 m，钢筋保护层厚度不宜小于 20 mm。

（4）勾缝与灌浆

勾缝与灌浆适用于较坚硬不易风化的岩石路堑边坡，节理裂隙多而细者用勾缝，大而深者用灌浆。勾缝与灌浆应密实，防浸水。

（5）护面墙

护面墙适用于易风化或严重风化破碎的软质岩石或容易产生碎落坍方的岩石路堑边坡或易受侵蚀的土质路堑边坡。其目的是使边坡免受自然因素影响，防止雨水下渗，以保护边坡。护面墙沿着边坡坡面修建，不能承受土侧压力。边坡坡度不宜陡于 1∶0.5（窗孔式护面墙防护边坡坡度不应陡于 1∶0.75；拱式护面墙适用于边坡下层岩石较完整而上部需防护的路段，边坡坡度应缓于 1∶0.5）。护面墙的单级护坡高度不宜大于 10 m，并应设置泄水孔和伸缩缝。冰冻地基墙基应埋置在冰冻线以下 250 mm；若为软土地基，可设拱形结构物跨过。

墙体纵向每隔 10～15 m 设缝宽 20 mm 的伸缩缝一道，缝内用沥青麻筋填塞。墙身上下左右每隔 2～3 m 设 100 mm×100 mm 方形或直径为 100 mm 圆形泄水孔，孔后设砂砾反滤层。为增加墙体稳定性，墙背每 3～6 m 高设一宽度为 0.5～1.0 m 耳墙。根据边坡基岩或土质的好坏，每 6～10 m 高为一级，设宽度不小于 1.0 m 的平台。在缺乏石料地区，墙身可采用片石铺砌成方格或拱式边框，方格或框内用石灰炉渣、三合土或四合土等混合料抹面。图 1-3-3 所示为护面墙示意图。

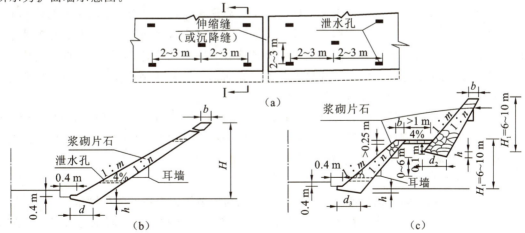

图 1-3-3 护面墙示意图

(a)正面；(b)Ⅰ—Ⅰ剖面；(c)两级护面墙

二、冲刷防护

沿河路基受水流冲刷时,应根据河流特性、水流性质、河道地貌、地质等因素,结合路基位置,按表1-3-2经技术经济比较后,选用适宜的防护工程类型或采取导流或改移河道等措施。

表1-3-2　冲刷防护工程类型及适用条件

防护类型		适用条件
直接防护	植物防护	可用于允许流速为1.2～1.8 m/s、水流方向与公路路线近似平行、不受洪水主流冲刷的季节性水流冲刷地段防护。经常浸水或长期浸水的路堤边坡不宜采用
	砌石护坡	可用于允许流速为2～8 m/s的路堤边坡防护
	土工织物软体沉排、土工膜袋	可用于允许流速为2～3 m/s的沿河路基冲刷防护
	抛石防护	可用于经常浸水且水深较大的路基边坡或坡脚以及挡土墙、护坡的基础防护
	石笼防护	可用于允许流速为4～5 m/s的沿河路堤坡脚或河岸防护
间接防护	丁坝	可用于宽浅性河段,保护河岸或路基不受水流直接冲刷而产生破坏
	顺坝	可用于河床断面较窄、基础地质条件较差的河岸或沿河路基防护,以调整流水曲度和改善流态

1. 直接防护

直接防护是在稳定的边坡上直接加固的一种措施,其特点是不干扰或很少干扰原来的水流性质。除了植物防护和砌石护坡外,抛石、石笼、浸水挡墙均属直接防护。由于植物防护和砌石护坡已在前面介绍过,所以在本节只介绍土工织物软体沉排、土工膜袋、抛石防护、石笼防护。

(1)土工织物软体沉排、土工膜袋

土工织物软体沉排、土工膜袋适用于允许流速为2～3 m/s的河岸路基冲刷防护。

土工织物软体沉排是一种在土工织物上以块石或预制混凝土块为压重的护坡结构。土工织物软体沉排一般适用于水下工程及预计可能发生冲刷的河床和岸坡土面,主要有单片垫和双片垫两种结构形式。单片垫是利用土工织物拼接成大面积的排体;双片垫是将两块单片垫重叠后按一定距离和形式将两块单片垫连接在一起而构成管状或格状空间,其中再填充透水性砂石料,以起到防冲与反滤的作用。

土工膜袋是一种双层织物袋,袋中充填流动性混凝土或水泥砂浆或小粒径石料混凝土,凝固后形成高强度和高刚度的硬结板块。可用于替代干砌块石、砂浆块石等修建堤坡、堤脚,构筑丁坝、堤坝主体,还可用于堤坝崩塌、江河崩岸险情的抢护。

(2)抛石防护

抛石防护是指为防止河岸或构造物受水流冲刷而抛填较大石块的防护措施(图1-3-4)。

流速大、水很深、波浪高的路段,抛石应采用较大粒径的石块。抛石垛的边坡坡度不应陡于抛石浸水后的天然休止角(m为1.25～1.3),石料粒径应大于300 mm。抛石厚度不应小于所用最小石料粒径的两倍。

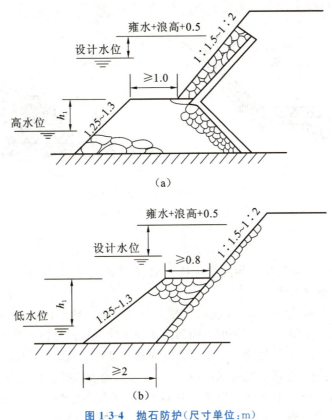

图 1-3-4　抛石防护（尺寸单位：m）

（a）适用于新建公路；（b）适用于旧路路堤抛石垛

（3）石笼防护

石笼是指为防止河岸或构造物受水流冲刷而设置的装填石块的笼子（图 1-3-5）。

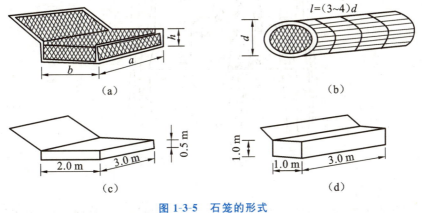

图 1-3-5　石笼的形式

（a）箱形；（b）圆柱形；（c）扁形；（d）柱形

　　一般河段，常用镀锌铁丝、高强度聚合物土工格栅或竹木石笼；急流滚石河段，可在铁丝笼内灌注小石子水泥混凝土，或采用钢筋混凝土框架石笼。用于防止冲刷淘底时，一般在河床上将石笼平铺并与坡脚线垂直；若防护岸坡或坡脚，则用垒码形式，但岸坡较缓时，也可平铺于坡面并定于基底(图 1-3-6)。

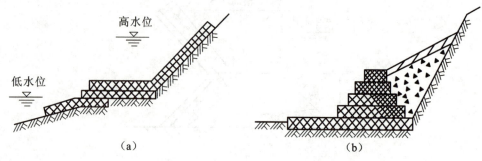

图 1-3-6 铁丝石笼防护示意图

(a)平铺于坡面;(b)垒码形式

2. 间接防护

常用的间接防护为导流坝。导流结构物一般有丁坝、顺坝及必要的改河工程。图 1-3-7 为导流构造物综合布置图例。

丁坝指坝体轴线与导线(河岸)正交或呈较大角度的斜交导流构造,适用于宽浅变迁性河段,其作用是将水流引离河岸。丁坝的横断面形式和尺寸应根据材料种类、河流的水文特性等确定,坝顶宽度根据稳定性计算确定。丁坝长度应根据防护长度、丁坝与水流方向的交角、河段地形、水文条件及河床地质情况等确定,垂直于水流方向上的投影长度不宜超过稳定河床宽度的 1/4,用于路基防护的丁坝宜采用漫水坝或潜坝,丁坝与水流方向的交角宜小于或等于 90°。丁坝要求设置多个形成坝群,坝间距离应小于前坝的防护长度。

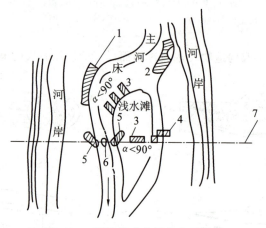

图 1-3-7 导流构造物综合布置图例

1,2—顺坝;3,4—丁坝;5—导流坝;6—桥墩;7—路中线

顺坝指坝轴线基本沿导流线边缘布置,使水流较顺缓地改变流向,起疏导水流作用的构造。它适用于河床断面较窄、基础地质条件较差的河岸或沿河路基防护。顺坝坝长与被防护段长度基本相等,顺坝与上、下游河岸的衔接,应使水流顺畅,起点应选择在水流匀顺的过渡段,坝根位置宜设在主流转向点的上方。坝顶宽度应根据稳定性计算确定,坝根应嵌入稳定河岸内不小于 3 m。

当顺坝较长,距离河岸间距较大时,为防止高水位时水流溢入坝内岸坡和坡脚,促进格间淤积,使坝体与河岸相连,在顺坝与河岸之间设置一道或几道横格,形成格坝。

改河移道可以将直接冲刷及淘刷路基的水流引离路基。挖滩改河,清除孤石,有利布置路线,可减少桥涵。但改移河道及水流改向,影响大且投资高,故改河通常在较短的河道上进行并力求顺河势,使新河槽符合河流特征,不致使水重归故道。以上导流构造物的布置和选择需经多方论证,慎重考虑,确有必要时方可按设计实施。

任务二　路基防护工程施工

思政案例:
边坡无小事

路基防护工程施工包括路基坡面防护施工和冲刷防护施工。下面将介绍几种常用的路基防护工程施工。

一、路基坡面防护施工

1. 骨架植物防护施工

（1）浆砌片石骨架植物防护

浆砌片石骨架植物防护(图 1-3-8)是指先用浆砌片石形成刚性骨架(如拱形、菱形、方格形等骨架),然后在中间部分种草、铺草皮等。该方法适用于边坡坡度不大于 1∶0.75 的土质边坡和全风化、强风化岩石。其可以防止边坡受雨水侵蚀,避免土质边坡坡面上产生冲沟。骨架内是植草、铺草皮,还是捶面或栽砌卵石,应根据土质、边坡坡度及当地材料来源等情况选用。

浆砌片石骨架植物防护施工工艺如下:

① 放样。采用全站仪或卷尺定出骨架位置与高程,挂线放样。

② 刷坡。采用人工或小型挖掘机刷坡。

③ 开挖沟槽。采用人工从上向下开挖沟槽。

④ 浆砌片石骨架。自下而上用 M5 或 M7.5 的水泥砂浆铺砌浆砌片石骨架,骨架每一组合垂直高度为 8~10 m,沿坡长每隔 10~15 m 设置一条伸缩缝(缝宽 2 cm)。

⑤ 回填耕植土。主要针对风化严重的岩石边坡和原边坡土壤不容易生长草种的边坡。

⑥ 植草。植草及养护方法与种草防护方法相同。

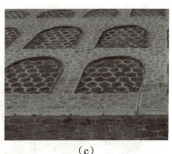

（a）　　　　　　　　　　　　（b）　　　　　　　　　　　　（c）

图 1-3-8　骨架植物防护

(a)方格形骨架护坡;(b)人字形骨架护坡;(c)拱形骨架护坡

（2）锚杆混凝土框架植草防护

锚杆混凝土框架植草防护使用锚杆对风化破碎岩石边坡进行加固，采用浇筑混凝土框架稳固边坡，在框架中培土植草。这种方法既可防止岩石边坡因开挖松动而产生局部破坏，又兼顾了混凝土骨架植草防护的美观作用，适用于土质边坡和坡体中无不良结构面、风化破碎的岩石路堑边坡。

采用非预应力的全长黏结型锚杆，锚杆间距、长度应根据边坡地质情况而定。锚杆保护层厚度不应小于 20 mm。框架采用钢筋混凝土，混凝土强度等级不应低于 C25，框架几何尺寸应根据边坡高度和地层情况等确定，框架内宜植草。

锚杆混凝土框架植草防护形式有多种组合，如锚杆混凝土框架＋喷播植草、锚杆混凝土框架＋挂三维土工网＋喷播植草、锚杆混凝土框架＋土工格室＋喷播植草、锚杆混凝土框架＋混凝土空心块＋喷播植草等，如图 1-3-9 所示。

锚杆混凝土框架植草防护的施工工艺如下：

① 放样。采用全站仪或卷尺定出骨架位置与高程，挂线放样。

② 刷坡。采用人工或小型挖掘机刷坡。

③ 钻孔平台搭设。利用钢管搭设脚手架平台，在边坡平台上插打钢筋，平台支架立杆插在钢筋上，横杆顶撑在坡面。

④ 钻孔、清孔。钻孔采用潜孔钻钻进，在钻孔完成后，使用高压空气将孔内岩粉清除出孔外。

⑤ 锚杆制作与安装。在钢筋加工厂制作加工，运输至施工现场后由人工将锚杆体放入孔内。

⑥ 锚杆注浆。将胶管与锚杆同时送入锚孔底部，用灌浆泵将砂浆自孔底向外充满。

⑦ 框架梁测量放样。按设计要求的位置、间距、尺寸测放框架梁。

⑧ 框架梁钢筋安装。在现场绑扎成型后吊装到坡面上进行安装。

⑨ 模板安装。在模板表面刷脱模剂，挂线立模并加固，保证结构物线形顺畅。

⑩ 混凝土浇筑、养护。框架混凝土浇筑采用汽车吊料斗入模，采用插入式振捣棒振捣，浇筑完成后立即覆盖土工布洒水养护。

⑪ 锚索张拉、自由段注浆、封锚。孔内浆体及外锚头达到设计强度后进行张拉试验，确定张拉工艺，通过张拉试验锚孔验收合格后方可正式张拉，注浆后封锚。

⑫ 植草、养护。在框架中喷播适宜植物生长的土料，然后播撒草籽，或者根据设计将植草袋码砌在框架中，定期洒水养护。

图 1-3-9　锚杆混凝土框架植草防护

2. 圬工防护施工

(1) 喷浆及喷射混凝土

喷浆及喷射混凝土适用于易风化但尚未严重风化的坡面、较干燥的岩质边坡。对于高而陡的边坡、上部岩层较破碎而下部岩层完整的边坡和需大面积防护的边坡,采用此种类型防护更为经济。对于成岩作用差的黏土岩质边坡则不宜采用此种防护。

坡面喷浆防护施工的喷射顺序应自下而上进行。砂浆初凝后,应立即开始养护。养护期宜不少于 5 d。施工结束后,应及时对喷浆层顶部进行封闭处理。

喷射混凝土厚度应符合设计规定,且临时支护厚度宜不小于 60 mm,永久支护厚度宜不小于 80 mm。永久支护面钢筋的喷射混凝土保护层厚度应不小于 50 mm。

坡面喷射混凝土的施工工艺如下:

① 修整坡面。面层表面应抹平、压实、修整。

② 试喷。作业前应进行试喷,选择合适的水灰比和喷射压力。

③ 喷射作业。每层混凝土喷射应自下而上进行。当混凝土厚度大于 100 mm 时,宜分两次喷射。在第二次喷射混凝土作业前,应清除接合面上的浮浆和松散碎屑。

④ 设置伸缩缝。喷射混凝土面层应在长度方向上每 30 m 设一道伸缩缝,缝宽 10～20 mm。

⑤ 养护。喷射混凝土初凝后,应立即开始养护。养护期宜不少于 7 d。

喷射混凝土表面应密实、平整,无裂缝、脱落、漏喷、漏筋、空鼓和渗漏水等。施工质量应符合表 1-3-3 的规定。

表 1-3-3 喷射混凝土施工质量标准

项次	检查项目	规定值或容许偏差	检查方法和频率
1	混凝土强度（MPa）	在合格标准内	按《公路工程质量检验评定标准第一册 土建工程》(JTG F80/1—2017)附录 E 检查
2	喷层厚度（mm）	平均厚度≥设计厚度;80%测点的厚度≥设计厚度;最小厚度≥设计规定最小值	凿孔法或工程雷达法:每 50 m² 测 1 处,总数不少于 5 处

(2) 锚杆挂网喷射混凝土

锚杆挂网喷射混凝土的施工工艺如下:

① 修整坡面。对面层表面应抹平、压实、修整。

② 钻孔并放入锚杆。锚杆应嵌入稳固基岩内,锚固深度根据设计要求结合岩体性质确定。锚杆孔深应大于锚杆长度 200 mm。

③ 铺设钢筋网。钢筋网应与锚杆连接牢固。钢筋网与岩面的间隙宜为 30～50 mm。

④ 喷射混凝土。喷射混凝土宜分层施工,铺设钢筋网前喷射一层混凝土,铺设钢筋网后再喷射一层混凝土至设计厚度。喷射混凝土厚度应均匀,钢筋网及锚杆不得外露。钢筋保护层厚度宜不小于 20 mm。

⑤ 养护。养护期宜不少于 7 d。

二、路基冲刷防护施工

1. 土工膜袋防护施工

土工膜袋是一种双层织物袋,袋内充满流动性混凝土或水泥砂浆或细石混凝土,凝固后形成高强度与高刚度的硬结板块。其主要应用场合及铺设形式如图 1-3-10 所示。

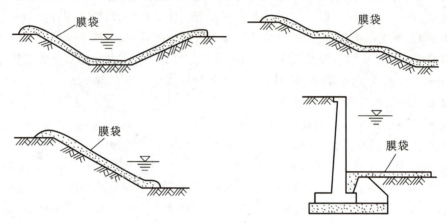

图 1-3-10　土工膜袋示意图

土工膜袋的施工工艺如下:

(1)坡面清理整平。施工前,对周边的各种杂物进行清理,保证坡面的平整度。

(2)土工膜袋加工。膜袋砂围堰施工前,根据围堰大小确定各个膜袋的尺寸,膜袋出厂前通过工业缝纫机将土工布加工成袋形。需要在水中铺设的膜袋,按照设计要求,长度分别为 17 m、24 m、26.7 m 等,高度为 0.5 m,在膜袋面层每隔 5 m 设一灌砂孔,灌砂孔加工成衣袖形状,与膜袋连在一起。膜袋加工好后运至施工现场,用雨布盖好,防止暴晒,注意保护好膜袋。

(3)设置防滑枕。每隔一定距离需要进行土沟槽挖掘,用作土工膜的防滑枕。

(4)夯锤下垫层。做好坡面处理后,进行下垫层的铺垫,用夯板夯紧。

(5)膜袋铺设安装。土工膜袋与下垫层一定要紧紧地贴在一起,并进行压实。土工膜袋埋到防滑枕时,拉平土工膜袋,确保土工膜袋与坡面吻合处保持一定的平整度,防止出现褶皱。

(6)充灌膜袋。通过混凝土泵输送,充灌膜袋。充灌完毕后,要清洗管道。

(7)回填土。在土工膜袋铺槽内需要回填黏土或混凝土,用来加固土工膜袋。

(8)养护。

2. 抛石防护施工

抛石防护是指在坡脚处抛填较大石块,用于稳固水下边坡的防护措施。该方法适用于浸水且水较深地段的路基边坡防护,一般应于枯水季节施工。抛石防护的顶宽不应小于所用最小石块尺寸的 2 倍。

抛石防护的施工步骤如下:

(1)选取石料。所抛石料应选用质地坚硬、耐冻且不易风化崩解的石块,石料短边尺寸一般不小于 300 mm。

(2)抛投石块。为了使抛石具有一定密实度,宜用大小不同的石块掺杂抛投。

（3）抛石边坡成型。为了减小坡脚处的局部冲刷及增加抛石的稳定性，抛石堆的水下边坡坡度不宜陡于 1 ：1.5；当水较深且流速较快时，不宜陡于 1 ：2～1 ：3。

3. 干砌片石护坡施工

干砌片石护坡适用于坡度缓于 1 ：1.25 的路堑边坡或边坡易受地表水冲刷以及有少量地下水渗出的地段。

干砌片石护坡的施工步骤如下：

（1）石料修整。片石的厚度应不小于 150 mm，不得使用卵形石和薄片石。镶面石料应选择尺寸大并具有平整表面的石料，且应稍加粗凿。在角隅处应使用大块石料，大致将其粗凿方正。

（2）垫层施工。干砌片石护坡的垫层应密实，厚度应满足设计要求。边坡为粉质土、松散的砂或粉砂土等易被冲蚀的土时，碎石或砂砾垫层厚度宜不小于 100 mm。

（3）石料按层砌筑。采用分段砌筑时，相邻段高差应不大于 1.2 m，段与段间应设伸缩缝或沉降缝，各段水平砌缝应一致。

（4）接缝错开。砌筑石料应彼此镶紧，接缝要错开，缝隙间应用小石块填满塞紧。扩坡基础宜选用大石块砌筑。

任务三　挡土墙施工

挡土墙是指承受土体侧压力的墙式构造物。在公路工程中，其广泛用于支撑路堤填土或路堑边坡，以及桥台、隧道洞口和河流堤岸等处。

挡土墙各部分名称如图 1-3-11(a)所示。靠近回填土或山体的一面称为墙背；外露的一面称为墙面，也称墙胸；墙的顶面部分称为墙顶；墙的底面部分称为基底或墙底；墙面与墙底的交线称为墙趾；墙背与墙底的交线称为墙踵；墙背与铅垂线的夹角称为墙背倾角 α。

一、挡土墙用途

按照挡土墙设置的位置不同，其用途也不同。

路堑墙设置在路堑边坡底部，主要用于支撑开挖后不能自行稳定的边坡，同时可减少挖方数量，降低挖方边坡的高度，如图 1-3-11(a)所示。

路堤墙设置在高填土路堤或陡坡路堤的下方，可以防止路堤边坡或基底滑动，同时可以收缩路堤坡脚，减少填方数量，减少拆迁和占地面积，如图 1-3-11(b)所示。

路肩墙设置在路肩部位，墙顶是路肩的组成部分，其用途与路堤墙的相同。它还可以保护临近路线的既有重要建筑物，如图 1-3-11(c)所示。沿河路堤，在傍水的一侧设置挡土墙，可以防止水流对路基的冲刷和侵蚀，这也是减少压缩河床的有效措施，如图 1-3-11(d)所示。

山坡墙设置在路堑或路堤上方，用于支撑山坡上可能坍滑的覆盖层、破碎岩层或山体滑坡，如图 1-3-11(e)、图 1-3-11(f)所示。

二、挡土墙的分类及使用条件

1. 挡土墙的分类

按照挡土墙设置的位置，挡土墙可分为路堑墙、路堤墙、路肩墙和山坡墙等类型。

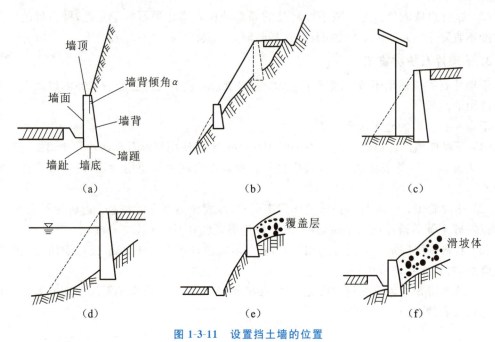

图 1-3-11　设置挡土墙的位置

(a)路堑墙;(b)路堤墙(虚线为路肩墙);(c)路肩墙;(d)浸水挡土墙;(e)山坡挡土墙;(f)抗滑挡土墙

按照挡土墙的结构形式,挡土墙可分为重力式挡土墙、锚定式挡土墙、薄壁式挡土墙、加筋土挡土墙等。

按照挡土墙的墙体材料,挡土墙可分为石砌挡土墙、混凝土挡土墙、钢筋混凝土挡土墙和钢板挡土墙等。

2. 挡土墙的使用条件

根据挡土墙结构形式的不同,其使用条件也不同。

(1)重力式挡土墙

重力式挡土墙是依靠墙身自重抵抗土体侧压力来维持其稳定的挡土墙。一般多用片(块)石砌筑,在缺乏石料的地区有时也用混凝土修建,在地下水较多的土质、风化破碎岩石路段可用石笼挡土墙。图 1-3-11 所示的挡土墙均为重力式挡土墙。重力式挡土墙形式简单、施工方便,可就地取材,适应性较强,故被广泛应用,但其圬工数量较大,对地基的承载能力要求较高。

(2)加筋土挡土墙

加筋土挡土墙是填土、拉筋、墙面板三者的结合体,如图 1-3-12 所示。填土和拉筋之间的摩擦力改善了土的物理力学性质,使得填土与拉筋结合为一个整体;在这个整体中起控制作用的是填土与拉筋之间的摩擦力。墙面板的作用是阻挡填土坍落挤出,迫使填土与拉筋结合为整体;加筋土挡土墙属于柔性结构,对地基变形适应性大,具有省工、省料、施工方便、快速等优点,适用于填土路基。

(3)锚定式挡土墙

锚定式挡土墙可分为锚杆式和锚定板式两种。锚杆式挡土墙是指由钢筋混凝土墙板面和锚杆组成,依靠锚固在岩层内锚杆的水平拉力以承受土体侧压力的挡土墙,如图 1-3-13(a)所示。锚杆的一端与立柱连接,另一端被锚固在山坡深处的稳定岩层或土层中。墙后侧向土压

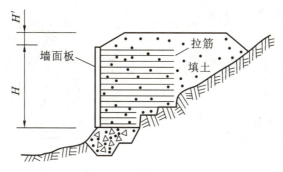

图 1-3-12　加筋土挡土墙

力由挡土板传给立柱,由锚杆与稳定岩层或土层之间的锚固力使墙获得稳定。它适用于墙高较大,缺乏石料或挖地基困难地区,作为具有锚固条件的路堑挡土墙。

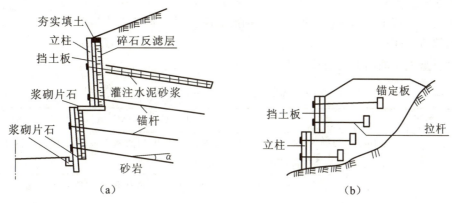

图 1-3-13　锚杆式与锚定板式挡土墙

(a)锚杆式挡土墙;(b)锚定板式挡土墙

锚定板式挡土墙是指由钢筋混凝土墙板、拉杆和锚定板组成,借埋在破裂面后部稳定土层内的锚定板和拉杆的水平拉力,以承受土体侧压力的挡土墙,如图 1-3-13(b)所示。它借助于埋在填土内的锚定板的抗拔力及锚杆与稳定岩土之间的摩擦力抵抗土侧压力,保持墙的稳定,适用于缺乏石料地区的路肩墙或路堤墙。

锚定式挡土墙的特点在于构件断面小、工程量小,不受地基承载力的限制,构件可预制,有利于实现结构轻型化和施工机械化。

(4)薄壁式挡土墙

薄壁式挡土墙属于钢筋混凝土结构,可以分为悬臂式和扶壁式两种。悬臂式挡土墙由立壁、墙趾板和墙踵板三个钢筋混凝土悬壁式构件组成,如图 1-3-14(a)所示。扶壁式挡土墙是指沿悬臂式挡土墙的立壁,每隔一定距离加一道扶壁,将立壁与踵板连接起来的挡土墙,如图1-3-14(b)所示。薄壁式挡土墙结构的稳定不是依靠本身的重力,而主要通过墙踵板上的填土重力来保证。它具有断面尺寸较小、自重轻,能修建在较弱的地基上等优点,适用于城市或缺乏石料的地区。其缺点是需耗用一定数量的水泥和钢筋,施工工艺较为复杂。

(5)半重力式挡土墙

半重力式挡土墙是介于重力式挡土墙与悬臂式挡土墙之间的一种挡土墙形式。半重力式

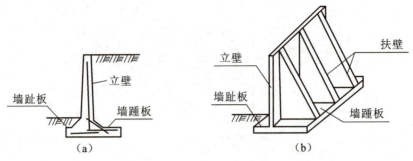

图 1-3-14　薄壁式挡土墙

(a)悬臂式挡土墙;(b)扶壁式挡土墙

挡土墙依靠混凝土的整体性和钢筋的抗拉强度以及挡土墙自重平衡墙后土侧压力。

(6)桩板式挡土墙

桩板式挡土墙由锚固在稳定地基中的钢筋混凝土锚固桩和挡土板共同组成,主要依靠锚固力平衡墙后土侧压力。

各种类型挡土墙的适用条件见表 1-3-4。

表 1-3-4　挡土墙类型及适用条件

挡土墙类型	适用条件
重力式挡土墙	适用于一般地区,浸水地段和高烈度区的路堤和路堑等支挡工程。墙高不宜超过 12 m,干砌挡土墙的高度不宜超过 6 m
半重力式挡土墙	适用于不宜采用重力式挡土墙的地下水位较高或较软弱的地基土。墙高不宜超过 8 m
悬臂式挡土墙	宜在石料缺乏、地基承载力较低的填方路段采用。墙高不宜超过 5 m
扶壁式挡土墙	宜在石料缺乏、地基承载力较低的填方路段采用。墙高不宜超过 15 m
锚杆式挡土墙	用于墙高较大的岩质路堑地段。可用作抗滑挡土墙。可采用肋柱式或板壁式单级墙或多级墙。每级墙高不宜大于 8 m,多级墙的上、下级墙体之间应设置宽度不小于 2 m 的平台
锚定板式挡土墙	宜使用在缺少石料地区作为路肩墙或路堤式挡土墙,但不应建筑于滑坡、坍塌、软土及膨胀土地区。可采用肋柱式或板壁式,墙高不宜超过 10 m。肋柱式锚定板挡土墙可采用单级墙或多级墙,每级墙高不宜大于 6 m,上、下级墙体之间应设置宽度不小于 2 m 的平台。上下两级墙的肋柱宜交错布置
加筋土挡土墙	有面板加筋土挡土墙可作为一般地区的路肩式挡土墙、路堤式挡土墙,无面板土工格栅加筋土挡土墙可作为一般地区的路堤式挡土墙,但均不应修建在滑坡、水流冲刷、崩坍等不良地质地段;高速、一级公路墙高不宜大于 12 m,二级及二级以下公路不宜大于 20 m;当采用多级墙时,每级墙高不宜大于 10 m,上、下级墙体之间应设置宽度不小于 2 m 的平台
桩板式挡土墙	用于表土及强风化层较薄的均质岩石地基,挡土墙高度可较大,也可用于地震区的路堑或路堤支挡或滑坡等特殊地段的治理

三、重力式挡土墙的构造

重力式挡土墙一般由墙身、基础、排水设施和变形缝等部分组成。

1. 墙身

（1）墙背

墙背是指靠近回填土或山体的一面。根据墙背倾斜方向的不同，墙背可分为仰斜、垂直、俯斜、凸形折线式、衡重式等形式，如图 1-3-15 所示。

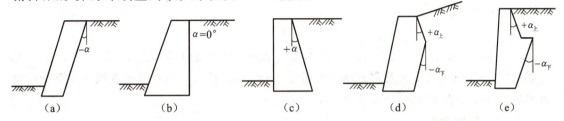

图 1-3-15　重力式挡土墙的断面形式
(a)仰斜；(b)垂直；(c)俯斜；(d)凸形折线式；(e)衡重式

仰斜墙背所受土压力较小，墙身断面经济。用于路堑墙时，墙身与开挖坡面较贴和，故开挖及回填量较小。但当墙趾地面横坡较陡时，会使墙身增高，断面增大，故仰斜墙背适用于路堑墙及墙趾地面平坦的路肩及路堤墙。仰斜墙背的坡度不宜缓于 1：0.25，以免施工困难。

俯斜墙背所受的土压力较大。在地面横坡陡峻时，俯斜式挡土墙可采用陡直的墙面，以减小墙高。俯斜墙背也可做成台阶形，以增加墙背与填料间的摩擦力。墙背坡度一般不缓于 1：0.4。

垂直墙背的特点介于仰斜式与俯斜式墙背之间。

凸形折线式墙背系将仰斜挡土墙的上部墙背改为俯斜，以减小上部尺寸，故其断面较为经济，多用于路堑墙，也可用于路肩墙。

衡重式墙背可视为在凸形折线式墙背的上下墙之间设置一衡重台，并采用陡直墙面。上墙俯斜墙背的坡度一般为 1：0.25～1：0.45，下墙仰斜墙背的坡度在 1：0.25 左右，上下墙的墙高比一般采用 2：3。衡重式墙背适用于山区地形陡峻处的路肩墙及路堤墙，也可用于路堑墙。

（2）墙面

墙面一般为平面，其坡度应与墙背坡度相协调。墙面坡度直接影响挡土墙的高度。因此，在地面横坡陡时，墙面可直立或采用 1：0.05～1：0.2 的较陡坡度，以控制墙高；地面横坡平缓时，一般采用 1：0.2～1：0.35 的坡度较为经济。

（3）墙顶

墙顶是墙的顶面部分，其最小宽度：混凝土墙不小于 40 cm，浆砌挡土墙不小于 50 cm，干砌挡土墙不小于 60 cm。路肩墙顶面宽度不应占据硬路肩、路缘带及行车道的路基宽度。浆砌挡土墙墙顶一般宜用粗料石或混凝土做顶帽，厚 40 cm。若不做顶帽，应以大块石砌筑，并用 M7.5 砂浆抹平顶面，砂浆厚 2 cm。干砌挡土墙墙顶 50 cm 高度内，宜用 M5 水泥砂浆砌筑，以增加墙身稳定性。需设置护栏或栏杆的浆砌圬工路肩式挡土墙，墙顶面以下不小于 50 cm 高度内，应采用强度等级不低于 C20 的混凝土浇筑，并预埋护栏或栏杆的锚固件。

《公路路基设计规范》(JTG D30—2015)规定浆砌挡土墙墙高不大于 12 m，干砌挡土墙高不大于 6 m。高速、一级公路不用干砌挡土墙。

(4)护栏

路肩式挡土墙的墙顶应设置护栏。高速、一级公路的护栏设计应符合《公路交通安全设施设计规范》(JTG D81—2017)规定。护栏内侧边缘至路面边缘的距离,二级、三级公路不小于 75 cm,四级公路不小于 50 cm。

2. 基础

基础设计,包括基础类型选择和确定基础埋置深度两项主要内容。

(1)常用基础类型

① 扩大基础

重力式挡土墙基础一般采用扩大基础,是将墙趾或墙踵部分的一侧或两侧加宽成台阶,称为襟边,其宽度视基底应力及合力偏心距而定,一般不小于 0.2 m,台阶高度按加宽部分强度及材料的刚性角要求而定,一般不小于 0.5 m。

② 切割台阶基础

陡坡上,且地基为稳定坚硬岩石时,为节省圬工和基坑开挖量,采用高宽比不大于 2∶1、台阶宽度一般不小于 0.5 m 的台阶式基础。

(2)基础埋置深度

挡土墙基础的埋置深度取决于地质条件、水文情况、冻结深度、邻近建筑物的基础影响等。为保证挡土墙的稳定性,基础埋置深度应满足下列要求:

① 土质地基。无冲刷时,应埋于天然地面以下不小于 1.0 m;有冲刷时,基底埋于局部冲刷线以下不小于 1.0 m。

受冻胀影响时,若冻结深度小于或等于 1 m 时,应埋于冻结线以下不小于 0.25 m,且符合不小于 1.0 m 的埋深;若冻结深度大于 1 m,埋深不小于 1.25 m 时,基底至冻结线以下 0.25 m 深度范围的地基土换填为弱冻胀材料。

路堑挡土墙基础底面在路肩以下不应小于 1.0 m,并低于边沟砌体底面不小于 0.2 m。

② 碎石、砾石和砂类土地基,不考虑冻胀影响,但基础埋深不小于 1.0 m。

③ 岩石地基。软质岩石,埋深不小于 1.0 m。

风化层不厚的硬岩地基,基底应置于基岩表面风化层以下,基础嵌入岩层的深度,见表 1-3-5。

④ 斜坡地面基础埋置。墙趾前地面横坡较大时,墙趾埋入地面的深度和距地表的水平距离应满足表 1-3-5 要求。

表 1-3-5 斜坡地面基础埋置条件

土层类别	墙趾最小埋入深度 h(m)	墙趾距地表水平距离 l(m)	嵌入示意图
硬质岩石	0.60	1.50	
软质岩石	1.00	2.00	
土层	≥1.00	2.50	

3. 排水设施

挡土墙的排水设施包括地面排水和墙身排水两部分。

（1）目的：疏干墙后土体，防止地面水下渗，防止墙后积水形成静水压力，减小季节性冰冻地区填料的冻胀压力，消除黏性土填料因含水率增加而产生的膨胀压力。

（2）措施：设置地面排水沟引排地面水；夯实回填土表面防雨水下渗，必要时可加设铺砌；路堑墙墙趾前边沟应铺砌加固，防止边沟水渗入基础；墙身设泄水孔，以排除墙后水。

泄水孔尺寸一般为 5 cm×10 cm、10 cm×10 cm、15 cm×20 cm 的方孔或直径为 5～10 cm 的圆孔。泄水孔间距一般为 2～3 m，浸水挡土墙的泄水孔间距为 1～1.5 m，上下交错设置。下排泄水孔底部应高出墙前地面 0.3 m，或路堑墙时高出边沟水位 0.3 m，或浸水挡土墙时高出常水位 0.3 m。泄水孔应向外倾斜不小于 4% 的坡度。

墙后填料宜用透水性强的砂性土、砂砾，在进水口处用含泥量小于 5% 的砂砾、碎石设置厚度不小于 0.5 m 的反滤层，在最下一排泄水孔下设 30～50 cm 厚的黏土隔水层。当墙背填料透水不良时，墙后最下一排泄水孔至墙顶下 0.5 m 范围设置不小于 0.3 m 厚度的砂卵石排水层。

4. 变形缝

为避免地基不均匀沉陷而引起墙身开裂，需根据地质条件的差异和墙高、墙身断面的变化情况设置沉降缝。为了防止圬工砌体硬化收缩和温度变化而产生裂缝，应设置伸缩缝。

通常，把沉降缝和伸缩缝设在一起，统称为变形缝，如图 1-3-16 所示。一般沿纵向 10～15 m 设一道变形缝，宽 2～3 cm，用沥青、麻絮等弹性材料沿墙内、外、顶三方填塞，深度不小于 15 cm。干砌缝两侧应平整，做成由墙顶到基底的垂直通缝。

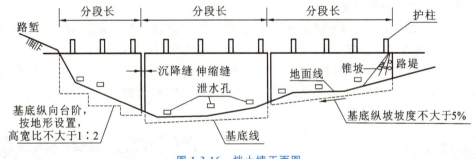

图 1-3-16　挡土墙正面图

四、挡土墙的施工

重力式挡土墙是最常用的挡土墙形式，一般采用石砌圬工或混凝土结构，施工方便，取材容易，但由于墙背受侧向土压力主要是依靠墙身的自重来保持平衡，故墙身断面尺寸较大，对地基的承载力要求也较高，一般多用片石、块石或预制混凝土块砌筑。

1. 重力式挡土墙的施工

重力式挡土墙一般采用明挖基础，当基底松软或水下挖基困难时，可采用换填基础、桩基础或沉井基础。砌筑前，应将石料表面泥垢清扫干净，并用水保持湿润。砌筑时，外面线应顺直整齐,内面线可大致顺适,砌筑过程中应经常校正。浆砌石底面应卧浆铺砌,立缝填浆补实,不得有空隙和立缝贯通现象。施工缝位置宜设在伸缩缝和沉降缝处,压石两侧的水平缝应保持一致。分段砌筑时,相邻段的高差不宜超过 1.2 m。砌体外的浆缝需留 1～2 cm 深的缝槽,以便砂浆勾缝。

(1) 浆砌片石(图 1-3-17)施工工艺

① 分层砌筑。应使片石长短相间地与里层砌块咬接成一体。

② 上下层石块交错排列,避免竖缝成一直线。

③ 宽面朝下。砌筑时,较大的片石宜铺筑在下面,片石间以砂浆隔开。

④ 砌缝宽度一般不应大于 4 cm。每层的水平缝大致齐平,竖缝应错开,不能贯通。

⑤ 大小搭配、相互错叠。砌体中的片石应大小搭配、相互错叠、咬紧密实,并配有小石块,以挤浆填缝。

⑥ 砂浆配置。砂浆强度不得低于 M5。

⑦ 勾缝。用 1∶1.5 水泥细砂砂浆,细砂应过筛,砂浆黏度以勾缝刀挑起不落为宜。勾缝顺序应由上而下,先勾水平缝,后勾竖缝。勾缝凸出墙面约 5 mm,线条应明显、清晰。

(2) 浆砌块石(图 1-3-18)施工工艺

① 修整块石。用作镶面的块石,应对其表面及四周进行修整。

② 分层砌筑。

③ 一丁一顺。镶面的块石应按一丁一顺排列,丁石深入墙心不小于 25 cm。

④ 砌缝宽度一般为 2～3 cm。

⑤ 上下层竖缝错开。相邻两层竖缝应错开不小于 10 cm。

⑥ 块石应平砌。每层石料高度应基本齐平。

⑦ 砂浆配置。砂浆强度不得低于 M5。

⑧ 勾缝。对浆砌块石挡土墙,一般勾凹缝或凸缝。勾缝后,石块轮廓不能被掩盖,真实砌缝的准确位置和宽度应清晰可见。对合格缝槽充分清洗湿润后,应用比砌筑砂浆高一个等级的砂浆(用细砂拌制)勾缝。缝槽宽度应是砌缝的真实宽度,不符合要求者应返工处理,缝面高度比砌体石略凸或凹 2～4 mm。勾缝砂浆表面应平整、光滑,勾完缝后,砌石轮廓分明、清晰可见。

图 1-3-17　浆砌片石挡土墙工程实例

图 1-3-18　浆砌块石挡土墙工程实例

（3）料石砌筑

① 每层镶面石料均应事先按规定缝宽及错缝要求配好,再按铺浆法顺序砌筑和随砌随填立缝,并应先砌角石。

② 当一层镶面石料砌筑完毕后,方可砌填心石料,其高度与镶面石料齐平。

③ 每层石料均应采用"一丁一顺"砌法,砌缝宽度均匀,为 10～15 mm。相邻两层的立缝应错开,距离不小于 100 mm。

（4）墙顶

墙顶宜用粗料石或现浇混凝土做成顶帽,并均应在墙顶外缘线留出 100 mm 的幅沿。

（5）基础

基坑底面开挖宽度应比设计尺寸各边宽 0.5～1.0 m,并保持一定的开挖边坡坡度。

在松软地层或坡积层地段时,基坑不宜全段贯通,应采用跳槽方法开挖,以防上部失稳。当基底土质为碎石土、砂砾土、砂性土、黏性土等时,应将其整平夯实。地质、水文较特别时,也可采用桩基、沉井等基础。

当基底软弱、地形平坦、墙身又超过一定高度时,可在墙趾处伸出一台阶,以拓宽基础。

当地层为淤泥土、杂填土等时,可采用砂砾、碎石、矿渣、灰土等材料以换填,或者用砂桩、石灰桩、碎石桩、土工织布、粉喷桩等方法处理。

当岩层有空隙和裂缝时,应以水泥砂浆或片石混凝土浇筑饱满。当墙趾地面纵坡较大时,挡土墙基底可做成不大于 5% 的纵坡。

当基础高程不一致或有局部加深部位时,应从最低处往上砌筑,经常拉线检查,以保持砌体通顺、平直。

（6）墙背填料

待砌体砂浆强度达到 70% 以上时,方可回填墙背填料,并应优先选择渗水性较好的砂砾土填筑。浸水挡土墙背应全部用水稳性和透水性较好的材料填筑。

墙背回填要均匀摊铺平整,并设不小于 3% 的横坡坡度,逐层填筑,逐层夯实。每层压实厚度不宜超过 20 cm,碾压机具和填料性质、厚度及碾压遍数应经试验确定。

压实时,邻近墙背 1.0 m 范围内,应采用小型压实机具,如蛙式打夯机、内燃打夯机、手扶式振动压路机、振动平板夯等。

（7）施工质量控制

石料的规格和质量应符合有关规范和设计要求。

砂浆所用的水泥、砂、水的质量应符合有关规范的要求,按规定的配合比施工。

地基承载力必须满足设计要求。

砌筑应分层错缝。浆砌时,坐浆挤紧,嵌填饱满密实,不得有空洞;干砌时,不得有松、叠砌和浮塞。

沉降缝、泄水孔、反滤层的设置位置,及其质量和数量应符合设计要求。

检查验收的实测项目有砂浆强度、平面位置、墙面坡度、断面尺寸、顶面高程、表面平整度。

外观鉴定。砌体表面平整,砌缝完好,无开裂现象,勾缝平顺,无脱落现象。泄水孔坡度向外,无堵塞现象。沉降缝整齐垂直,上下贯通。

2. 混凝土挡土墙施工

（1）基础施工

基础处理与重力式挡土墙相同,软基处可采用桩基、加固结剂等加固措施。

混凝土板可以在基础上直接立模,钢筋混凝土底板则须先浇垫层,在垫层上放线扎钢筋立模。基础模板的支撑,不宜直接落在土基上,应加垫木。钢筋混凝土施工时,应注意钢筋的保护层厚度。墙体的钢筋应安装到位,并且有可靠的固定措施。混凝土的施工缝应尽量避免设置在基础与墙体的分界面上,基础混凝土成型面设置在墙体以上 10 cm 处,其界面应做成毛面。

(2)墙体施工

墙体模板可使用木模以及整体模板,甚至滑模和翻模。

① 基本要求:挡土墙分段施工,相邻段应错开间断施工。

② 整体模板技术:由面板、筋肋和支撑件构成。面板常用胶合板、竹胶板或木板;筋肋可用木条、型钢或冲压件。挡土墙对模板接缝要求不是很高,可不用拼接件而直接安装,安装时从转角处开始,注意控制对角线和模板坡度。整体模板一般用专用支撑,有时可用临时支撑,也可用对销螺栓来平衡混凝土侧压力。为了方便拆模,模板表面应涂刷拆模剂,拆模在混凝土成型 24 h 以后进行,但不能太迟,以免增加拆模的难度。混凝土挡土墙的排水、渗水、接缝处理与砌石挡土墙相同。

墙体钢筋安装应在立模前施工。安装模板特别是护壁式挡土墙时,不易校正钢筋位置偏差,因此钢筋安装绑扎必须控制到位,一般控制方法是搭架支撑,控制钢筋在顶端的准确位置,拉紧固定。

钢筋混凝土挡土墙截面较小,混凝土下仓要有漏斗、漏槽等辅助措施。另外,挡土墙应分层浇筑,分层振捣,每层厚度以 30 cm 为宜,浇筑速度控制在每小时 1~1.5 m;混凝土挡土墙属大体积混凝土,宜用低热量、收缩小的矿渣类水泥,必要时还可在混凝土中抛入块石(块石比例不超过 15%),要求石质坚硬,清洗干净,石块厚度不小于 15 cm,不得使用片石、卵石。石块距石块、模板、钢筋及预埋件净距均不小于 4 m。

混凝土的养生方法及要求与其他结构相同。

3. 加筋土挡土墙施工

加筋土挡土墙施工包括基础开挖、基底处理、基础浇筑、构件准备、面板安装、筋带铺设、填料摊铺及压实、封闭压顶附属构件安装。

(1)基础施工

基底处理措施与其他挡土墙一样,一般其基础为钢筋混凝土条形基础,要求顶面水平整齐。

(2)控制放线

加筋土挡土墙墙面垂直平面随现场条件做成直线或曲线。第一层面板安装准确,以后每层只需用垂线控制。其另一个控制内容是面板的接缝线条。

(3)面板安装

面板安装以外缘定线,每块面板的放置应从上而下垂直就位,为防止相邻面板错位,可采用螺栓夹木或斜撑固定面板一并进行干砌,接缝不作处理,可用砂浆或软土进行调整。安装直立式墙面板应按不同填料和拉筋预设仰斜坡,仰斜坡坡度一般为 1：0.05~1：0.02,墙面不得前倾。

面板的施工缝和沉降缝应设在一起,且填料应在后一项工程施工前放入。

（4）筋带铺设

筋带铺设应与面板的安装同步，进行铺设的底料应平整密实。

钢筋不得弯曲，接头（插销连接）和防锈（镀锌）处理应符合标准规定，钢带或面板间以钢筋连接，可采用焊接、拉环或螺栓连接，且在连接处浇混凝土保护。

聚丙烯土工带、塑钢带应穿过面板的预留孔或拉环折回与另端对齐或绑扎在钢筋中间与面板连接，筋带本身连接也采取绑扎方式。

（5）填料摊铺碾压

在面板安装、筋带铺设和埋地排水管完成并检查验收合格后，用准备充足的合格填料进行填料施工。

运土机具不得在未覆盖填料的筋带上行驶，且要离面板 1.5 m 以上，填料可用机械或手工摊铺，应厚度均匀、表面平整，并有不小于 3‰ 的向外倾斜横坡坡度。填料摊铺、碾压应从拉筋中部开始平行于墙面碾压，先向拉筋尾部逐步进行，然后再向墙面方向进行，严禁平行于拉筋方向碾压。靠近墙面板 1 m 范围内，应使用小型机具夯实或人工夯实，不得使用重型压实机械压实。

墙背拉筋锚固段填料宜采用粗粒土或改性土等填料。填土分层厚度及碾压遍数，应根据拉筋间距、碾压机具和密实度要求，通过试验确定，严禁使用羊脚碾碾压。

（6）附属设施施工

加筋土的排水管反滤层及沉降缝等设施应同时施工，排水设施施工中应注意水流通道，不得有碍水流或积水（如反坡）等。

错层施工应有明确停顿，一层完工后再进行第二层施工。施工过程中随时观测加筋土挡土墙异常变化。

任务四　湿软地基加固

在土木工程中，地基加固极为重要，常是各种建筑物成败的关键。湿软地基主要指天然含水率过大、胀缩性高、具有湿陷性、承载力低，在荷载作用下容易产生滑动或固结沉降的土质地基，如软土、泥沼、泥炭、湿陷性黄土、人为垃圾、松散杂填土、膨胀土、海（湖）沉积土等。路基直接修筑在这些地基上，往往会因地基承载力不足或在自然因素作用下产生过大的变形，导致路基产生各种破坏。因此，有必要采取措施对湿软地基予以加固。而湿软地基加固的关键是治水和固结。

一、换填土层法

换填土层法是采用人工、机械或爆破等方法，将基底一定深度及范围的湿软土层（厚度小于 3 m）挖除，换以强度大、稳定性好的砂砾、卵石、碎石、石灰土、素土等回填，并分层压实至规定的密实度。如当地石料丰富，亦可直接在路基基底抛投片石，将湿软土层挤出基底范围，以提高路基强度，这种方法称为抛石挤淤法。换填砂垫层，可起到加速软弱土层排水固结，提高承载力、减少沉降量的作用。各种回填材料，其应力分布规律、极限承载力、沉降特点，基本上与砂砾垫层相接近。因此，换填土层厚度、宽度以砂砾垫层作为计算模型。

砂垫层厚度，可按直线变形体理论计算；或者假定应力通过基础按 30° 刚性角向下扩散，砂垫层底面呈梯形分布。一般地，砾垫层厚度为 0.6～1.0 m，坡脚两侧各多铺筑 0.5～1.0 m 宽的襟边。

二、碾压夯实法

采用压实功能较大的振动压实机械，对非黏性土及松散杂填土、地表松散土，如矿渣、碎砖瓦等建筑垃圾填土，予以碾压，可提高地基强度，降低压缩性。振动碾压时间长、效果好，但时间过长对压实无明显提高。对细颗粒填土，振动碾压时间以 3～5 min 为宜；对建筑垃圾，振动碾压时间应略大于 1 min。实施中应视具体情况而定。

重锤夯实加固地基，是利用起重设备将锤体直径为 1.0～1.5 m，质量为 1.5 t 左右的钢筋混凝土截头圆锥体（底部垫钢板），提升 2.5～4.5 m 高度后，自由落下，锤体冲击夯实土基。这种方法可显著地提高地基表层土的强度，降低湿陷性黄土的湿陷性，使杂填土表层强度一致。重锤夯实次数，以最后两次的平均夯沉量不超过规定值来控制，一般黏性土和湿陷性黄土为 10～20 mm，砂土为 5～19 mm。实践表明，夯实次数一般为 8～12 遍，作用厚度可达锤底直径的一倍左右。

在重锤夯实的基础上发展的强夯法，它的夯锤重达 8～12 t（甚至 200 t），自由落差 8～20 m（最高达 40 m）。经过对土基的强力夯击，利用冲击波和动应力，使地基土密实，达到土基加固的目的，可显著地提高承载力 2～5 倍，降低压缩性至原来的 $\frac{1}{10}$～$\frac{1}{2}$。加固厚度达 10～20 m。该项技术尽管迄今仍没有一套成熟、完善的理论和设计方法，但已在土木工程中得到广泛应用。

此外，还有机械碾压和振动压实法等碾压夯实技术。

三、排水固结法

排水固结法是在湿软地基中设置垂直排水井，缩短排水距离，运用堆载或真空预压，挤出土中过多水分，加速土体固结，达到挤紧土粒，提高土体抗剪强度的目的。因此，该法适用于含水率过大、土层较厚的软弱地基。按垂直排水井材料的不同，可分为砂井法和排水板法。

1. 砂井法

用锤击、振动、螺钻、射水等方式成孔，在孔内灌入中、粗砂而成的排水柱体。砂井表面铺设 0.5～1.0 m 厚的砂垫层或砂沟。砂井直径多为 300～400 mm，间距 2～4 m，平面上呈三角形或正方形布置，尤以三角形布置效果为佳；其深度以穿越地基可能的滑动面为宜。

为了缩短砂井排水距离，往往预先在直径约 70 mm 的圆筒状编织袋里装满砂，然后放入成孔中。此法称袋装砂井法，该法能保证砂井的密实性和连续性，成孔时对土层搅动少，并具有施工机具简单、施工速度快、成本低等优点。袋装砂井井距一般为 1～1.4 m，其他条件与普通砂井相同。

2. 排水板法

用纸板、纤维、塑料或绳子代替砂井的砂，做成排水井，其原理和方法完全与砂井排水法一致。目前基本上以带沟槽的塑料芯板作为排水板，因此，又称塑料板排水法。

塑料板排水法在施工中要严格控制间距和深度。塑料板在插入过程中，要防止淤泥进入板芯,以免堵塞排水通道,影响排水效果。塑料板接长时,应采用滤水膜内平搭接的连接方式,搭接长度不得小于 20 cm,严格控制塑料板接长质量。

排水固结速度与堆载量大小,加载速度,砂井直径、间距、深度等因素有关。常用砂井堆载预压和真空预压等方法。

砂井堆载预压是在软土地基上设置砂井后,配合堆载预压,使地基在预压荷载下加速固结,以提高地基强度。就路基而言,加载工作往往由直接填土取代。填土速度根据施工工期、地基强度增长情况分级填筑,以每昼夜地面沉降量不超过 15 mm、坡脚侧向位移不超过 5 mm 来控制。

真空预压是通过降低砂垫层和竖向排水体中的孔隙水压力使被加固地基中的排水体和基体间形成压差,并在此压差作用下迫使土中水排除,使土体固结,强度提高。

四、挤密法

土基成孔后在孔内灌以砂、石、土、石灰土或石灰等材料,捣实形成直径较大的桩体。利用桩体横向之间的相互挤紧作用,使地基土粒相互紧密,减少孔隙,桩体与原土组合成复合地基,提高地基承载力,达到加固地基的目的。

1. 加固土桩

加固土桩是将石灰、水泥或其他可以将土固化的材料,通过带有回转、翻松、喷粉与搅拌的专用机械,从地基深部起,自下而上将软土和固化剂强制拌和,形成具有较高强度的竖向加固土桩。加固土桩从工艺上分为干法和湿法搅拌桩,适用于中、深层软土地基补强加固。

2. 粒料桩

粒料桩是指软基成孔后,将碎石、砂砾、砂等散粒材料挤压入孔内,形成密实桩体,与软土形成复合地基,共同承担荷载,以提高地基土的承载能力。常用砂桩加固。

砂桩加固范围,一般要求各边比基础宽 1.0 m 左右,桩径 0.2~0.3 m。砂桩间距要求与地基土加密的程度有关。经验表明,群桩面积约占松散土加固面积的 20%,通常间距为桩径的 3~5 倍。桩的平面布置以梅花形较好。桩的长度与加固土层厚度及加固要求有关。软土层较薄,砂桩可穿透软土层。软土层过厚则通过计算桩底处软土的应力,要求其值小于或等于软土容许承载力。

砂桩和砂井相比,虽然结构相似,但两者有着本质的区别。砂桩是分散体,承载力较低,其主要作用是挤密地基土。砂桩主要适用于处理松砂、杂填土和黏粒含量不大的普通黏性土。砂井的主要作用是排水固结,因而适用于过湿软土层。

五、化学加固法

化学加固一般是用压力将化学溶液或胶结剂通过注浆管均匀地注入软基土层中,经过短暂时间后,使土颗粒胶结成一个整体,达到对土基加固的目的,并能起到防渗作用。目前化学溶液主要有下列几类:水玻璃溶液为主的浆液,丙烯酸氨为主的浆液,水泥浆以及纸浆废液为主的浆液等。

化学加固施工工艺主要有压力灌注、电动硅化和高压旋喷几种。压力灌注及电动硅化法一般是将浆液注入土中赶走孔隙内的水或气体,从而占据其位置,然后将土胶结成整体。高压旋喷法是利用高压(20~25 MPa)射流的强度使浆液与土混合,从而在射流影响的有效范围内使土体速凝成一圆柱形的桩,桩径可达 0.5~1.0 m。

六、土工合成材料加固法

土工合成材料指以人工合成的聚合物制成的各种类型产品,是岩土工程中应用的各种合成材料的总称,有土工网、土工格栅、土工织物、土工垫、土工复合排水材料等。

由于土工合成材料具有强度高、韧性好等力学性能,因此,它能增强土的强度,承受拉应力,并使结构物所承受的应力均匀分布,从而有效地防止局部破坏,解决松软地基的加固问题。

复习思考题

1. 常见坡面防护有哪几类? 各类防护适用于哪种情况?

2. 路基直接防护与间接防护主要有什么区别?

3. 冲刷防护主要有哪几种?

4. 根据挡土墙结构形式不同,挡土墙可分为哪几类? 各类的使用条件是什么?

5. 重力式挡土墙的布置应从哪些方面进行? 各包括哪些内容?

6. 挡土墙设置排水设施的主要目的和作用分别是什么?

7. 简述重力式挡土墙的施工要点。

8. 常见湿软地基加固的措施有哪几种? 各种方法的原理是什么?

情境四　路基排水工程施工

知识目标

1. 了解路基排水工程的作用;
2. 熟悉路基排水工程的类型和构造;
3. 掌握路基排水工程施工工艺。

能力目标

1. 培养学生具备路基排水工程施工现场组织、协调能力。
2. 培养学生具备路基排水工程施工技术交底能力。

素质目标

培养学生具备爱岗敬业、精益求精、团结协作的匠心。

公路使用质量和寿命很大程度上取决于水的影响,沉陷、翻浆、唧泥等路基病害都与水的影响密切相关。如果没有做好路基排水设施的施工,地面水不能及时排出,就会影响路基的稳定性。因此,必须科学、全面地掌握路基排水设施的施工工艺和施工过程要点。

任务一　路基排水工程构造认知

路基工程土石方开挖与填筑前,根据现场实际地形、地貌,应按设计要求做好临时排水设施。临时性排水设施应尽量与永久性排水设施结合,施工期间应经常维护临时性排水设施。

在路基施工期间,不得任意破坏地表植被或堵塞水路,应及时维修和清理临时排水设施,保持其完好状态,使水流畅通,不产生淤塞。

根据水源的不同,影响路基的水源可分为地表水和地下水两大类,与此相适应的路基排水工程,则分为地表排水设施和地下排水设施。

危害路基的地表水,包括大气降水(雨和雪),坡面向着路基一侧流向路基基身的水,大小河流流经路基近旁的水,以及湖、海、水库、水渠造成的路基旁长期积水等。

危害路基的地下水,包括影响路基上部较高的地下水位、毛细水、地下泉水及暗流水等。

水对路面的危害主要表现为:渗入路面结构层,降低路面材料的强度,引起路面基层、底基层承载能力下降;在水泥混凝土路面的接缝、沥青类路面的裂缝及路肩处造成唧泥;在冻胀地区,融冻季节路面下结构层的存水会引起路基翻浆。

一、排水的目的与要求

路基排水的目的是将路基范围内的土基湿度降低到一定的限度以内,保持路基常年处于干燥或中湿状态。路面排水的目的是设法将水在路面以外尽快排除,防止水渗入路面以下的结构层和路基中,以确保路基及路面具有足够的强度与稳定性。

进行路基设计时,必须考虑将影响路基稳定性的地表水排除或拦截于路基用地范围之外,并防止地表水漫流、滞积或下渗。对于影响路基稳定性的地下水,则应予以隔断、疏干或降低其水位,并引导至路基范围以外的适当地点。

路基施工中,首先应校核全线路基排水系统的设计是否完备和妥善,必要时应予以补充或修改,并重视排水工程的施工质量和使用效果。此外,在路堤填筑期间,作业面应设 2‰～4‰ 的排水横坡,表面不得积水。边坡应采取临时排水措施。路堑施工时,应及时排除地表水。

路基养护中,对排水设施应定期进行检查与维修,以保证排水设施的正常使用、水流畅通,并根据实际情况不断改善路基排水条件。

二、地表排水设施

路基地表排水设施有边沟、截水沟、排水沟、跌水与急流槽、渡槽与倒虹吸等,常用的有边沟、截水沟和排水沟。这些地表排水设施的作用和要求各有不同。

1. 边沟

(1)边沟的设置与作用

边沟一般在路堑、低路堤及陡坡路堤边缘外侧或坡脚外侧,以及路基边缘高度小于边沟深度的地方设置。其作用是汇集和排除流向路基范围内的少量地表水。

(2)边沟的横断面形式

常用的边沟断面形式有梯形、三角形、矩形等,如图 1-4-1 所示,选择时既要考虑地形地质条件、边坡高度、汇水面积及排水功能,也要注意边沟形式对路侧安全与环境景观的影响,因地制宜,合理选用。当路基边坡高度不大、汇水面积较小时,优先选用三角形边沟。

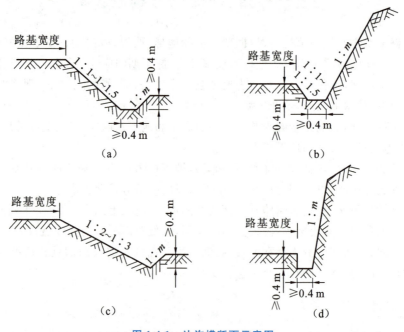

图 1-4-1　边沟横断面示意图

(a)、(b)梯形;(c)三角形;(d)矩形

（3）边沟的断面尺寸

边沟的断面尺寸需根据地形、地貌、汇水面积、暴雨强度、路基填挖情况等，结合当地的经验确定。高速、一级公路边沟的底宽、深度不应小于 0.6 m，其他等级公路不应小于 0.4 m。当流量较大时，可加大边沟断面尺寸。

（4）边沟的纵坡坡度与长度

边沟的纵坡坡度宜与路线的纵坡坡度相一致，并不宜小于 0.3％，以防淤积，困难情况下容许减至 0.1％。路线纵断面设计时，为兼顾边沟的设置，在横向排水不畅路段及各级公路的长路堑路段，均应采用坡度不小于 0.3％的纵坡。路堑边沟的水流，不应流经隧道排出。

边沟的水应顺势排至低洼地段或天然河流，受地形限制，为防止水流漫溢或冲刷，边沟的单向排水长度一般不宜超过 300～500 m。若超过此值，则添设排水沟和涵洞，将水引出路基范围以外。

（5）边沟出水口处理

为防止冲刷，目前常采用排水沟、跌水或急流槽将边沟所汇集的水引至低洼地、天然河流处。如图 1-4-2 所示，在回头曲线处，应顺着原来边沟方向沿山坡开挖排水沟，将水引出路基范围以外。在由路堑过渡到路堤处、边沟沟底到填土坡脚高差过大处、山坡路基在大坡下的回头曲线处、边沟水引向桥涵进口处等，水流的冲刷过渡，或使桥涵进口淤塞，或有冲毁构造物的危险，必须采取加固措施予以解决。

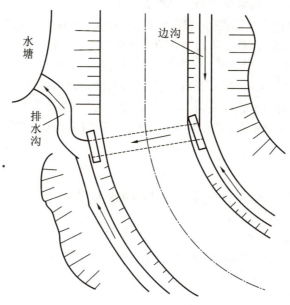

图 1-4-2　边沟水流通过涵洞排向路基另一侧

2. 截水沟

（1）截水沟的设置和作用

挖方路基的堑顶截水沟应设置在坡口 5 m 以外，并宜结合地形进行布设，填方路基上侧的路堤截水沟距填方坡脚的距离应不小于 2 m。在多雨地区，视实际情况可设一道或多道截水沟。其作用是拦截路基上方流向路基的地表水流，保护挖方边坡和填方坡脚不受水流冲刷。

（2）截水沟的构造和布置

图 1-4-3 所示是路堑段挖方边坡上方设置的截水沟,图中距离 $d=5.0$ m,土质不良地段可取 10.0 m 或更大。截水沟临近路基一侧,可堆置挖沟的土方,要求做成顶部向截水沟倾斜 2% 的土台。

山坡填方路段可能遭到上方水流的破坏作用,此时必须设截水沟,以拦截山坡水流保护路堤。如图 1-4-4 所示,截水沟与坡脚之间,有不小于 2.0 m 的间距,并做成 2% 的向截水沟侧倾斜的横坡,确保路堤不受水害。

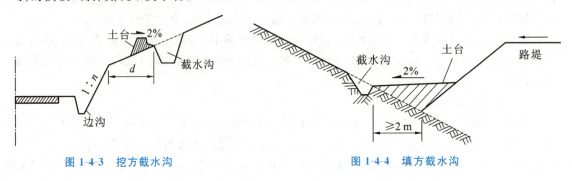

图 1-4-3　挖方截水沟　　　　　　　　图 1-4-4　填方截水沟

截水沟的横断面形式,一般为梯形,其边坡坡度,因岩土条件而定,通常采用 1:1~1:1.5。为保证地面水迅速排除,一般情况下沟底纵坡坡度不宜小于 0.3%。

沟底宽度 b 不小于 0.5 m,沟深 h 按设计流量而定,亦不应小于 0.5 m。

为尽快截住上方的水流,截水沟的布置应尽可能与水流方向垂直。

截水沟的水流应排至路界以外,不宜引入路堑边沟。截水沟的出水口,可用排水沟或跌水、急流槽相连接,将水引至山坡一侧的自然沟中或桥涵进水口处。截水沟在转弯处应以曲线相连,使水流畅通。为防止水流的冲刷和渗漏,在土质松软、透水性较大或裂隙较多的岩石路段、沟底纵坡较大的土质截水沟,应对沟渠进行加固,必要时设跌水或急流槽。

3. 排水沟

（1）排水沟的作用

排水沟的作用是将边沟、截水沟、取(弃)土场和路基附近低洼处汇集的水,引致桥涵或路基范围以外的天然河流、低洼地。

（2）排水沟的横断面形式

排水沟的横断面一般采用梯形,尺寸大小应通过水力计算选定,底宽、沟深均不宜小于 0.5 m,边坡坡度一般为 1:1~1:1.5。

（3）排水沟的布置

排水沟的布置可根据需要并结合当地地形条件而定,距路基尽可能远一些,一般距路基坡脚不宜小于 3~4 m。沟底纵坡坡度不宜小于 0.3%,纵坡坡度大于 3% 时沟渠应进行加固,大于 7% 时则必须设置跌水或急流槽。其连续长度一般不宜超过 500 m,线形要求平顺、通畅,需要转弯时可做成弧形,其半径尽量采用较大值,不宜小于 10~20 m。当排水沟与其他水道连接,除顺畅外,要求连接处至构造物的距离应不小于 2 倍的河床宽度。

4. 跌水与急流槽

在陡坡或深沟地段设置的沟底为阶梯,水流呈瀑布式跌落的沟槽称为跌水槽。在陡坡或深沟地段设置的坡度较陡,水流不离开槽底的沟槽称为急流槽。水流通过坡度大于10%,水头高差大于1.0 m的陡坡地段或特殊陡坎地段宜设置跌水或急流槽,并应对其采取加固措施。

（1）跌水与急流槽的作用

跌水的作用是在较短距离内,降低水流流速,消减水流能量。急流槽的作用是将上下游水位差较大的水流引到桥涵进口或路基下方。

（2）跌水与急流槽的选用方法

跌水、急流槽的形式、断面尺寸和位置的确定应结合当地土质、地形及水流量的大小,必须保证能够宣泄全部的水流,适时予以加固,并在适当地点与桥涵进口连接。

跌水、急流槽的纵坡大、水流冲刷较为严重,两者一般均须用浆砌片石或水泥混凝土砌筑,且基础应埋设牢固。因此,两者均为人工排水沟渠的特殊形式,既可单独使用,也可与其他排水构造物联合使用,形成完整的排水系统。

（3）跌水的一般构造与布置

跌水分两种,即单级跌水和多级跌水,其断面一般采用矩形。单级跌水适用于连接沟渠的水位落差较大,需要消能或改善水流方向,如边沟水进入涵洞前所设置的单级跌水——窨井,如图1-4-5所示。当陡坡较长时,为减缓水流速度,并予以消能,可采用多级跌水,如图1-4-6所示。其构造分为进水口、消力池和出水口三部分,如图1-4-7所示。各组成部分的尺寸,由水力计算而定。一般情况下,如果地质条件良好,地下水位较低,设计流量小于2.0 m^3/s,跌水台阶(护墙)高度 P 最大不超过2.0 m。常用的简易多级跌水,P 值为0.3~0.6 m,每阶高度与长度之比一般应大致等于地面坡度。护墙要求石砌或混凝土浇筑。墙基埋置深度为水深 a 的1.0~1.2倍,并不得小于1.0 m,且在冰冻线以下;石砌墙厚不小于0.4 m,混凝土浇筑墙厚为0.25~0.30 m。消力池起消能作用,要求坚固耐用,槽底有2%～3%的纵坡,底厚0.25~0.40 m,槽底高出计算水深以上0.2 m,壁厚与护墙类似;消力池末端设消力槛,其高度 c 依计算而定,应比池内水深低,为(0.2~0.3)P,一般取0.15~0.20 m;槛顶厚度为0.3~0.4 m,底部预留50~100 mm孔径的泄水口,间距1.2 m,以便断流时排除池内积水。跌水两端的土质沟渠,宜适当加固,确保水流畅通,不致使跌水产生淤塞或冲刷。

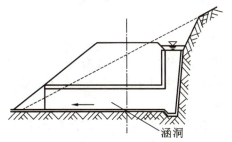

图1-4-5　边沟与涵洞单级跌水连接图

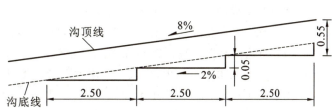

图1-4-6　多级跌水纵剖面图(尺寸单位：m)

（4）急流槽的一般布置和构造

为在较短距离内达到降速、消能的作用,急流槽纵坡比跌水的平均纵坡更陡,因此要求急流槽的结构宜坚固、稳定、耐用。急流槽断面一般采用矩形或梯形,要求使用石砌或混凝土修筑,也可在岩石坡面上开槽。应急使用时,可用竹木结构做成竹(木)槽。

急流槽的结构由进水口、槽身和出水口三部分组成,如图1-4-8所示。

急流槽的主要尺寸由水力计算而定。若设计流量小于 1.0 m³/s 及槽底纵坡坡度为 1∶1～1∶1.5,可参照经验使用。急流槽的纵坡坡度一般不宜超过 1∶2。槽壁厚度:浆砌块石为 0.3～0.4 m 混凝土为 0.2～0.3 m。槽底厚度为 0.2～0.4 m,水槽壁应高出计算水位至少 0.2 m,每隔 1.5～2.5 m 设一平台或每隔 2.5～5.0 m 设 0.3～0.5 m 深的耳墙(凸榫)嵌入基底,以防止滑动。进水口与出水口应予以防护加固。若急流槽较长时,应分段砌筑,每段长度不宜超过 10 m,预留伸缩缝,接头处用防水材料填缝。进水口与槽身连接处因断面不同需设过渡段,为使出水口水流流速与下游的容许流速相适应,槽底可采用几个坡度,上坡较陡,向下逐渐放缓;若流速过大,可在出水口处采取消能措施,如设置消力池或与跌水联合使用。

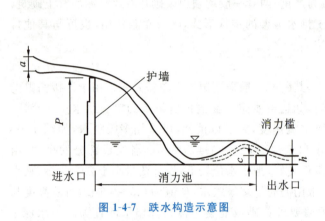

图 1-4-7　跌水构造示意图

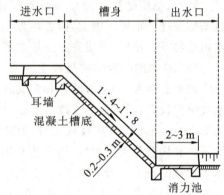

图 1-4-8　急流槽构造示意图

三、地下排水设施

地下水影响路基稳定性或强度时,应根据地下水类型、含水层埋藏深度、地层的渗透性等条件及对环境的影响,采取拦截、引排、疏干、降低或隔离等措施,地下排水设施应与地表排水设施相协调。

设置地下排水设施应进行工程地质和水文地质调查、勘探和测试,查明水文地质条件,获取有关水文地质参数。

地下排水设施形式可按下列原则确定:

(1)当地下水埋藏浅或无固定含水层时,可采用隔离层、排水垫层、暗沟、渗沟等。

(2)当地下水埋藏较深或存在固定含水层时,可采用仰斜式排水孔、渗井、排水隧道等。若地下水或地面水流量较大,应设置专用地下管道予以排除。

由于地下排水设施设置于地面以下,不易维修,建成后难以查明失效情况,因此在施工及质量检测过程中应严格,并注重平常的养护,以免结构失效而后患无穷。

1. 排水垫层和隔离层的设计要求

(1)当黏质土地段地下水位埋深小于 0.5 m 或粉质土地段地下水位埋深小于 1.0 m 时,细粒土填筑的低路堤底部宜设置排水垫层或隔离层。

(2)排水垫层的厚度不应小于 0.3 m,垫层材料宜选用天然砂砾或中粗砂。采用复合防排水板作为隔离层时,可不设排水垫层。

(3)隔离层可选用土工膜、复合土工膜、复合防排水板等土工合成材料,防渗材料的厚度、材质及类型应根据气候、地质条件确定,土工合成材料应符合《公路土工合成材料应用技术规范》(JTG/T D32—2012)的规定。

2. 暗沟(管)

暗沟(管)是设置在地面以下引导水流的沟渠,无渗水和汇水的作用。

(1)暗沟的设置与作用

暗沟的主要作用是把路基范围内的泉水或渗沟所拦截、汇集的水流等地下水流集中排到路基范围之外。高速、一级公路中央分隔带有雨水浸入时,通过雨水口将地面水引入暗沟(管),排出路基范围。

(2)暗沟的构造及施工注意事项

暗沟属隐蔽性工程,应注意施工,避免失效。暗沟应在路基填土前或开挖后,按照泉眼范围及流量的大小或渗沟汇集的水流情况,确定断面尺寸,如图1-4-9所示。

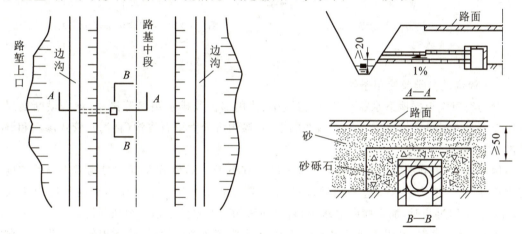

图 1-4-9 暗沟结构示意图(单位:cm)

暗沟可分成洞式和管式两大类,沟宽或管径 b 按泉眼范围或流量大小决定,一般为200～300 mm,净高 h 约为200 mm。若两侧沟壁为石质,盖板可直接放在两侧石壁上,为防止泥土淤塞,盖板周围用碎(砾)石做成反滤层,其颗粒直径自上而下,由外及里,逐渐增大,即上面和外层铺砂,中间铺砾石,下面和内层铺碎石,每层厚度不小于150 mm,反滤层顶部设双层反铺草皮,再用黏土夯实,以免地面水下渗和黏土颗粒落入反滤层。可沿沟槽每隔100～150 mm或当沟槽通过软硬岩层分界处时设置伸缩缝或沉降缝。

暗沟的沟底纵坡坡度宜不小于1%,条件困难时亦不得小于0.5%,出水口处应加大纵坡坡度并应高出地表排水沟常水位0.2 m以上。寒冷地区的暗沟,应作防冻保温处理或将暗沟设置在冻结深度以下。施工时宜由下游向上游施工,并应随挖、随撑、随填。

3. 渗沟

(1)渗沟的作用和适用范围

渗沟主要用来降低地下水位,汇集和拦截流向路基的地下水,并将其排除在路基范围之外,使路基土保持干燥,不致因地下水产生病害。

渗沟是公路路基最常见的一种地下排水沟渠,根据地下水分布情况,可设置在边沟、路肩、路基中线以下或路基上侧山坡适当位置。当地下水埋藏较浅或无固定含水层时,宜采用渗沟。

图 1-4-10 所示为一侧边沟下面所设的渗沟,其作用是拦截流向路基的层间水,防止路基边坡滑坍和毛细水上升危及路基的强度和稳定性。

图 1-4-11 所示是路基两侧边沟下面均设渗沟,用于降低地下水位,减少路基工作区内的水分,避免水分积聚造成道路的冻胀和翻浆,降低路基土的强度。

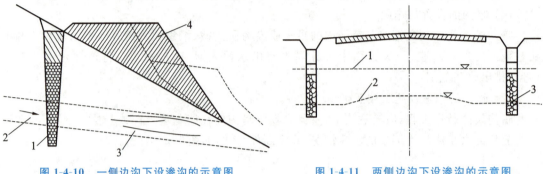

图 1-4-10　一侧边沟下设渗沟的示意图

1—渗沟;2—层间水;3—毛细水;4—可能滑坡线

图 1-4-11　两侧边沟下设渗沟的示意图

1—原地下水位线;2—降低后的地下水位线;3—渗沟

(2)渗沟的分类及使用条件

渗沟类型应根据地下水赋存条件、渗流量、使用部位及排水距离等选用,渗沟横断面尺寸应按地下水渗流量计算确定。根据构造的不同,渗沟可分为填石渗沟(盲沟)、管式渗沟和洞式渗沟三类,见图 1-4-12。

填石渗沟、无砂混凝土渗沟最小纵坡坡度不宜小于 1‰,管式及洞式渗沟最小纵坡坡度不宜小于 0.5‰。渗沟出水口应高出地表排水沟常水位 0.2 m 以上。渗沟纵向长度应不大于 350 m,若渗沟过长时,加设横向泄水管,将纵向渗沟内的水流迅速地分段排除。

填石渗沟(盲沟)可用于地下水流量不大、排水距离较短的地段,是常用的一种渗沟。洞式渗沟可用于地下水流量大,或缺乏水管的情况。管式渗沟可用于地下水流量较大、地下水位埋藏浅、地下排水距离较长的地段。

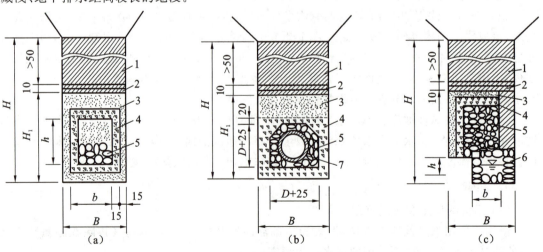

(a)　　　　　　　　　(b)　　　　　　　　　(c)

图 1-4-12　渗沟结构图示(尺寸单位:cm)

(a)填石渗沟;(b)管式渗沟;(c)洞式渗沟

1—夯实黏土;2—双层铺草皮;3—粗砂;4—细砾石;5—碎石(砾石);6—浆砌片石涵洞;7—泄水管

（3）渗沟的构造

渗沟由排水层（或管、洞）、反滤层、封闭层组成，如图 4-1-12 所示。

① 排水层（或管、洞）

填石渗沟的排水层，可采用石质坚硬的较大碎石或卵石（粒径 30～50 mm）填充，以保证其有足够的孔隙度排除设计流量。

洞式渗沟的排水层采用浆砌片石砌洞，其作用与水管相仿，能排较大水流。

管式渗沟的渗水管可选用带孔的 HPPE 管、PVC 管、PE 管、软式透水管、无砂混凝土管。管壁孔口交错布置，间距不宜大于 200 mm。

② 反滤层

渗沟沟壁应设置透水土工织物或中粗砂反滤层。反滤层应选用筛洗过的中砂、粗砂、砾石、无砂混凝土等渗水材料分层填筑，颗粒粒径由上而下、自外向内逐渐增大，相邻层的粒径一般不小于 1∶4，每层厚度不小于 15 cm 或采用渗水土工织物作反滤层。

③ 封闭层

为防止地面水流入渗沟，渗沟顶部应设封闭层。封闭层可用双层反铺草皮或用其他材料铺成隔层，并在其上夯填厚度不小于 0.5 m 的黏土防水层或用浆砌片石筑成。

（4）渗沟的施工技术要求

① 边坡渗沟、支撑渗沟应垂直嵌入边坡坡体，根据边坡情况可按条带形、分岔形或拱形布设，间距宜为 6～10 m。

② 一般沟深在 2 m 以内，宽度为 0.6～0.8 m；沟深 3～4 m，宽度不小于 1.0 m。洞式、管式渗沟的纵坡坡度一般应不小于 0.5％，特殊情况可减至 0.2％，但必须加强防淤措施。渗沟出水口必须保证水流顺畅，出口如在路基附近，须防止水流停滞或冲刷路基边坡；冰冻地区的渗沟出口应采取措施，如加大出口沟底纵坡，设保温层等，以保证水流不致冻结。

③ 渗沟埋置深度应根据地下水位、须降低的水位高度及含水层介质的渗透系数等确定。截水渗沟的基底埋入隔水层内不宜小于 0.5 m。边坡渗沟、支撑渗沟的基底，宜设置在含水层以下较坚实的土层上。截水渗沟基底一般均埋入不透水层，迎水一侧沟壁设反滤层汇集水流，而另一侧采用黏土夯实或 M5 砂浆片石，拦截水流。

④ 渗沟材料应采用洁净的砂砾、粗砂、碎石、片石，其中粒径小于 2.36 mm 的细粒料含量不得大于 5％。

⑤ 洞式渗沟，沟底纵坡坡度较大时，宜做成台阶式并铺防渗层，当地下水流量较大且范围较广，而且当地石料比较丰富时，可采用石砌方洞。排水洞大小依设计流量而定，洞宽一般为0.2～0.4 m。洞顶可加设带泄水小孔的混凝土盖板或用条石铺砌，条石间设空隙，以利集水。

⑥ 渗沟反滤层施工时，用木板将各层反滤材料组成垂直层，其高度视渗沟的填充高度而定，填筑完工后，将木板抽出。

4. 渗井

在平原地区，当路基设计高程不高，但是地下水位较高而影响路基工作区时，可设置竖直方向排水设施，把附近上部的地下水，由渗流引排到深部的潜水层或透水层中。这种局部降低路基范围内地下水位的竖向排水设施称为渗井，如图 1-4-13 所示。前述暗沟、渗沟均属于平面方向的排水设施,而渗井则属于竖直方向的排水设施。

渗井的下部必须穿过不透水层而深达透水层(透水层中有潜水时,要注意潜水压力不致造成渗井内潜水倒灌,具体的分析判断可根据地质钻探资料进行)。透水层距地面较深时,可用钻井机钻孔。钻孔直径为 $50\sim60$ cm,最小直径不应小于 15 cm。井(孔)内由中心向四周按层次分别填入由粗至细的砂石材料,中心粗料渗水,四周细料反滤。填充料要经筛分冲洗。施工时需用铁皮套筒分隔,以便分别填入不同粒径的材料。不得粗细混杂,以保证渗井达到预期排水效果。

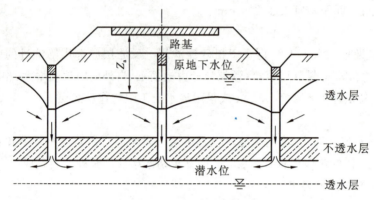

图 1-4-13　渗井布置示意图

渗井的行、列间距布置,以满足路基范围内原地下水位降低并脱离路基工作区,使该区内能保持工作在干燥、中湿状态为准则,需根据渗流流量计算确定。

5.仰斜式排水孔

仰斜式排水孔用于引排边坡内的地下水。

仰斜式排水孔的仰角不宜小于 6°,长度应伸至地下水富集部位或潜在滑动面,并宜根据边坡渗水情况成群分布。仰斜式排水孔进水口及渗水管段应包裹透水土工布,防止堵塞渗水孔。

任务二　路基地表排水设施施工

一、边沟、排水沟、截水沟的施工

边沟、排水沟、截水沟的施工工序包括施工准备、测量放样、沟槽开挖、沟槽加固和检查验收。

(1)施工准备。清除现场杂草、树根等杂物,平整场地,设置临时排水设施。

(2)测量放样。放样沟槽时,直线段桩距为 20 m,曲线段桩距为 5 m。对于高速公路和一级公路的水沟,使用全站仪按极坐标法进行测设放样。

(3)沟槽开挖。沟槽开挖时,在纵向应从下游向上游开挖。对于土质路基,采用人工开挖或人工配合机械开挖;对于石质路基,可采用机械开挖或小型爆破。

① 边沟。为了防止边沟漫溢或冲刷,在平原区和山岭重丘区,边沟应分段设置出水口,多

雨地区梯形边沟每段长度不宜超过 300 m,三角形边沟不宜超过 200 m;平曲线处边沟施工时,沟底纵坡应与曲线前后沟底纵坡平顺衔接,曲线内侧不得有积水或外溢现象发生。曲线外侧边沟应适当加深,其增加值等于超高值。

② 截水沟。可将截水沟挖出的土在路堑与截水沟之间修成土台并进行夯实,台顶应筑成 2% 倾向截水沟的横坡。

(4)沟槽加固。当水沟沟底纵坡坡度大于 3% 或土质水沟采用矩形断面时,对水沟的沟底和沟壁应进行加固。加固类型应根据当地的土质、流速、沟底纵坡、使用性质和使用年限等具体情况而定,一般采用干砌片石、浆砌片石、水泥砂浆抹面等沟槽加固方法。

① 边沟的加固。土质地段,当沟底纵坡坡度大于 3% 时,应采取加固措施;当采用干砌片石对边沟进行铺砌时,应选用有平整面的片石,各砌缝要用小石子嵌紧;当采用浆砌片石铺砌时,砌缝砂浆应饱满,沟身不漏水;若沟底采用抹面时,抹面应平整压光。

② 截水沟的加固。在地质不良地段和土质松软、透水性较大或裂隙较多的岩石路段,对沟底纵坡较大的土质截水沟及截水沟的出水口,均应采用加固措施,防止渗漏和冲刷沟底及沟壁。

(5)检查验收:

① 纵坡顺直,曲线线形圆滑。

② 沟壁平整、坚实、稳定,无贴坡;沟底平整,排水通畅,无冲刷和阻水现象。

③ 防渗、加固设施坚实稳固。

④ 浆砌片石工程,嵌缝均匀、饱满、密实,勾缝平顺、无脱落、密实、美观,缝宽均匀协调;砌体咬合紧密;抹面平整、压光、顺直,无裂缝、空鼓。

⑤ 干砌片石工程,砌筑咬合紧密,无叠砌、贴砌和浮塞。

⑥ 水泥混凝土砌块的强度满足设计要求,砌体平整,勾缝整齐牢固。

⑦ 基础与墙身设置的伸缩缝、沉降缝应垂直对齐。

二、跌水、急流槽的施工

跌水、急流槽的施工工序包括施工准备、测量放样、沟槽开挖、沟槽砌筑、检查验收。

(1)施工准备。在现场核查排水设施设计的位置、坡度、尺寸、出水口及加固设施是否合理,组织施工人员及施工机械,准备材料。

(2)测量放样。使用水准仪、全站仪进行测设放样。

(3)沟槽开挖。跌水、急流槽应开挖到设计要求的高程或设计要求的承载力基础上为止,通过验收合格后可进行加固施工。

(4)沟槽砌筑。一般宜采用浆砌块石、混凝土预制块砌筑或混凝土现浇进行加固。砌筑时,在纵向应从下游向上游砌筑,在横向应先砌沟槽沟底、后砌墙。砌墙时,应从墙脚开始,由下向上分层砌筑。砌筑砂浆初凝前应勾缝,勾缝应自上而下用砂浆充填、压实和抹光。

(5)检查验收。按照《公路工程质量检验评定标准　第一册　土建工程》(JTG F80/1—2017)的要求进行。

① 涵管的进出水口,所设的竖井井身应竖直,井底高程应符合设计要求。

② 涵身应密实不漏水,浆砌结构应抹面,涵管连接处应填塞密实、不漏水。

任务三　路基地下排水设施施工

一、暗沟的施工

暗沟施工工艺包括施工准备、测量放样、沟槽开挖、砌筑加固、回填夯实、检查验收。

(1) 施工准备。应根据现场实际情况,检查暗沟的设计位置、出水口是否合理。

(2) 测量放样。使用水准仪、全站仪进行测设放样。

(3) 沟槽开挖。开挖时应从下游往上游进行,在土质地基上采用机械开挖时,基底应预留 20 cm 左右采用人工挖土清底、清壁。

(4) 砌筑加固。钢筋混凝土圆管管道安装工序:整平基底→管子就位→稳管→管座→抹带。盖板沟施工时,应先沿槽底浇筑混凝土或砌筑浆砌片石(或预制块)基础,再砌沟壁,完成后在沟壁内侧、砌筑式沟底用砂浆抹面。

(5) 回填夯实。回填时主体结构的砂浆或混凝土强度应达到设计强度的 70% 以上,回填材料以砂砾类或碎石类为宜,回填时应确保回填土的密实度。

(6) 检查验收。按照《公路工程质量检验评定标准　第一册　土建工程》(JTG F80/1—2017)的要求进行。

二、渗沟的施工

渗沟施工工艺包括施工准备、测量放样、沟槽开挖、砌筑加固、回填夯实、检查验收。

(1) 施工准备。应根据现场实际情况,检查渗沟的设计位置、出水口是否合理。

(2) 测量放样。使用水准仪、全站仪进行测设放样。

(3) 沟槽开挖。根据渗沟宽度大小以及现场条件,选择采用人工开挖或机械开挖,开挖方向宜从下游往上游进行。开挖过程中应注意检查控制基底高程、断面尺寸,做到不超挖、不扰动槽底基土。采用机械开挖时,槽底应保留 20 cm 左右不挖,用人工清理基底、基壁。

(4) 砌筑加固。渗沟砌筑加固可采用以下两种方法:

① 反滤土工布渗沟施工。将事先裁剪好的反滤土工布铺放于沟槽内。铺好土工布后,沿槽底土工布分层倒入经筛分并清洗洁净的碎石或卵石填料,并进行密实处理。渗沟内排水层碎石填至预定高度后,应及时将沟顶碎石封闭,以防碎石受到污染,沟顶土工布可用缝接或搭接方式处理接头。当渗沟位于路基范围以外时,为防止地面水进入渗沟,应在渗沟顶面砌筑厚度 20 cm 的浆砌片石或夯填厚度不小于 30 cm 的黏土作为顶部封闭层。

② 集料反滤渗沟的施工。准备好符合质量要求的各种填料与反滤料;填料要求筛分冲洗,施工时需用铁皮套筒分隔填入不同粒径的材料,层次分明,不得粗细料混填,以保证渗沟达到预期的排水效果。

(5) 回填夯实。回填时,应确保回填土的密实度。

(6) 检查验收。按照《公路工程质量检验评定标准　第一册　土建工程》(JTG F80/1—2017)的要求进行。

① 排水盲沟(渗沟)的设置及材料质量规格应符合规范要求。

② 反滤层应采用筛选过的中砂、粗砂、砾石等渗水材料分层填筑。

③ 排水层应采用石质坚硬的较大粒料填筑,以保排水通畅。

三、渗井的施工

渗井施工工艺包括施工准备、测量放样、开挖渗井、集料填充、井顶封闭、检查验收。

(1)施工准备。现场核查原设计是否合理,并进行现场清理。

(2)测量放样。使用水准仪、全站仪进行测设放样。

(3)开挖渗井。采用履带式打桩机打桩成孔。

(4)集料填充。井内填置材料,按层次在下层透水层范围内填碎石或卵石,在上层不透水层范围内填砂或砾石,填充料采用筛选过的不同粒径的材料,应层次分明,不得将粗细材料混杂填塞。井壁和填充料之间应设反滤层。

(5)井顶封闭。在渗井顶部四周用混凝土或黏土筑成围堰围护,井顶用混凝土盖板盖严,以防渗井淤塞。在进口部分安装镀锌铁丝网或铁条格栅,防止杂物进入。在渗井顶部反滤层上面砌筑一层厚 20 cm 的砂浆片石封闭层,或夯填不小于 30 cm 厚的黏土层。

(6)检查验收。按照《公路工程质量检验评定标准　第一册　土建工程》(JTG F80/1—2017)的要求进行。

复习思考题

1. 路基地表排水设施有哪些?

2. 路基地下排水设施有哪些?

3. 简述路基常用的地表和地下排水设施的作用。

4. 简述边沟、截水沟、排水沟的施工步骤。

5. 简述暗沟、渗沟、渗井的施工步骤。

情境五　路基工程质量评定与验收

知识目标

1. 了解路基整修的内容；
2. 熟悉路基验收标准；
3. 掌握路基验收指标。

能力目标

培养学生具备组织路基验收的能力。

素质目标

培养学生具备遵守规范、诚实守信的匠德。

思政案例：
检测数据要诚信

任务一　路基工程整修

路基土石方工程基本完工后，在交工验收前，应对外观质量和局部缺陷进行整修或处理。整修的目的是为了使路基工程达到或者优于设计文件和相关规范规定的技术标准和质量标准。路基整修由施工单位会同监理单位按设计文件和施工规范要求检查路线中线、宽度、高程、边坡坡度、防护与支挡、排水系统和临时工程等，根据检查结果制订整修计划并进行整修。

整修工作应在检查结果及整修计划经监理工程师核查与批准后动工。

一、路基顶面表层整修

一般情况下，由于路面与路基施工的不连续性，路基顶面表层在多种因素下会产生不同类型的局部质量缺陷。为保证路床与路面的整体性，防止出现"夹层"，故应有针对性的处理措施。表层的整修，应根据质量缺陷的具体情况采用合理的方案、工艺进行。

（1）土质路基表面的整修，可用机械配合人工切土或补土，并配合压路机械碾压，补填的土层压实厚度应不小于100 mm，压实后表面应平整，不得有松散、起皮现象。石质路基表面应用石屑嵌缝紧密、平整，不得有坑槽和松石。

（2）土质路基表面达到设计标高后应采用平地机或推土机刮平，铲下的土不足以填补凹陷时，应采用与路基表面相同的土填平夯实。

（3）修整的路基表层厚150 mm以内，松散的或半埋的尺寸大于100 mm的石块，应从路基表面层移走，并按规定填平压实。

二、路基边坡整修

（1）深路堑土质边坡整修应按设计要求坡度，自上而下进行削坡整修，不得在边坡上以土贴补。

（2）边坡需要加固地段，应预留加固位置和厚度，使完工后的坡面与设计边坡一致。当填土不足或路堑边坡受雨水冲刷形成小冲沟时,应将原边坡挖成台阶,分层填补,仔细夯实。如填补的厚度很小(10~20 cm),而又非边坡加固地段时,可用种草整修的方法,以种植土来填补,但应顺适、美观、牢靠。

石质路基边坡,应达到设计要求的边坡比,坡面的松石、危石应及时清除。

(3)填方路基边坡受雨水冲刷形成冲沟或坍塌缺口时,应自下而上分层挖台阶加宽填补夯实,再按设计坡面削坡,弯道内侧路肩边缘,应修建路肩拦水带。

(4)填土路基两侧超填的宽度应予以切除,如遇边坡缺土时,必须挖成台阶,分层填补夯实。填土经压实后,不得有松散、软弹、翻浆及表面不平整现象,如不合格,必须重新处理。

三、排水系统及其他整修

(1)边沟的整修应挂线进行。对各种水沟的纵坡(包括取土坑纵坡)应用仪器检测,修整到符合图纸及规范要求。各种水沟的纵坡,应按图纸及规范要求施工,保证沟底平整,排水通畅,凡不符合设计及规定要求的,就按规定整修,不得随意用土填补。

(2)截水沟、排水沟及边沟的断面、边坡坡度,应按设计要求施工。沟的表面应整齐、光滑。填补的凹坑应拍捶密实。

(3)在路面铺筑完成后或铺筑时,应立即填筑土路肩,同时按设计要求进行加固。

(4)路基整修完毕后,堆于路基范围内的废弃土料应予以清除。

(5)修整过的路基,应继续维修养护,直到缺陷责任期满为止。

任务二　路基工程质量验收评定

本章依据《公路路基施工技术规范》(JTG/T 3610—2019)及《公路工程质量检验评定标准　第一册　土建工程》(JTG F80/1—2017)(以下简称《标准》)的相关内容,对路基工程质量标准进行介绍。质量评定项目有关键项目和一般项目之分,△ 项为关键项目,合格率为95%,其他项目为一般项目,合格率为80%。

一、路基土石方工程

1. 土方路基

(1)填方路基应分层填筑压实,每层表面平整,路拱合适,排水良好,不得有明显碾压轮迹,不得亏坡。

(2)在路基用地和取土范围内,应清除地表植被、杂物、积水、淤泥和表土,处理坑塘,并按施工技术规范和设计要求对基底进行压实。表土应充分利用。

(3)应设置施工临时排水系统,避免冲刷边坡,路床顶面不得积水。

(4)挖方地段遇有树根、洞穴等必须进行处理,上边坡要平整稳定。路床土质强度及压实度必须符合规定。

(5)在设定区内合理取土,不得滥开滥挖。完工后应按要求对取土坑和弃土场进行修整。

(6)土方路基成型后外观质量标准:路基边线与边坡不应出现单向累计长度超过 50 m 的弯折;路基边坡、护坡道、碎落台不得有滑坡、塌方或深度超过 100 mm 的冲沟。

(7)土方路基施工质量标准见表 1-5-1。

表 1-5-1 土方路基施工质量标准

项次	检查项目			规定值或允许偏差			检查方法和频率
				高速公路、一级公路	其他公路		
					二级公路	三、四级公路	
1△	压实度(%)	上路床		0～0.3 m	≥96	≥95	≥94	按《标准》附录B检查; 密度法:每200 m每压实层测2处
		下路床	轻、中等及重交通	0.3～0.8 m	≥96	≥95	≥94	
			特重、极重交通	0.3～1.2 m	≥96	≥95	—	
		上路堤	轻、中等及重交通	0.8～1.5 m	≥94	≥94	≥93	
			特重、极重交通	1.2～1.9 m	≥94	≥94	—	
		下路堤	轻、中等及重交通	>1.5 m	≥93	≥92	≥90	
			特重、极重交通	>1.9 m				
2△	弯沉(0.01 mm)			不大于设计验收弯沉值			按《标准》附录J检查
3	纵断高程(mm)			+10,−15	+10,−20		水准仪:中线位置每200 m测2点
4	中线偏位(mm)			50	100		全站仪:每200 m测2点,弯道加HY、YH两点
5	宽度(mm)			满足设计要求			尺量:每200 m测4点
6	平整度(mm)			≤15	≤20		3 m直尺:每200 m测2处×5尺
7	横坡坡度(%)			±0.3	±0.5		水准仪:每200 m测2个断面
8	边坡			满足设计要求			尺量:每200 m测4点

注:① 压实度按《公路土工试验规程》(JTG E40—2019)重型击实试验所得最大干密度求得的压实度取值。评定路段内的压实度平均值下置信界限不得小于规定标准,单个测定值不得小于极值(表中所列规定值减5个百分点)。按测定值不小于表列规定值减2个百分点的测点占总检查点数的百分率计算合格率。

② 特殊干旱、特殊潮湿地或过湿土路基等,可按路基设计、施工规范所规定的压实度标准进行评定。

③ 三、四级公路铺筑沥青混凝土或水泥混凝土路面时路基压实度应采用二级公路标准。

2. 石方路基

(1)石方路堑的开挖宜采用光面爆破,开炸石方应避免超量爆破,爆破后坡面的松石、危石必须清除干净,确保上边坡安全、稳定。

(2)欠挖部分必须凿除,超挖部分应采用无机结合料稳定碎石或级配碎石填平并碾压密实,路基表面应整修平整,边线直顺,曲线圆滑。

（3）修筑填石路堤时应进行地表清理，填筑层厚度应符合规范规定并满足设计要求，填石空隙用石渣、石屑嵌压稳定。

（4）填石路基应分层填筑压实，每层表面平整，路拱适顺，排水良好，上路床不得有碾压轮迹，不得亏坡。

（5）填石路基应通过试验路确定沉降差控制标准。

（6）填石路堤成型后的外观质量标准：表面无明显孔洞；大粒径石料不松动，用铁锹挖动困难；边坡码砌紧贴、密实，无明显孔洞、松动，砌块间承接面向内倾斜，坡面平顺；路基边线与边坡不应出现单向累计长度超过 50 m 的弯折；上边坡不得有危石。

（7）石方路基施工质量标准见表 1-5-2。

表 1-5-2　石方路基施工质量标准

项次	检查项目		规定值或允许偏差		检查方法和频率
			高速公路、一级公路	其他公路	
1△	压实度		孔隙率满足设计要求		密度法：每 200 m 每压实层测 1 处
			沉降差≤试验路确定的沉降差		精密水准仪：每 50 m 测 1 个断面，每个断面测 5 点
2△	弯沉(0.01 mm)		不大于设计值		按《标准》附录 J 检查
3	纵面高程(mm)		+10，−20	+10，−30	水准仪：中线位置每 200 m 测 2 点
4	中线偏位(mm)		≤50	≤100	全站仪：每 200 m 测 2 点，弯道加 HY、YH 两点
5	宽度(mm)		满足设计要求		尺量：每 200 m 测 4 点
6	平整度(mm)		≤20	≤30	3 m 直尺：每 200 m 测 2 处×5 尺
7	横坡坡度(%)		±0.3	±0.5	水准仪：每 200 m 测 2 个断面
8	边坡	坡度	满足设计要求		尺量：每 200 m 测 4 点
		平顺度	满足设计要求		

注：上下路床填土时压实度检验标准同土方路基。

3. 土石路基

（1）软质石料或硬质石料填筑的土石路基，应满足土质路基施工质量标准，参见表 1-5-1。

（2）土石路堤成型后的外观质量标准：路堤表面无明显孔洞；大粒径石料不松动，用铁锹挖动困难；中硬、硬质石料土石路堤边坡码砌紧贴、密实，无明显孔洞、松动，砌块间承接面向内倾斜，坡面平顺。

4. 路肩

（1）路肩应表面平整密实，不积水。

（2）路肩边缘直顺，曲线圆滑。

（3）路肩外观质量标准：路肩应无阻水、无杂物。

（4）路肩施工质量标准见表 1-5-3。

表 1-5-3 路肩施工质量标准

项次	检查项目		规定值或允许偏差	检查方法和频率
1	压实度(%)		不小于设计值, 设计未要求时不小于90%	按《标准》附录 B 检查, 每 200 m 测 1 点
2	平整度 (mm)	土路肩	≤20	3 m 直尺:每 200 m 测 2 处×5 尺
		硬路肩	≤10	
3	横坡坡度(%)		±1.0	水准仪:每 200 m 测 2 个断面
4	宽度(mm)		满足设计要求	尺量:每 200 m 测 2 点

5. 软土地基处治

(1)换填地基的填筑压实要求与土方路基相同。

(2)砂垫层:砂垫层应分层碾压施工;砂垫层宽度应宽出路基边脚 0.5～1.0 m,两侧以片石护砌;砂垫层厚度及其上铺设的反滤层应符合设计要求。

(3)反压护道:反压护道高度、宽度应满足设计要求,压实度不低于 90%。

(4)袋装砂井、塑料排水板:砂袋和塑料排水板下沉时不得出现扭结、断裂等现象;井(板)底高程应满足设计要求,塑料排水板超过孔口的长度应伸入砂垫层不小于 500 mm。

(5)粒料桩:施工工艺应符合规范规定;施工前应进行成桩工艺和成桩挤密试验;桩体应连续、密实。

(6)加固土桩:施工前应进行成桩工艺和成桩强度试验;施工设备必须安装喷粉(浆)自动记录装置,施工工艺应符合规范规定。

(7)水泥粉煤灰碎石桩:施工前应进行成桩工艺和成桩强度试验;混合料应拌和均匀,桩体施工应选择合理顺序,成桩过程中应对已打桩的桩顶进行位移监测。

(8)刚性桩:施工前应进行成桩试验;施工工艺应符合规范规定。

(9)软土地基上的路堤,应满足沉降标准和稳定性的设计要求。

软土地基处治施工质量标准参见《标准》。

6. 土工合成材料处置层

(1)土工合成材料应无老化,外观无破损、污染。

(2)土工合成材料应紧贴下承层,按设计和施工要求铺设、张拉、固定。

(3)土工合成材料的接缝搭接、黏结强度和长度应满足设计要求,上、下层土工合成材料搭接缝应交替错开。

(4)土工合成材料处置层外观质量标准:土工合成材料无重叠、皱折;土工合成材料固定处不应松动。

土工合成材料施工质量标准参见《标准》。

二、防护支挡工程

1. 砌体坡面防护

(1)勾缝砂浆强度不得小于浆砌砂浆强度。

（2）坡面下端基础埋置深度及其地基承载力应满足设计要求。

（3）护面下填土密实度应满足设计要求,对坡面刷坡整平后方可铺砌。

（4）砌块应相互错缝、咬扣紧密,嵌缝饱满密实。

（5）应按设计要求设置沉降缝、伸缩缝、泄水孔、坡面防排水设施。

（6）砌体坡面防护外观质量标准:浆砌缝开裂、勾缝不密实和脱落的累计换算面积不得超过该面面积的 1.5%,且单个最大换算面积不应大于 0.08 m^2。换算面积按缺陷缝长度乘以 0.1 m 计算;框格梁不得与坡面脱空;坡面不得出现塌陷、外鼓变形。

（7）砌体坡面防护施工质量标准见表 1-5-4。

表 1-5-4　砌体坡面防护施工质量标准

项次	检查项目		规定值或允许偏差	检查方法和频率
1	砂浆强度（MPa）		在合格标准内	按《标准》附录 F 检查
2	顶面高程（mm）	料、块石	±30	水准仪:长度不大于 30 m 时测 5 点,每增加 10 m 增加 1 点
		片石	±50	
3	表面平整度（mm）	料、块石	≤25	2 m 直尺:除锥坡外每 50 m 测 3 处,每处纵、横向各 1 inch（1 inch＝0.3048 m）;锥坡处顺坡测 3 inch
		片石	≤35	
4	坡度		≤设计值	坡度尺:长度不大于 30 m 时测 5 处,每增加 10 m 增加 1 处
5	厚度或断面尺寸（mm）		≥设计值	尺量:长度不大于 50 m 时测 10 个断面,每增加 10 m 增加 1 个断面
6	框格间距（mm）		±150	尺量:抽查 10%

2. 挡土墙

（1）砌体、片石混凝土挡土墙

① 勾缝砂浆强度不得小于砌筑砂浆强度。

② 地基承载力、基础埋置深度应满足设计要求。

③ 砌筑应分层错缝。浆砌时应坐浆砌筑,嵌缝饱满密实,不得出现空洞;干砌时不得出现松动、叠砌和浮塞。

④ 混凝土应分层砌筑,施工缝及片石埋放应符合施工技术规范的规定。

⑤ 沉降缝、伸缩缝和泄水孔的位置、尺寸、数量应满足设计要求;沉降缝及伸缩缝应竖直、贯通,采用弹性材料填充密实,填充深度应满足设计要求。

⑥ 砌体、片石混凝土挡土墙外观质量标准:浆砌缝开裂、勾缝不密实和脱落的累计换算面积不得超过该面面积的 1.5%,且单个最大换算面积不应大于 0.08 m^2。换算面积应按缺陷缝长度乘以 0.1 m 计算;混凝土表面不应存在《标准》附录 P 所列限制缺陷;墙体不得出现外鼓变形;泄水孔应无反坡、堵塞。

⑦ 浆砌、干砌、片石混凝土挡土墙施工质量标准见表 1-5-5 至表 1-5-7。

表 1-5-5　浆砌挡土墙施工质量标准

项次	检查项目	规定值或允许偏差		检查方法和频率
1△	砂浆强度(MPa)	在合格范围内		按《标准》附录F检查
2	平面位置(mm)	≤50		全站仪:测墙顶外边线,长度不大于30 m时测5点,每增加10 m增加1点
3	墙面坡度(%)	≤0.5		铅锤法:长度不大于30 m时测5处,每增加10 m增加1处
4△	断面尺寸(mm)	≥设计值		尺量:长度不大于50 m时测10个断面,每增加10 m增加1个断面
5	顶面高程(mm)	±20		水准仪:长度不大于30 m时测5点,每增加10 m增加1点
6	表面平整度(mm)	混凝土预制块、料石	≤10	2 m直尺:每20 m测3处,每处测竖直、墙长两个方向
		块石	≤20	
		片石	≤30	

表 1-5-6　干砌挡土墙施工质量标准

项次	检查项目	规定值或允许偏差	检查方法和频率
1	平面位置(mm)	≤50	全站仪:测墙顶外边线,长度不大于30 m时测5点,每增加10 m增加1点
2	墙面坡度(%)	≤0.5	铅锤法:长度不大于30 m时测5处,每增加10 m增加1处
3	断面尺寸(mm)	≥设计值	尺量:长度不大于50 m时测10个断面,每增加10 m增加1个断面
4△	顶面高程(mm)	±50	水准仪:长度不大于30 m时测5点,每增加10 m增加1点
5	表面平整度(mm)	≤50	2 m直尺:每20 m测3处,每处测竖直、墙长两个方向

表 1-5-7　片石混凝土挡土墙施工质量标准

项次	检查项目	规定值或允许偏差	检查方法和频率
1△	混凝土强度(MPa)	在合格标准内	按《标准》附录D检查
2	平面位置(mm)	≤50	全站仪:测墙顶外边线,长度不大于30 m时测5点,每增加10 m增加1点
3	墙面坡度(%)	≤0.3	铅锤法:长度不大于30 m时测5处,每增加10 m增加1处

项次	检查项目	规定值或允许偏差	检查方法和频率
4△	断面尺寸(mm)	≥设计值	尺量:长度不大于 50 m 时测 10 个断面,每增加 10 m 增加 1 个断面
5	顶面高程(mm)	±20	水准仪:长度不大于 30 m 时测 5 点,每增加 10 m 增加 1 点
6	表面平整度(mm)	≤8	2 m 直尺:每 20 m 测 3 处,每处测竖直、墙长两个方向

（2）悬臂式和扶壁式挡土墙

① 地基承载力应满足设计要求。

② 沉降缝、伸缩缝、泄水孔的位置、尺寸和数量应满足设计要求;沉降缝及伸缩缝应竖直、贯通,采用弹性材料填充密实,填充深度应满足设计要求。

③ 悬臂式和扶壁式挡土墙外观质量标准:混凝土表面不应存在《标准》附录 P 所列限制缺陷;墙体不得出现外鼓变形;泄水孔应无反坡、堵塞。

④ 悬臂式和扶壁式挡土墙施工质量标准见表 1-5-8。

表 1-5-8　悬臂式和扶壁式挡土墙施工质量标准

项次	检查项目	规定值或允许偏差	检查方法和频率
1△	混凝土强度(MPa)	在合格标准内	按《标准》附录 D 检查
2	平面位置(mm)	≤30	全站仪:长度不大于 30 m 时测 5 点,每增加 10 m 增加 1 点
3	墙面坡度(%)	≤0.3	铅锤法:长度不大于 30 m 时测 5 处,每增加 10 m 增加 1 处
4△	断面尺寸(mm)	≥设计值	尺量:长度不大于 50 m 时测 10 个断面及 10 个扶壁,每增加 10 m 增加 1 个断面及 1 个扶壁
5	顶面高程(mm)	±20	水准仪:长度不大于 30 m 时测 5 点,每增加 10 m 增加 1 点
6	表面平整度(mm)	≤8	2 m 直尺:每 20 m 测 3 处,每处测竖直、墙长两个方向

（3）锚杆、锚定板和加筋土挡土墙

① 锚杆、拉杆或筋带根数不得少于设计数量。

② 地基承载力应满足设计要求。

③ 筋带应理顺,放平拉直,筋带与面板、筋带与筋带连接牢固。

④ 锚杆的长度应大于或等于设计长度,锚杆插入锚孔内的长度不得小于设计长度的 98%。

⑤ 锚杆注浆性能应符合相关施工技术规范规定,锚孔内注浆应密实,注浆压力应满足设计要求。

　　⑥ 沉降缝、伸缩缝、泄水孔的位置、尺寸和数量应满足设计要求;沉降缝及伸缩缝应竖直、贯通,采用弹性材料填充密实,填充深度应满足设计要求。

　　⑦ 拉杆、锚杆的防护应满足设计要求。

　　⑧ 锚杆、锚定板和加筋挡土墙外观质量标准:混凝土构件不应存在《标准》附录 P 所列限制缺陷;锚头不得外露,封锚混凝土或砂浆应无裂缝、疏松;墙体不得出现外鼓变形;泄水孔应无反坡、堵塞。

　　⑨ 筋带、拉杆、锚杆、面板预制、面板安装和锚杆、锚定板和加筋土挡土墙总体施工质量标准见表 1-5-9 至表 1-5-14。

表 1-5-9　筋带施工质量标准

项次	检查项目	规定值或允许偏差	检查方法和频率
1	筋带长度	≥设计值	尺量:每 20 m 检查 5 根(束)
2	筋带与面板连接	满足设计要求	目测:全部
3	筋带与筋带连接	满足设计要求	目测:全部
4	筋带铺设	满足设计要求	目测:全部

表 1-5-10　拉杆施工质量标准

项次	检查项目	规定值或允许偏差	检查方法和频率
1△	长度(mm)	≥设计值	尺量:每 20 m 检查 5 根
2	拉杆间距(mm)	±100	尺量:每 20 m 检查 5 根
3	拉杆与面板、锚定板连接	满足设计要求	目测:全部

表 1-5-11　锚杆施工质量标准

项次	检查项目	规定值或允许偏差	检查方法和频率
1△	注浆强度(MPa)	在合格标准内	砂浆按《标准》附录 F 检查,其他按《标准》附录 M 检查
2	锚孔孔深(mm)	≥设计值	尺量:抽查 20%
3	锚孔孔径(mm)	满足设计要求	尺量:抽查 20%
4	锚孔轴线倾斜(%)	2	倾角仪:抽查 20%
5	锚孔间距(mm)	±100	尺量:抽查 20%
6△	锚杆抗拔力(kN)	满足设计要求。设计未要求时,抗拔力平均值≥设计值;80%锚杆的抗拔力≥设计值;最小抗拔力≥0.9 设计值	抗拔力试验:检查数量按设计要求,设计未要求时按锚杆数的 5%,且不少于 3 根检查
7	锚杆与面板连接	满足设计要求	目测:全部

表 1-5-12　面板预制施工质量标准

项次	检查项目		规定值或允许偏差	检查方法和频率
1△	混凝土强度(MPa)		在合格标准内	按《标准》附录D检查
2	边长(mm)	边长小于1 m	±5	尺量:抽查10%,每板长、宽各测1次
		其他	±0.5%边长	
3	两对角线差(mm)	边长小于1 m	≤10	尺量:抽查10%,每板测2条对角线
		其他	≤0.7%最大对角线长	
4△	厚度(mm)		+5,−3	尺量:抽查10%,每板测2处
5	表面平整度(mm)		≤5	2 m直尺:抽查10%,每板长方向测1处
6	预埋件位置(mm)		≤5	尺量:抽查10%

表 1-5-13　面板安装施工质量标准

项次	检查项目	规定值或允许偏差	检查方法和频率
1	每层面板顶高程(mm)	±10	水准仪:长度不大于30 m时测5组,每增加10 m增加1组
2	轴线偏位(mm)	≤10	挂线、尺量:长度不大于30 m时测5点,每增加10 m增加1点
3	面板坡度(%)	+0,−0.5	铅锤法:长度不大于30 m时测5处,每增加10 m增加1处
4	相邻面板错台(mm)	≤5	尺量:长度不大于30 m时测5条缝最大处,每增加10 m增加1条
5	面板缝宽(mm)	≤10	尺量:每30 m检查5条,每增加10 m增加1条

注:面板安装以同层相邻两板为一组。

表 1-5-14　锚杆、锚定板和加筋土挡土墙总体施工质量标准

项次	检查项目		规定值或允许偏差	检查方法和频率
1	墙顶和肋柱平面位置(mm)	路堤式	+50,−100	全站仪:长度不大于30 m时测5点,每增加10 m增加1点
		路肩式	±50	
2	墙顶和柱顶高程(mm)	路堤式	±50	水准仪:长度不大于30 m时测5点,每增加10 m增加1点
		路肩式	±30	
3	肋柱间距(mm)		±15	尺量:每柱间
4	墙面平整度(mm)		≤15	2 m直尺:每20 m测3处,每处测竖直、墙长两个方向

（4）墙背填土

① 墙背填料应符合设计要求。

② 墙背填土应和挖方路基、填方路基搭接，并应满足设计要求。

③ 墙背填土应分层填筑压实，每层表面平整，顶层路拱合适。

④ 反滤层的材料、铺设范围应满足设计要求。

⑤ 墙身强度达到设计强度的75％以上时方可开始填土。

⑥ 墙背填土外观质量标准：填土表面不平整的累计长度不得超过总长度的10％；不得出现亏坡。

⑦ 墙背填土施工质量标准：锚杆、锚定板和加筋土挡土墙距面板1 m范围以内压实度质量标准见表1-5-15，其他部分填土和其他类型挡土墙墙背填土的压实质量标准与路基相同。

表1-5-15　锚杆、锚定板和加筋土挡土墙墙背填土施工质量标准

项次	检查项目	规定值或允许偏差	检查方法和频率
1△	距面板1 m范围内的压实度（％）	≥90	按《标准》附录B的方法检查，每50 m每压实层测1处，且不得少于1处
2	反滤层厚度（mm）	≥设计厚度	尺量：长度不大于50 m时测5处，每增加10 m增加1处

三、排水工程

1. 土沟

（1）纵坡顺直，曲线线形圆滑。

（2）土沟边坡平整、密实、稳定。

（3）土沟外观质量标准：沟内不得有杂物，无排水不畅。

（4）土沟施工质量标准见表1-5-16。

表1-5-16　土沟施工质量标准

项次	检查项目	规定值或允许偏差	检查方法和频率
1	沟底高程（mm）	0，-30	水准仪：每200 m测4点，且不少于5点
2	断面尺寸（mm）	不小于设计要求	尺量：每200 m测2点，且不少于5点
3	边坡坡度	不陡于设计值	尺量：每200 m测2点，且不少于5点
4	边棱顺直度（mm）	50	尺量：20 m拉线，每200 m测2点，且不少于5点

2. 浆砌水沟

（1）浆砌片（块）石、混凝土预制块的质量和规格，应符合国家和行业强制性标准以及合同约定的其他标注的规定，并满足设计要求。

（2）砂浆配合比准确，砌缝内砂浆均匀饱满，勾缝密实。

（3）基础中缩缝应与墙身缩缝对齐。

（4）浆砌水沟外观质量标准：砌体抹面不得有空鼓；沟内不应有杂物，无排水不畅。

（5）浆砌水沟施工质量标准见表1-5-17。

表1-5-17　浆砌水沟施工质量标准

项次	检查项目	规定值或允许偏差	检查方法和频率
1△	砂浆强度（MPa）	在合格标准内	按《标准》附录F检查
2	轴线偏位（mm）	50	全站仪或尺量：每200 m测5点
3	沟底高程（mm）	±15	水准仪：每200 m测5点
4	墙面直顺度（mm）	30	20 m拉线：每200 m测2点
5	坡度	符合设计要求	坡度尺：每200 m测2点
6	断面尺寸（mm）	±30	尺量：每200 m测2个断面，且不少于5个断面
7	铺砌厚度（mm）	不小于设计值	尺量：每200 m测2点
8	基础垫层宽、厚度（mm）	不小于设计值	尺量：每200 m测2点

3. 盲沟

（1）盲沟的设置、填料规格、质量等应符合规范规定，并满足设计要求。

（2）盲沟外观质量标准：进出水口不应排水不畅。

（3）盲沟施工质量标准见表1-5-18。

表1-5-18　盲沟施工质量标准

项次	检查项目	规定值或允许偏差	检查方法和频率
1	沟底高程（mm）	±15	水准仪：每20 m测1点
2	断面尺寸（mm）	不小于设计值	尺量：每20 m测1点

4. 混凝土排水管安装

（1）排水管基础应满足设计要求。

（2）管材应逐节检查，不得有裂缝、破损。

（3）管节铺设应平顺、稳固，管底坡度不得出现反坡，管节接头处流水面高差不得大于5 mm。管内不得有泥土、砖石、砂浆等杂物。

（4）管径大于750 mm时，应在管内进行整圈勾缝。

（5）抹带前，管口应洗刷干净，管口表面应平整密实，无裂缝现象。抹带后应及时覆盖养护。

（6）设计中要求防渗漏的排水管应做渗漏试验，渗漏量应满足设计要求。

（7）混凝土排水管安装外观质量标准：不应出现《标准》附录P中基础外观限制性缺陷；管口缝带圈不得开裂脱皮；管口内缝砂浆不得有空鼓；抹带接口表面不应有间断和空鼓。

（8）混凝土排水管安装施工质量标准见表1-5-19。

表 1-5-19 混凝土排水管安装施工质量标准

项次	检查项目		规定值或允许偏差	检查方法和频率
1△	混凝土抗压强度或砂浆强度(MPa)		在合格标准内	按《标准》附录 D、附录 F 检查
2	管轴线偏位(mm)		15	全站仪或尺量:每两井间测 3 处
3	流水面高程(mm)		±10	水准仪、尺量:每两井间进出水口各 1 处,中间 1～2 处
4	基础厚度(mm)		不小于设计值	尺量:每两井间测 3 处
5	管座	肩宽(mm)	+10,-5	尺量:每两井间测 2 处
		肩高(mm)	±10	
6	抹带	宽度	不小于设计值	尺量:按 10% 抽查
		厚度	不小于设计值	

复习思考题

1. 为什么要进行路基整修?
2. 土方路基验收指标有哪些?
3. 路基坡面防护工程验收指标有哪些?
4. 路基石砌挡土墙验收指标有哪些?

项目二 路面施工技术

情境一 路面认知

1. 掌握路面的组成和分类。
2. 掌握路面排水设施的类型。

能力目标
1. 培养学生具备识读路面图纸的能力。
2. 培养学生具备识别路面类型和构造的能力。

素质目标

培养学生具备筑路报国、敢于担当的志向。

任务一 路面构造认知

路面是指用各种筑路材料在路基上按一定宽度和厚度铺筑而成的层状结构物，它直接承受车辆荷载和自然因素的影响，是公路的重要组成部分。

一、对路面的基本要求

为了保证汽车行驶的安全性和舒适性，降低运输成本和延长道路寿命，要求路面具有以下基本性能。

1. 具有足够的强度和刚度

路面的强度是指路面抵抗破坏的能力。路面结构应具有足够的强度，以抵抗车轮荷载引起的各个部位的各种应力，如压应力、拉应力、剪应力等，保证不发生压碎、拉裂、剪切等各种破坏。

路面的刚度是指路面抵抗变形的能力。路面整体结构或各结构层应具有足够的刚度，使其在车轮荷载作用下不致发生过大的变形和位移，保证路面不出现车辙、沉陷或波浪等各种病害。

2. 具有足够的稳定性

路面结构长期暴露在大自然环境中，直接受到高温、低温、水、太阳、空气和风等的作用和影响，致使路面材料的力学性能和技术品质发生变化。

路面的稳定性是指路面在外界各种影响因素下保持其本身结构强度的性能,包括高温稳定性、低温稳定性、水稳定性、耐老化性等。

3. 具有足够的平整度

路面表面不平整会增大行车阻力,增加车辆振动作用和冲击作用,造成行车颠簸,影响行车速度、行车安全和舒适性,加剧汽车机件的损坏与轮胎磨耗,增大汽油的消耗。因此,要求路面具有与公路等级相应的足够的平整度。

4. 具有足够的抗滑性

路面宏观上要求平整,微观上要求粗糙。路面表面光滑时,车轮与路面之间的附着力和摩擦力较小,当雨天高速行车,紧急制动、突然起动或爬坡、转弯时,车轮易产生空转或打滑,致使行车速度降低、油耗增多,甚至引起翻车和人员伤亡事故。因此,路面表面应具有足够的抗滑能力,即有足够的粗糙度,以确保行车安全。

5. 具有足够的耐久性

路面的耐久性是指路面在行车荷载和自然因素等长期重复作用下耐疲劳、耐老化和抵抗变形积累的性能。公路通车使用后,路面使用性能将逐年下降,强度和刚度也逐年衰减,路面材料的技术性能老化衰减,从而导致路面结构的损坏。因此,路面要求在设计年限内必须具有足够的耐久性。

6. 具有环保性

公路修建在自然环境中,应与周围环境协调。路面环保性是指路面应具有低噪声、少尘以及一定亮度等特点。降低行车噪声和扬尘,应从公路设计、施工、养护和管理等方面综合考虑。

二、路面的结构层次划分

行车荷载和自然因素对路面的影响,随着深度的增加而逐渐减弱,为适应这一特点,路面结构通常分层铺筑,每层采用不同强度的材料。路面结构一般由面层、基层和垫层组成,如图2-1-1所示。为了保证路面上的雨水及时排出,路面表面一般做成中间高、两边低的形状,称为路拱。路拱横坡坡度取值见表2-1-1。

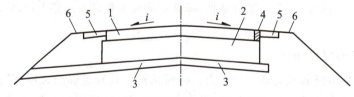

图 2-1-1　路面结构层次划分示意图

1—面层;2—基层;3—垫层;4—路缘石;5—加固路肩;6—土路肩;i—路拱横坡坡度

表 2-1-1　路拱横坡坡度取值

路面类型	路拱平均横坡坡度(%)
沥青混凝土、水泥混凝土	1~2
沥青碎石、沥青贯入式、沥青表面处治	1.5~2.5
砂石路面	3~4

1. 面层

面层是直接承受行车荷载反复作用和自然因素影响的结构层。因此,面层应具有较高的强度和较好的温度稳定性、水稳定性、耐久性、耐磨性。为保证行车安全和舒适性,面层还必须具有良好的平整度和抗滑性等表面使用特性。

面层的铺筑材料主要有水泥混凝土、沥青混合料、砂石材料等,其中沥青混合料使用得最为广泛。

我国沥青混合料面层一般由两层或三层组成,分别为表面层、下面层,或上面层、中面层和下面层,上面层为抗滑层,其他层次中至少有一层是Ⅰ型密级配沥青混凝土,以防止雨水下渗,影响基层和路基,有时根据实际情况也可在层次之间修筑封层,起到同样的效果。防止雨水渗入的封层和厚度不超过 3 cm 的磨耗层,在路面力学计算中不作为一个独立的层次来看,但它所起到的功能性作用不可轻视。

2. 基层

基层主要承受由面层传递的行车荷载,并将它扩散和分布到垫层或土基上。沥青路面结构中,基层是路面结构中的主要承重层,应具有足够的强度和刚度,并具有良好的扩散应力的能力。如面层的封水效果不好,半刚性基层受水浸泡后强度下降得很快,将严重影响基层的使用状况,因此,对于基层也应具有足够的水稳定性。同时为保证面层厚度的均匀性,还要求基层表面应具有较好的平整度。

基层的铺筑材料主要包括结合料稳定类(无机结合料稳定类、有机结合料稳定类)、粒料类。无机结合料稳定类主要包括水泥稳定类、石灰稳定类、工业废渣稳定类,有机结合料稳定类主要包括热拌沥青碎石混合料、乳化沥青碎石混合料、沥青贯入碎石混合料等。粒料类材料主要包括级配碎石、级配砾石、填隙碎石等。

高等级公路的基层一般较厚,考虑到压实分层厚度、经济性以及不同层位功能要求,基层通常采用两层或三层铺筑,称为基层、底基层,或上基层、下基层、底基层。基层是指直接位于沥青路面面层下的主要承重层,或直接位于水泥混凝土面板下的结构层。底基层是指在沥青路面基层下铺筑的次要承重层或在水泥混凝土路面基层下铺筑的辅助层。相对而言,底基层材料质量和强度要求比基层要求低,并应尽量选用当地材料修筑。

3. 垫层

垫层是位于基层和土基之间的结构层。垫层的主要作用是隔水、排水或防冻,以改善基层和土基的工作条件。因此对于地下水位高,排水不良,路基经常处于潮湿、过湿状态的路段,以及排水不良的土质路堑,有裂隙水、泉眼等水文不良的岩石挖方路段,应修筑排水垫层。对于季节性冰冻地区的中湿、潮湿路段,可能产生冻胀时,须设置防冻垫层。

垫层常用材料有两类:一类是松散材料,如粗砂、砂砾、碎石、砾石、煤渣、矿渣等;另一类是稳定性材料,如水泥、石灰、工业废渣稳定土。

三、路面的分类与分级

1. 按路面等级划分

根据公路等级、材料组成类型以及路面结构强度和稳定性,路面可分为四个等级,见表2-1-2。

表 2-1-2　路面等级、面层类型及适用范围

路面等级	面层类型	适用范围
高级路面	沥青混凝土、水泥混凝土、厂拌沥青碎石、整齐石块或条石	高速、一级、二级公路
次高级路面	沥青贯入式、路拌沥青碎石、沥青表面处治、半整齐石块	二级、三级、四级公路
中级路面	泥结或级配碎(砾)石、水结碎石、不整齐石块、其他粒料	三级、四级公路
低级路面	粒料加固土、其他当地材料加固或改善土	四级公路

（1）高级路面

高级路面的特点是强度高、刚度大、稳定性好、使用寿命长，能适应较繁重的交通量，路面平整无扬尘，能保证高速行车。高级路面养护费用少、运输成本低，但初期建设费用高。

（2）次高级路面

次高级路面与高级路面相比，刚度和强度较差，使用寿命较短，所适应的交通量较小，行车速度较低，次高级路面的初期建设费用虽较高级路面低，但需要定期养护，养护费用和运输成本较高。

（3）中级路面

中级路面的强度和刚度低，稳定性差，使用周期短，平整度差，易扬尘，仅能适应较小的交通量，行车速度低。中级路面的初期建设费用较低，但养护工作量大，需要经常维修和补充材料，运输成本高。

（4）低级路面

低级路面的强度和刚度最低，水稳定性差，路面平整度差，易扬尘，故只能保证低速行车，所适应的交通量最小，在雨季有时不能通车。低级路面的初期建设投资最低，但要求经常养护修理，而且运输成本最高。

2. 按路面结构力学特性分类

根据路面材料的类型，考虑车辆荷载和环境因素等综合作用下的路面结构力学特性，路面可分为柔性路面、刚性路面和半刚性路面三类。

（1）柔性路面

柔性路面主要指各种未经处理的粒料基层和各类沥青面层、碎(砾)石面层、块石面层组成的路面结构。与水泥混凝土路面相比，柔性路面总体刚度较小，抗弯拉强度低，在车辆荷载作用下，易产生较大的弯沉变形，沥青面层层底的弯拉应变和路基顶部的压应变均较大。

（2）刚性路面

刚性路面主要指以水泥混凝土作面层或基层的路面结构。其主要特点是路面强度高、板体性强，具有较好的扩散荷载的能力，与其他路面材料相比，具有较高的弹性模量和抗弯拉强度。在车辆荷载作用下，表面竖向弯沉较小，路面结构主要靠水泥混凝土板的抗弯拉强度承受车辆荷载。

（3）半刚性路面

由半刚性基层和沥青面层组成的路面结构称为半刚性路面。半刚性基层主要指用水泥、石灰等无机结合料稳定土或碎(砾)石修筑的基层。半刚性基层初期强度和刚度较小，具有柔性路面力学性质，后期强度和刚度增长幅度较大，具有刚性路面力学性质，但是其最终的强度

和刚度仍远小于水泥混凝土的强度和刚度。

四、路面排水设施

路面排水的目的是迅速排除路面表面的大气降水和渗入路面结构的水，防止水对路面结构层的损害，以保证路面结构的强度和稳定性。路面排水设施分为路面表面排水设施、中央分隔带排水设施及路面内部排水设施三类。

1. 路面表面排水设施

高速公路、一级公路的路面排水设施一般由路肩排水和中央分隔带排水设施组成，二级以下的路面排水设施一般由路肩横坡和边沟组成。路面表面排水设施设计应遵循下列原则：

（1）目前我国公路要求降落在路面上的雨水应通过路面横向坡度向两侧排放，避免行车道的路面范围内出现积水。

（2）在路线纵坡平缓、汇水量不大、路堤较低且边坡坡面不会受到冲刷的情况下，在路堤边坡上用横向漫流的方式排除路面表面水。

（3）在路堤较高、边坡坡面未做防护而易遭受路面表面水流冲刷，或者坡面虽已采取防护措施但仍有可能受到冲刷时，应沿路肩外侧边缘设置拦水带，汇集路面表面水后改为纵向流水，然后通过八字式泄水口（水簸箕）和急流槽横向排离路堤，如图 2-1-2 所示。拦水带的设置高度应满足以下条件，即其过水断面内的水面在高速公路及一级公路上不得漫过右侧车道外边缘，在二级及二级以下公路上不得漫过右侧车道中心线。拦水带可由沥青混凝土现场浇筑，或由水泥混凝土预制块铺砌而成。

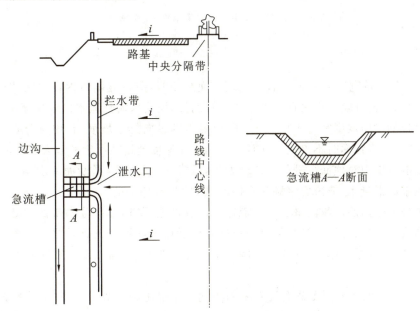

图 2-1-2　路面表面排水设施

（4）对于无中央分隔带的公路，在未设超高路段，行车道上的路面应沿路线中心线向两侧设置倾斜的双向横坡；在设超高路段上，应设置向弯道内侧倾斜的单向横坡。对于设置中央分隔带的公路，各个行车方向的路面应分别设置单向横坡，但单向车道数超过 3 个时，也可分别设置双向横坡。

　　路面和路肩横坡坡度,应根据路面面层类型,按《公路工程技术标准》(JTG B01—2014)中的规定选用,一般采用 1%～2% 的单向坡度。设拦水带时,右侧硬路肩的横向坡度宜采用 5%。

　　在道路交叉口、匝道口与桥梁等构造物连接处及超高路段和一般路段的横坡转换处,应设置泄水口,以避免路面表面水横向流过行车道或结构物。在纵坡变凹换形的竖曲线底部,泄水口应设在最低点,并在其前后相距 3～5 m 处各增设一个泄水口。泄水口的设置间距以 20～50 m 为宜。

2. 中央分隔带排水设施

　　(1)当中央分隔带宽度小于 3 m 且表面采用铺面封闭时,在不设超高路段,分隔带铺面应用向两侧外倾的横坡,其坡度与路面的横坡坡度相同;在超高路段,可在分隔带迎水流上侧边缘处设置缘石和泄水口,或者在分隔带内设置缝隙式圆形集水管或碟形混凝土浅沟和泄水口,以拦截和排泄上侧半幅路面的表面水,如图 2-1-3 所示。

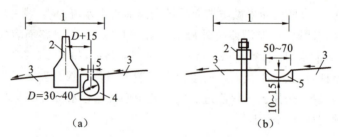

图 2-1-3　超高路段中央分隔带排水(尺寸单位:cm)

(a)缝隙式圆形集水管;(b)碟形混凝土浅沟

1—中央分隔带;2—护栏;3—铺面;4—缝隙式圆形集水管;5—碟形混凝土浅沟

　　(2)中央分隔带宽度大于 3 m 且未采用铺面封闭时,应在分隔带内设置两侧内倾的横向坡度,使表面水流向分隔带中央低凹处汇集,并设置纵坡使水流到泄水口或横穿路线的桥涵水道中。分隔带的横向坡度宜为 1∶4～1∶6,分隔带的纵向排水坡度,在中央分隔带无铺面时不得缓于 0.25%,有铺面时不得缓于 0.12%。当水流速度超过地面土的最大容许流速时,应在过水断面宽度范围内对地面土进行防冲刷处理,做成三角形或 U 形断面的水沟。防冲刷层可采用石灰或水泥混凝土,或采用浆砌片石铺砌,层厚 10～15 cm。

　　当中央分隔带内的水流流量过大或流速超过容许范围时,可在分隔带低凹处的流水汇集点设置格栅式泄水口,并通过排水管纵向引排到桥涵或横向引排到路基之外。格栅顶面可与周围地面齐平,也可适当降低,并在其周围一定宽度范围内做成低凹区(图 2-1-4),以增加泄水能力。

　　(3)对于多雨地区表面无铺面且未采用表面排水措施的中央分隔带,为了排除渗入分隔带内的水,可设置纵向排水渗沟,并隔一定间距通过横向排水管将渗沟内的水引排出路基之外,如图 2-1-5 所示。渗沟周围应包裹反滤织物(土工布),以免水渗入时携带的细粒土将渗沟堵塞。在渗沟上的回填料周围与路面各结构层的交界面处,可铺设涂双层沥青的土工布隔渗层。排水管可采用直径 70～150 mm 的塑料管。

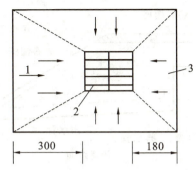

图 2-1-4　中央分隔带格栅式泄水口示意图（尺寸单位：cm）
1—上游；2—格栅；3—低凹区

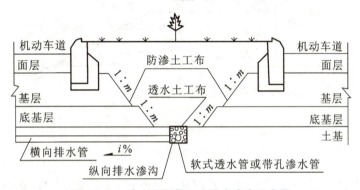

图 2-1-5　中央分隔带下设排水渗沟示意图

3. 路面内部排水设施

在多雨或严重冰冻地区，路基由透水性差的细粒土组成，处于潮湿路段的二级及二级以上公路；路基两侧有滞水，可能渗入路面结构内的路段；现有路面改建工程需要排除积滞在路面结构内的水分等情况下，宜设路面内部排水系统。

路面内部排水系统有边缘排水系统和排水基层排水系统两种。其中，边缘排水系统常用于旧水泥混凝土路面下基层材料透水性较差，需要改善排水状况时；排水基层排水系统常用于新建路面时，其排水效果比边缘排水系统好得多。

（1）边缘排水系统

边缘排水系统是由沿路面边缘设置的透水性填料集水沟、纵向排水管、横向出水管和过滤织物（土工布）所组成，如图 2-1-6 所示。该系统是将渗入路面结构内的自由水，先沿路面结构层内空隙或某一透水层横向流入纵向集水沟和排水管，再由横向出水管引排出路基。

集水沟底面的最小宽度，对于新建路面不应小于 30 cm，对于改建路面应能保证排水管两侧各有至少 5 cm 宽的透水性填料。透水填料底面和外侧围以反滤织物（土工布），以防路面功能层、基层及路肩内的细料侵入而堵塞填料空隙或管孔。反滤织物可选用由聚酯类、丙烯材料制成的无机纺织物。

纵向排水管通常选用聚氯乙烯（PVC）或聚乙烯（PE）塑料管。排水管左右及上部可设槽或孔眼。排水管的埋置深度，应保证不被车辆或施工机械压裂，并应低于当地的冰冻深度。在

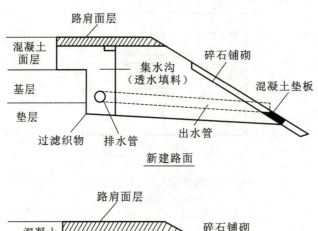

新建路面

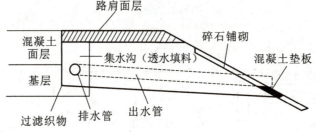

改建路面

图 2-1-6　边缘排水系统

非冰冻地区,新建路面时,排水管管底通常与基层底面齐平;改建路面时,管中心应低于基层顶面。排水管的纵向坡度应尽量与路线纵坡相同,不得小于 0.25%。

横向出水管通常选用不带槽或孔眼的聚氯乙烯或聚乙烯塑料管。出水管的横向坡度不宜小于 5%。出水管的外露端头用镀锌铁丝网或格栅罩住。出水口的下方应铺设水泥混凝土防冲刷垫板,或者对泄水道的坡面进行浆砌片石防护,以防止水流冲刷路基边坡和影响植物生长。

(2)排水基层排水系统

排水基层排水系统是直接在面层下设置透水性排水基层,在其边缘设置纵向集水沟和排水管,然后由横向出水管将水流排到路基之外,如图 2-1-7 所示。

排水基层是由小于或等于 4.75 mm 细颗粒的开级配碎石集料,经过水泥或沥青处治,或未经处治的开级配集料组成。

排水基层的厚度应按所需排放的水量和基层材料的渗透系数经水力计算确定,通常在8~15 cm范围内选用,但最小厚度不得小于 6 cm(碎石经沥青处治)或 8 cm(碎石经水泥处治)。其宽度应视面层施工的需要,可超出面层宽度 30~90 cm。

纵向集水沟可设在面层边缘外侧、路肩下或路肩边缘外侧(图 2-1-7)。集水沟中的填料采用与排水基层相同的透水性材料。集水沟的下部设置带槽或孔眼的纵向排水管,并间隔适当距离设置不带槽或孔眼的横向出水管。

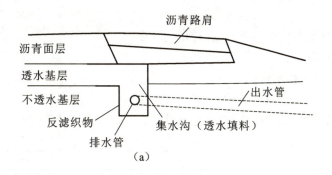

（a）

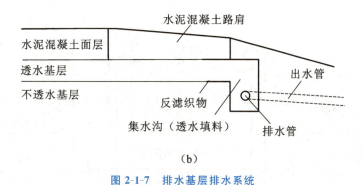

（b）

图 2-1-7　排水基层排水系统

（a）沥青面层排水基层排水系统；（b）水泥混凝土面层排水基层排水系统

任务二　路面图纸识读

一、路面结构图识读

图 1-1-18 所示是某高速公路路面结构图。该图展示了主线路面结构层组成、路面横断面图组成。

识读任务：

（1）路面竖向结构层组成识读。

① 路面由哪几层组成，分别用的什么材料？

② 路面各结构层的上下位置关系是怎样的？

③ 路面的总厚度及各结构层的厚度是多少？

（2）路面横向组成识读。

① 路面横向由哪几部分组成，宽度各是多少？

② 路面有几个车道，车道总宽度是多少？

（3）路面边部结构识读。

二、中央分隔带构造示意图识读

图 2-1-8 所示是某高速公路路面的中央分隔带构造示意图。

识读任务：

(1)中央分隔带处填筑的中粗砂厚度、种植土厚度。

(2)碎石盲沟的材料、尺寸。

(3)软式透水管、横向排水管的规格。

(4)防渗土工布、透水土工布的铺设位置。

(5)中央分隔带处的排水设施、隔水设施有哪些。

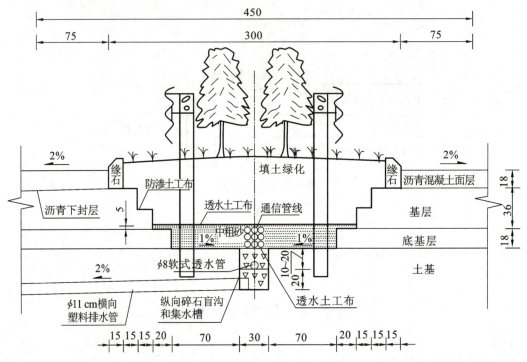

图 2-1-8　中央分隔带构造示意图(尺寸单位:cm)

复习思考题

1.简述路面的基本要求。

2.简述路面的结构层次及特点。

3.简述路面的分级和分类。

4.路面排水设施有哪些?

情境二　路面基层施工

知识目标

1. 熟悉基层的类型与构造。
2. 掌握水泥稳定类基层的施工工艺。
3. 熟悉级配碎石基层的施工工艺。

能力目标

1. 培养学生具备识读路面基层图纸的能力。
2. 培养学生具备基层施工现场组织、协调能力。
3. 培养学生具备基层施工技术交底能力。

素质目标

1. 培养学生具备爱岗敬业、团结协作的匠心。
2. 培养学生具备追求卓越、勇于创新的匠魂。

任务一　基层构造认知

基层按照力学特性通常分为柔性基层、半刚性基层、刚性基层三类。柔性基层是指有机结合料(沥青)稳定类或粒料类材料铺筑的基层。半刚性基层是指用无机结合料(水泥、石灰)稳定类材料铺筑的能结成板体并具有一定抗弯强度的基层。刚性基层一般是采用普通混凝土、碾压混凝土、贫混凝土、钢筋混凝土、连续配筋混凝土等材料铺筑的路面基层。

一、半刚性基层

在粉碎或原状松散的土中掺入一定量的无机结合料(如水泥、石灰或工业废渣等)和水,拌和后经压实与养护,其抗压强度符合规定要求的材料称为无机结合料稳定材料。由于无机结合料稳定材料的刚度介于柔性路面材料和刚性路面材料之间,故常称之为半刚性材料,以此修筑的基层或底基层亦称为半刚性基层,在半刚性基层上修筑的沥青路面称为半刚性路面。

20世纪80年代中期以来,由于交通量大增,以及轴载和重车比例增大,对路面的整体强度和平整度提出了更高的要求,相应地对基层的要求也提高到了一个更高的水平,结合沙庆林院士等科研人员提出的"强基薄面"的公路建设理念,我国公路开始采用半刚性基层。进入20世纪90年代以后,沥青混凝土为面层的半刚性基层路面被广泛地应用于国内二级以上公路。

1. 半刚性基层的特点

与柔性路面基层(级配碎石、级配砾石、填隙碎石等)相比,石灰、水泥、粉煤灰等结合料都具有一定的活性,与水及土、砂、石等筑路材料拌和后,产生一系列的理化反应,经摊铺压实养护后形成的路面基层有较高的强度、刚度以及较好的板体性、水稳定性,并具有一定的抗冻性,大大提高了路面的承载能力。半刚性基层材料还具有一定的抗弯拉强度、抗压强度以及抗压回弹模量,它们都具有随龄期不断增长的特性,因此半刚性沥青路面通常具有较小的弯沉和较强的荷载分布能力。半刚性基层的缺点是耐磨性稍差、干缩、温缩,养生期长,抗疲劳性也稍差。

半刚性基层以其优良的工程性能和显著的经济效益在我国公路建设中得到广泛应用,目前已成为高等级公路路面基层的主要形式。

2. 半刚性基层的种类

半刚性基层根据所用结合料的不同,分为水泥稳定类基层、石灰稳定类基层、石灰(水泥)工业废渣稳定类基层。

水泥稳定类基层是指在粉碎的或原状松散的土(包括粗、中、细粒土)中掺入适量水泥和水,按照技术要求,经拌和摊铺,在最佳含水率时压实及养护成型;其无侧限抗压强度符合规定要求的路面基层。

石灰稳定类基层是指在粉碎的土和原状松散的土(多为细粒土)中掺入适量石灰和水,按照技术要求,经拌和摊铺,在最佳含水率时压实及养护成型;其无侧限抗压强度符合规定要求的路面基层。

石灰(水泥)工业废渣稳定类基层是指以石灰或水泥为结合料,以煤渣、钢渣、矿渣等工业废渣为被稳定材料,按照技术要求,经拌和、摊铺、压实及养护成型;其无侧限抗压强度符合规定要求的路面基层。

根据被稳定材料粒径和种类的不同,水泥稳定类基层、石灰稳定类基层、石灰(水泥)工业废渣稳定类基层又分为以下类型,如表 2-2-1 所示。

表 2-2-1　半刚性基层的类型

水泥稳定类基层	石灰稳定类基层	石灰(水泥)工业废渣稳定类基层
水泥稳定碎石基层	石灰稳定碎石基层	石灰粉煤灰稳定土基层
水泥稳定砂砾基层	石灰稳定砂砾基层	石灰煤渣基层
水泥稳定碎石土基层	石灰稳定碎石土基层	水泥粉煤灰基层
水泥稳定砂性土基层	石灰稳定砂性土基层	水泥煤渣基层
水泥稳定粉性土基层	石灰稳定粉性土基层	石灰粉煤灰稳定钢渣基层
水泥稳定黏性土基层	石灰稳定黏性土基层	石灰粉煤灰煤矸石基层
水泥稳定钢渣基层		石灰粉煤灰尾矿基层
水泥稳定煤矸石基层		

3. 影响半刚性基层强度的因素

影响半刚性基层强度的因素包括原材料的因素、施工工艺因素等。以半刚性基层中最常用的水泥稳定类基层为例,介绍影响水泥稳定类基层强度的因素。

(1)土质

土的类别和性质是影响水泥稳定土强度的重要因素,各类碎(砾)石、砂砾土、砂土、粉土和黏土均可用水泥稳定,但稳定效果不同。试验和生产实践证明,用水泥稳定级配良好的碎(砾)石和砂效果最好,不但强度高而且水泥用量少;其次是砂性土;再次之是粉性土和黏性土。重黏土难于粉碎和拌和,不宜单独用水泥来稳定,因此,一般要求土的液限应不大于 40%,塑性指数应不大于 17。

（2）水泥的成分和剂量

强度等级为 32.5 或 42.5 且满足《公路路面基层施工技术细则》（JTG/T F20—2015）要求的水泥均可用于水泥稳定土。但试验研究证明，水泥的矿物成分和分散度对其稳定效果有明显影响。对于同一种土，通常情况下硅酸盐水泥的稳定效果好，而铝酸盐水泥较差。

在水泥硬化条件相似，矿物成分相同时，随着水泥分散度的增加，其活性程度和硬化能力也有所增加，从而水泥土的强度也大大提高。

水泥剂量以水泥质量占全部粗细土颗粒（即碎砾石、砂粒、粉粒和黏粒）的干质量百分率表示，即水泥剂量＝水泥质量/干土质量。

水泥稳定土的强度随水泥剂量的增加而增加，但过多的水泥用量，虽可获得强度的增加，在经济上却不一定合理，在效果上也不一定显著，且容易开裂。水泥稳定中粒土和粗粒土用作基层时，水泥剂量不宜超过 5%。必要时，应首先改善集料的级配，然后用水泥稳定。在只能使用水泥稳定细粒土做基层时或水泥稳定集料的强度要求明显大于规定时水泥剂量不受此限制。

（3）含水率

含水率对水泥稳定土强度影响很大。当含水率不足时，水泥不能在混合料中完全水化和水解，发挥不了水泥对土的稳定作用，影响强度形成。同时，含水率低，达不到最佳含水率也影响水泥稳定土的压实度。因此，使含水率达到最佳含水率的同时，也要以满足水泥完全水化和水解作用的需要为好。

水泥正常水化所需的水量约为水泥质量的 20%；对于砂性土，完全水化达到最高强度的含水率比达到最佳密度时的含水率较小；而对于黏性土则相反。

（4）施工工艺过程

水泥、土和水拌和均匀，且在最佳含水率下充分压实，使之干密度最大，其强度和稳定性就高。水泥稳定土从开始加水拌和到完成压实的延迟时间要尽可能短，一般不超过水泥的初凝时间。若时间过长，则水泥凝结，碾压时不但达不到压实度要求，而且还会破坏已结硬水泥的胶凝作用，反而使水泥稳定土强度下降。在水泥终凝时间达不到规定要求时，可以掺加一定剂量的缓凝剂，但缓凝剂的品种和具体数量应根据试验确定。

水泥稳定土需湿法养生，以满足水泥水化形成强度的需要。养生温度越高，强度增长得越快，因此，要保证水泥稳定土养生的温度和湿度条件。

4. 半刚性基层的材料要求

本文主要介绍水泥稳定类基层的材料要求。

（1）水泥

强度等级为 32.5 或 42.5，且技术指标满足要求的硅酸盐水泥、矿渣水泥或火山灰水泥都可使用，但应使用初凝时间在 3 h 以上和终凝时间较长（宜在 6 h 以上）的水泥。不得使用速凝水凝、早强（R 型）和受潮变质水泥。

（2）土（集料）

级配碎石、未筛分碎石、砂砾、碎石土、砂砾土、砂性土、粉性土、黏性土、煤矸石和各种粒状的矿渣均适宜用水泥稳定。水泥稳定煤矸石不宜用于高速公路和一级公路。

用作被稳定材料的粗集料宜采用各种硬质岩石或砾石加工成的碎石，也可直接采用天然砾石。粗集料技术指标应符合表 2-2-2 中的规定。粗集料的颗粒级配应符合规范规定。

表 2-2-2　　粗集料技术要求

指标	层位	高速公路和一级公路		二级及二级以下公路
		极重、特重交通	重、中、轻交通	
压碎值(%)	基层	≤20①	≤26	≤35
	底基层	≤30	≤30	≤40
针、片状颗粒含量(%)	基层	≤18	≤22	—
	底基层	—	—	—
0.075 mm 以下粉尘含量(%)	基层	≤1.2	≤2	—
	底基层	—	—	—
软石含量(%)	基层	≤3	≤5	—
	底基层	—	—	—

注:①对黄冈岩石料,压碎值可放宽至 25%。

　　高速、一级公路极重、特重交通荷载等级基层的粒径为 4.75 mm 以上的粗集料应采用单一粒径的规格料。

　　应选择适当的碎石加工工艺,用于破碎的原石粒径为破碎后碎石公称最大粒径的 3 倍以上。高速公路基层用碎石,应采用反击破碎的加工工艺。碎石加工中,根据筛网放置的倾斜角度和工程经验,应选择合理的筛孔尺寸。

　　细集料应洁净、干燥、无风化、无杂质,颗粒级配应符合规范规定。高速公路和一级公路用细集料技术要求应符合表 2-2-3 的规定。

表 2-2-3　　细集料技术要求

项目	水泥稳定①	石灰稳定	石灰粉煤灰综合稳定	水泥粉煤灰综合稳定
颗粒分析	满足级配要求	满足级配要求	满足级配要求	
塑性指数②	≤17	适宜范围 15~20	适宜范围 12~20	—
有机质含量(%)	<2	≤10	≤10	<2
硫酸盐含量(%)	≤0.25	≤0.8	—	≤0.25

注:① 水泥稳定包含水泥石灰综合稳定。

　　② 应测定 0.075 mm 以下材料的塑性指数。

　　对粒径为 0~3 mm 和 0~5 mm 的细集料应分别严格控制粒径大于 2.36 mm 和 4.75 mm 的颗粒含量,对粒径 3~5 mm 的细集料应严格控制粒径小于 2.36 mm 的颗粒含量。高速、一级公路细集料中粒径小于 0.075 mm 的颗粒含量应不大于 15%;二级以及二级以下公路,细集料中粒径小于 0.075 mm 的颗粒含量应不大于 20%。

　　(3) 水

　　符合《生活饮用水卫生标准》(GB 5749—2022)的饮用水可直接作为基层、底基层材料拌和与养生用水。拌和使用的非饮用水应进行水质检验,技术要求应符合表 2-2-4 的规定。养生用水可不检验不溶物含量。

表 2-2-4　非饮用水技术要求

项	技术要求	项	技术要求
pH 值	≥4.5	可溶物含量(mg/L)	≤10000
Cl⁻ 含量(mg/L)	≤3500	不溶物含量(mg/L)	≤5000
SO₂ 含量(mg/L)	≤2700	其他杂质	不应有漂浮的油脂和泡沫及明显的颜色和异味
碱含量(mg/L)	≤1500		

5. 半刚性基层混合料的组成设计

无机结合料稳定类材料组成设计的内容包括原材料检验、目标配合比设计、生产配合比设计和施工参数确定四部分,下文以水泥稳定类混合料为例介绍。

(1)强度与压实度要求

应采用 7 d 龄期无侧限抗压强度作为无机结合料稳定材料施工质量控制的主要指标。高速、一级公路应验证所用材料 7 d 龄期无侧限抗压强度与 90 d 或 180 d 龄期弯拉强度的关系。水泥稳定材料的 7 d 龄期无侧限抗压强度标准 R_d 应符合表 2-2-5 的规定,压实度标准见表2-2-6。

表 2-2-5　水泥稳定材料的 7 d 无侧限抗压强度标准 R_d(MPa)

结构层	公路等级	极重、特重交通	重交通	中、轻交通
基层	高速公路、一级公路	5.0～7.0	4.0～6.0	3.0～5.0
	二级及二级以下公路	4.0～6.0	3.0～5.0	2.0～4.0
底基层	高速公路、一级公路	3.0～5.0	2.5～4.5	2.0～4.0
	二级及二级以下公路	2.5～4.5	2.0～4.0	1.0～3.0

表 2-2-6　水泥稳定材料的压实度标准(%)

公路等级		基层	底基层
高速公路、一级公路	稳定中、粗粒材料	≥98	≥97
	稳定细粒材料	—	≥95
二级及二级以下公路	稳定中、粗粒材料	≥97	≥95
	稳定细粒材料	≥95	≥93

(2)混合料配合比的确定

施工前应按设计要求、规范规定进行基层混合料目标配合比设计、强度试验、生产配合比设计,拟定混合料的生产配合比。例如,某公路水泥稳定土底基层混合料生产配合比:水泥剂量为 4%,最佳含水量为 12.9%,水泥采用 32.5 水泥,混合料最大干密度为 1.92 g/cm³,7 d 无侧限抗压强度为 1.2 MPa,施工按 95%压实度控制。

（3）混合料生产参数的确定

工地实际采用的水泥剂量比室内试验确定的多 0.5%～1.0%,集中厂拌法施工增加 0.5%,路拌法施工增加 1%。考虑施工过程中的气候条件,含水率可增加 0.5%～1.5%。最大干密度以最终合成级配击实试验的结果为标准。

二、碎(砾)石类基层

碎(砾)石类基层是柔性基层。由于碎(砾)石是散粒体材料,故不能承受拉应力,通常可用于各级公路的基层和底基层,也可用作较薄沥青层与半刚性基层之间的中间层。

碎(砾)石类基层按材料的颗粒组成情况分为级配碎石基层、级配砾石基层和填隙碎石基层。

1. 级配碎石基层

级配碎石基层是指采用级配碎石或未筛分碎石铺筑、压实而成的基层,如图 2-2-1(a)所示。各档粒径的碎石和石屑按一定比例混合,其颗粒组成符合规定的级配要求且塑性指数和承载比均符合规定要求的混合料,称作级配碎石,如图 2-2-1(b)所示。某级配碎石混合料配合比为粒径 16.0～31.5 mm 碎石：粒径 4.75～16 mm 碎石：粒径 0～4.75 mm 碎石＝42：18：40,最佳含水率为 4.7%,最大干密度为 2.32 g/cm³。未筛分碎石是指轧石机轧出来的粒径大小不一的碎石混合料,仅用一个与规定最大公称粒径相符的筛子筛去超尺寸颗粒后得到的碎石混合料。

2. 级配砾石基层

级配砾石基层是指采用级配砾石铺筑、压实而成的基层,如图 2-2-1(c)所示。各档粒径的砾石和砂按一定比例混合,其颗粒组成符合规定的级配要求且塑性指数和承载比均符合规定要求的混合料,称为级配砾石,如图 2-2-1(d)所示。

3. 填隙碎石基层

填隙碎石基层是指用单一尺寸的粗碎石[图 2-2-1(e)]做主骨料形成嵌锁结构,用石屑[图 2-2-1(f)]做填隙料填满碎石间的空隙,经铺筑、压实而成的基层。

（a）　　　　　　　　　　　（b）　　　　　　　　　　　（c）

（d）　　　　　　　　　　　（e）　　　　　　　　　　　（f）

图 2-2-1　碎(砾)类石基层及碎(砾)石示意图

(a)级配碎石基层;(b)级配碎石;(c)级配砾石基层;(d)级配砾石;(e)粗碎石;(f)石屑

任务二　半刚性基层施工

半刚性基层的施工方法有路拌法和集中厂拌法两种。水泥稳定类基层和底基层推荐采用集中厂拌法施工，较少选择路拌法施工。除水泥稳定类基层和底基层外，其他无机结合料稳定类基层用作二级以下公路时，推荐采用集中厂拌法施工，也可选择路拌法施工。下文以水泥稳定类基层施工为例介绍半刚性基层施工。

水泥稳定类基层每层压实厚度不宜小于 16 cm 且不宜超过 20 cm；当设计厚度超过 20 cm 时，宜分层铺筑。对水泥稳定材料或水泥粉煤灰稳定材料，宜在 2 h 之内完成碾压成型，应取混合混合料生产、摊铺及碾压料的初凝时间与容许延迟时间较短的时间作为施工控制时间。

在正式施工前，必须铺筑试验段，对施工工艺进行总结；试验段的质量检查频率应是正常路段的两倍。

水泥稳定类基层的施工宜在气温较高季节组织。施工期的日最低气温应在 5 ℃ 以上，在有冰冻的地区，应在第一次重冰冻（−5～−3 ℃）到来的 15～30 d 之前完成施工。雨期施工时，应特别注意天气变化，避免水泥稳定碎（砾）石混合料遭受雨淋。降雨时应停止施工，对已经摊铺的混合料应尽快碾压密实，并及时覆盖。禁止在雨天施工。

一、水泥稳定碎石基层厂拌法施工

水泥稳定碎石基层厂拌法施工流程如图 2-2-2 所示。

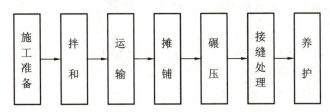

图 2-2-2　水泥稳定碎石基层厂拌法施工流程

1. 施工准备

（1）下承层准备

当水泥稳定碎石用作基层时，要准备底基层；当水泥稳定碎石用作底基层时，要准备路基；当水泥稳定碎石用作原路面的加强层时，要准备原路面。

下承层为路基时，对路基宜用 12～15 t 三轮压路机或等效的碾压机械进行 3～4 遍碾压检验。在碾压过程中，如发现土过干、表层松散，应适当洒水；如土过湿，发生"弹簧"现象，应采用挖开晾晒、换土掺石灰或水泥等措施进行处理。

下承层为底基层时，对于底基层进行压实度检查，对于柔性底基层还应进行弯沉值检验。凡不符合设计要求的路段，必须根据具体情况采取措施，使之达到规范规定的标准。

下承层为原路面时，应检查其材料是否符合底基层材料的技术要求，如不符合要求，应翻松老路面并采取必要的处理措施。

底基层或原路面上的低洼和坑洞，应仔细填补及压实；搓板和车辙应刮除；松散处，应耙松洒水并重新碾压，达到平整密实。

新完成的底基层或路基,必须按规定进行验收。凡验收不合格的路段,必须采取措施,使其达到标准后,方可铺筑水泥稳定土层。

应按规范规定逐个断面检查下承层标高。

(2)机械准备

水泥稳定类碎石基层施工必须配备齐全的施工机械和配件,开工前做好保养、试机工作,并保证在施工期间不发生有碍施工进度和质量的故障。

① 水稳拌合站。水稳拌合站(图 2-2-3)实际出料能力宜超过实际摊铺能力的 10%～15%。至少要有 5 个进料斗,料斗上口必须安装钢筋网盖,筛除超出粒径规格的集料及杂物。拌合机的用水应配有大容量的储水箱。料斗、水箱、罐仓都要求装配高精度电子动态计量器。拌合站电力系统宜根据拌合站总体用电量建设并略有富余,以保证施工的连续性。拌合站宜根据生产需求配置装载机。由拌合机生产能力决定水泥钢制罐仓的容量,罐仓内应配有水泥破拱器,以免水泥起拱停流。

② 摊铺机。应根据设计路面的宽度、厚度,选用合适的摊铺机械。底基层、基层施工应采用两台摊铺机梯队作业。要求两台摊铺机功能一致,最好为同一机型,而且机型较新,功能较全,以保证路面底基层、基层厚度一致,完整无缝,平整度好。

③ 压路机。配置 12 t 以上双钢轮压路机 1～2 台,18 t 以上单钢轮重型压路机 2 台,20 t 以上胶轮压路机 1 台。压路机的吨位和台数必须与拌合机及摊铺机生产能力相匹配,使从加水拌和到碾压终了的时间不超过水泥初凝时间,保证施工正常进行。

④ 自卸汽车。配置大吨位的自卸汽车,数量应与拌合设备、摊铺设备、压路机相匹配。

⑤ 洒水车。根据生产和养护需要合理配置。

(3)施工放样

在底基层或原路面或路基上恢复中线,直线段应每 15～20 m 设一桩,平曲线段每 10～15 m 设一桩,并在两侧路肩边缘外设指示桩(图 2-2-4)。在两侧指示桩上用明显标记标出水泥稳定土层边缘的设计高程。

图 2-2-3　水稳拌合站

图 2-2-4　基层高程指示桩

2. 拌和

(1)一般要求。混合料的拌和能力应与摊铺能力相匹配。高速、一级公路应采用专用稳定土拌合站拌制混合料。在正式拌制混合料之前,应先调试所用的设备,使混合料的级配组成和含水率都达到配合比设计的规定要求。原材料的颗粒组成发生变化时,应重新调试设备。

(2)拌合站设置。拌合站应安置在地势相对较高的位置,并做好排水设施。拌合站场地应平整并具有足够的承载能力。高速、一级公路的拌合站场地应采用混凝土硬化,混凝土强度等级应不低于 C15,厚度应不小于 200 mm。

（3）集料存放要求。工程所需的原材料严禁混杂,应分档隔仓堆放,并有明显的标志。细集料、水泥等原材料应有覆盖。高速、一级公路,上述材料严禁露天堆放,应放置于专门搭建的防雨棚内或库房内。开始拌和前,拌合厂的备料至少应能满足 5～7 d 的摊铺用料。

（4）水泥料仓要求。水泥料仓应密闭、干燥,内部装"破拱"装置,防止水泥堵塞。对高速公路,水泥料仓应配备计重装置,不宜通过电机转速计算水泥添加量。气温高于 30 ℃时,水泥进入拌缸温度不宜高于 50 ℃,以防降温时出现温缩裂缝。气温低于 15 ℃时,水泥进入拌缸温度不宜低于 10 ℃。

（5）加水量的控制。加水量计量应采用流量计的方式。高速、一级公路,水的流量数值应在中央控制室的控制面板上有显示。

（6）配合比控制。拌合机各料仓开口大小和皮带计量精度应事先标定,并在施工过程中经常检查和调整。对高速、一级公路,应从拌合站取料,每隔 2 h 测一次含水率;每隔 4 h 测一次水泥剂量并做好记录。拌和过程中,应实时监测各料仓的生产计量,高速、一级公路,应每 10 min 打印各档料仓使用量。若与设计要求相差超 10%时,应立即停机,正常后方可继续生产。

（7）拌和时间要求。为保证混合料拌和的均匀性,高速公路基层的混合料拌和时,宜采用两次拌和的生产工艺,也可采用间歇式拌和生产工艺,拌和时间不少于 15 s。

（8）混合料含水率控制。每次开始拌和前,应检查场内各处集料的含水率,计算当天的施工配合比。天气炎热或运距较远时,对稳定中、粗粒材料,混合料的含水率可高于最佳含水率 0.5%～1%;对稳定细粒材料,含水率可高于最佳含水率 1%～2%。

（9）加料与出料。料仓的加料应有足够数量的装载机,以确保拌合站各仓集料充足并且相互之间数量协调。拌合站在每天结束后应清理干净,检查并进行适当维护,尤其要注意避免水泥结块而堵塞水泥下料口。拌合机出料不应采取自由跌落式的落地成堆、装载机装料运输的办法。应配备带活门漏斗的料仓,由漏斗出料直接装车运输。

3. 运输

（1）车辆要求。运输车辆应采用车况良好的大吨位自卸车。运输车辆数量应满足拌和、出料与摊铺需要,并略有富余。

（2）装料准备。运输车辆在每天开工前,要检验其完好情况。装料前应将车厢清洗干净。

（3）装料方式。装车时车辆应前后移动,分三次装料,避免混合料离析。为减少水分损失,混合料在运输过程中必须用篷布覆盖严密,直到摊铺机前准备卸料时方可掀开。

（4）发料与到场验收。发料时应认真填写发料单,记录车号、出料时间、吨位等。运至摊铺现场,应由收料人核对查收,并注明摊铺时间,以备检查,剔除超出延迟时间的混合料。

（5）运输时间。应尽快将拌和的混合料运送到铺筑现场。如运输车辆中途出现故障,应尽快排除;如车内混合料不能在初凝时间内运到工地,或预计混合料到碾压最终完成的延迟时间超过水泥初凝时间,必须予以废弃。对高速、一级公路,水泥稳定材料从装车到运至现场,时间不宜超过 1 h,超过 2 h 应作为废料处置。

4. 摊铺

（1）在水泥稳定碎（砾）石基层边缘设置好高程控制线支架,根据松铺系数计算松铺厚度,决定控制线高度,挂好控制线。

(2)下承层是稳定细粒材料时,宜先将下承层顶面拉毛或采用凸块式压路机碾压,再铺上层混合料;对于下承层是稳定中、粗粒材料时,应先清理干净下承层,并洒铺水泥净浆,再铺上层混合料。水泥净浆按水泥质量计,应为 $1.0 \sim 1.5 \ \mathrm{kg/m^2}$。水泥净浆稠度以能洒布均匀为宜,洒布长度以不大于摊铺机前 $30 \sim 40 \ \mathrm{m}$ 为宜。

(3)待等候卸料的混合料运输车多于 5 辆后开始摊铺,并应保持连续摊铺。

(4)应采用摊铺功率不低于 $120 \ \mathrm{kW}$ 的沥青混凝土摊铺机或稳定土摊铺机摊铺混合料。现场摊铺时,宜采用两台摊铺机梯队作业的方式(图 2-2-5)。在单向双车道路面施工过程中,当单台大功率摊铺机抗离析效果较好时,也可采用单机全断面摊铺的摊铺方式。

(5)采用双机梯队作业时,两台摊铺机型号应相同,前后相距不大于 $10 \ \mathrm{m}$。前台摊铺机采用路侧钢丝和设置在路中的铝合金导梁控制高程,后台摊铺机路侧采用钢丝、路中采用滑靴控制高程和厚度。前后两台摊铺机纵向重叠 $300 \sim 400 \ \mathrm{mm}$,中缝辅以人工修整。内侧一台摊铺机应采用宽度自动伸缩式摊铺机,以适应内侧宽度变化的需要。采用单机摊铺作业时(图 2-2-6),应采用两侧走钢丝的方法控制高程。

图 2-2-5　两台摊铺机梯队作业

图 2-2-6　单机摊铺作业

(6)机前应设专人组织自卸车卸料,避免撞击摊铺机。

(7)摊铺前及摊铺过程中,应检查摊铺机各部分的运转情况。

(8)摊铺机的摊铺速度宜控制在 $1 \ \mathrm{m/min}$ 左右。摊铺过程中,应根据拌和能力和运输能力确定摊铺速度,中途不得随意变更摊铺速度,以避免出现摊铺机停机待料的情况。

(9)高速、一级公路,在摊铺过程中宜设立纵向模板。

(10)摊铺机在安装、操作时,应采取混合料防离析措施。例如,摊铺机前增设橡胶挡板防止竖向离析,底部距下承层不大于 $10 \ \mathrm{cm}$。摊铺机的螺旋布料器应有 $2/3$ 埋入混合料中,螺旋布料器应匀速转动,避免过快或停顿。摊铺机后应设专人消除离析现象,铲除局部粗集料集中部位,并用新拌混合料填补。

5. 碾压

(1)在摊铺、修整后,压路机紧跟摊铺机在全宽范围内进行碾压,如图 2-2-7 所示。碾压应遵循"先轻后重、先慢后快、从低到高"的原则。

(2)每台摊铺机后,压路机应紧跟碾压,碾压段落长度一般为 $50 \sim 80 \ \mathrm{m}$。碾压段落必须层次分明,并设置明显的分界标志。

(3)碾压应根据施工情况配备足够数量的碾压设备,并应符合下列规定:双向四车道高速、一级公路的半幅摊铺时，应配备不少于 4 台重型压路机；双向六车道半幅摊铺时，应配备不少 5 台重型压路机。

（4）水泥稳定材料结构层施工中，应在混合料处于或略大于最佳含水率的状态下碾压。气候炎热干燥时，碾压时的含水率可比最佳含水率大 0.5%～1.5%。

（5）压路机碾压时，应重叠 1/3 轮宽。压路机换挡要轻且平顺，不要拉动铺面。在第一遍初步稳压时，倒车后尽量原路返回；换挡位置应在已压好的段落上；在未碾压的一头换挡倒车位置应错开，呈齿状；出现个别鼓包时，应进行铲平处理。

（6）专人负责指挥碾压，严禁漏压、产生轮迹。成型后的表面应平整、无轮迹。对稳定细粒材料，最后碾压收面可用凸块式压路机。

（7）出现软弹现象，应及时挖出混合料，换新料碾压。

（8）碾压宜在水泥初凝前及试验确定的延迟时间内完成，并达到要求的压实度。

（9）压路机停机应错开，相互间距约 3 m，且停在已碾压好的路段上。严禁压路机在正在碾压的路段或刚完成的路段上掉头。除非特殊情况，应尽可能避免紧急制动。

（10）为保证水泥稳定碎（砾）石基层边缘压实度，应有 100 mm 的超宽压实；用方木或型钢模板支撑时（图 2-2-8），超宽可适当减小。

图 2-2-7　水泥稳定碎石基层碾压

图 2-2-8　分幅施工时中央纵缝设钢模板

6. 接缝处理

（1）纵缝

摊铺时应避免纵向接缝。两台摊铺机梯队施工时的纵向接缝应采用斜接缝，压路机跨缝碾压时一次碾压密实。

分幅施工，无法避免存在纵向接缝时，纵缝应垂直相接，严禁斜接，并应符合下列规定：在前一幅摊铺时，宜在靠中央的一侧用方木或钢模板做支撑，方木或钢模板的高度应与稳定材料层的压实厚度相同，如图 2-2-8 所示。摊铺另一幅前拆除支撑。

（2）横缝

混合料摊铺时，应连续作业。若因故中断时间超过 2 h，则应设横向接缝。

每天收工之后，第二天开工的接头断面也应设置横向接缝。具体做法是：压路机碾压完，沿端头斜面行驶至下卧层上停机过夜。第二天将压路机沿斜面行驶至前一天施工的结构层上，并将已压实且高程和平整度符合要求的末端作为接缝位置，沿横向断面垂直挖除该位置至斜面下端头部分的混合料，摊铺机从接缝处起步摊铺。压路机沿接缝横向碾压，由之前的压实层逐渐推向新铺层，碾压完毕后再正常碾压。碾压完毕，接缝处纵向平整度应符合规范要求。

7. 养护及交通管制

(1) 养护时间

无机结合料稳定材料碾压完毕,经质量检查合格后,应及时养护。

养护期应不少于 7 d,宜延长至上层结构开始施工的前 2 d。

(2) 养护方式

养护可采取洒水养护、薄膜覆盖养护、土工布覆盖养护、铺设湿砂养护、草帘覆盖养护、洒铺乳化沥青养护等方式。

洒水养护时,每天洒水次数应视气候而定。高温期上、下午各 1 次。养护期应保持表面湿润。

薄膜覆盖养护时,薄膜厚度应不小于 1 mm。薄膜之间应搭接完整。薄膜覆盖后应用砂土堆填,养护至上层施工前 1～2 d 方可掀开。对蒸发量大的地区或养护时间大于 15 d 的工程应适当补水。

养护期间,应封闭交通。除洒水车和小型通勤车外,严禁其他车辆通行。

过冬时应采取必要的保护措施,如覆盖 10～20 cm 厚砂土保护层,以防止低温损伤。

二、水泥稳定土基层路拌法施工

水泥稳定土基层路拌法施工流程如图 2-2-9 所示。

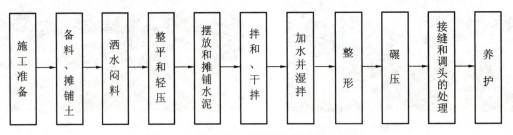

图 2-2-9 水泥稳定土基层路拌法施工流程

1. 施工准备

(1) 下承层准备。同前述水泥稳定碎石基层厂拌法施工。

(2) 施工放样。同前述水泥稳定碎石基层厂拌法施工。

2. 备料

根据各路段水泥稳定土基层的宽度、厚度及预定的干密度,计算各路段需要的干燥土的数量。根据料场土的含水率和所用运料车辆的吨位,计算每车料的堆放距离。

根据水泥稳定土基层的厚度和预定的干密度及水泥剂量,计算每平方米水泥稳定土需要的水泥用量,并确定水泥摆放的纵横间距。

在预定堆料的下承层上,堆料前应用两轮压路机碾压 1～2 遍,整平表面,并在预定堆料的路段上洒水,使其表面湿润,但不应过分潮湿而造成泥泞。

土在装车时,应控制每车料的数量基本相等。同一料场供料的路段内,由远到近将料按上述计算距离卸置于下承层表面的中间或两侧。卸料距离应严格掌握,避免有的路段料不够或过多。料堆每隔一定距离应留一缺口。土在下承层上的堆置时间不应过长。运送土只宜比摊铺土工序提前 1~2 d,并应有相应的防雨水措施。

3. 摊铺土

可事先通过试验确定土的松铺系数。按照符合要求的摊铺厚度将土均匀地摊铺在预定的宽度上,表面应力求平整,并有规定的路拱。水泥稳定砂砾基层混合料松铺系数为 1.30~1.35,水泥稳定细粒土基层人工摊铺、机械拌和时,混合料松铺系数为 1.53~1.58。

4. 洒水闷料

如已整平的土(含粉碎的原路面)含水率过低,应在土层上洒水闷料。洒水应均匀,防止出现局部水分过多的现象。细粒土应经一夜闷料,对于中粒土和粗粒土,可视其中细粒土的含水率缩短闷料时间。

5. 整平和初压

对人工摊铺的土层进行整平后,宜先用拖拉机或 6~8 t 两轮压路机或轮胎压路机碾压 1~2 遍,使其表面平整,并有一定的压实度。

6. 摆放、摊铺水泥

按计算出的每袋水泥的纵横间距,在土层上做安放标记,将水泥当日直接送到摊铺路段,卸在做标记的地点,用刮板将水泥均匀摊开,并注意使每袋水泥的摊铺面积相等。水泥摊铺完后,表面应没有空白位置,也没有水泥过分集中的地点。

7. 拌和(干拌)

对二级和二级以上公路,应采用稳定土拌合机进行拌和;对于三、四级公路,在没有专用拌合机械的情况下,可用农用旋转耕作机与多铧犁或平地机相配合进行拌和,随时检查拌和深度,拌和深度应达稳定层底并宜侵入下承层 5~10 mm,以利上下层接合,严禁在拌和层底部留有素土夹层。通常应拌和 2 遍以上。

8. 加水并湿拌

在干拌过程结束时,如果混合料的含水率不足,应用喷管式洒水车补充洒水。洒水后,应再次进行拌和,拌合机械应紧跟在洒水车后面进行拌和,减少水分流失。洒水及拌和过程中,应及时检查混合料的含水率。含水率宜略大于最佳值。混合料拌和均匀后应色泽一致,没有灰条、灰团或花面,即无明显粗细集料离析现象,且水分合适和均匀。

9. 整形

混合料拌和均匀后,应立即用平地机初步整形。在直线段,平地机由两侧向路中心进行刮平;在平曲线段,平地机由内则向外侧进行刮平。需要时再返回刮一遍。

10. 碾压

整形后,当混合料的含水率等于或略大于最佳含水率时,立即用轻型压路机并配合 12 t 以上压路机在全宽范围内碾压。气候炎热干燥时,碾压的含水率可适当比最佳含水率提高 0.5%~1.5%。混合料宜在 2 h 之内碾压成型,在施工中以混合料的初凝时间与容许延迟较短时间进行控制。在碾压过程结束之前,用平地机再终平一次,使其纵向顺适,路拱和标高符合规定要求。碾压后,其压实度应满足规范规定。

11. 接缝和调头处的处理

（1）横缝处理

同日施工的两工作段的衔接处，应采用搭接。前一段拌和整形后，留 5～8 m 不进行碾压，后一段施工时，前段留下未压部分，应再加部分水泥重新拌和，并与后一段一起碾压。经过拌和整形的水泥稳定土，应在试验确定的延迟时间内完成碾压。

① 应注意每天最后一段末端缝（即工作缝）的处理，如图 2-2-10 所示。工作缝和调头处可按下述方法处理：在已碾压完成的水泥稳定土层末端，沿稳定土挖一条横贯铺筑层全宽的宽约 30 cm 的槽直挖到下承层顶面。此槽应与路的中心线垂直，靠稳定土的一面应切成垂直面，并放两根与压实厚度等厚、长为全宽一半的方木紧贴其垂直面。

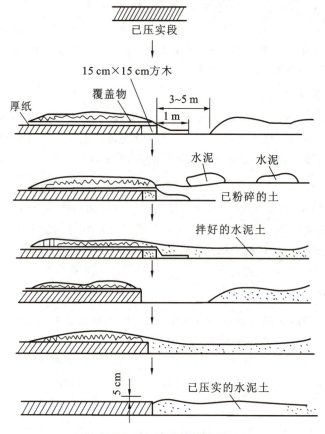

图 2-2-10　末端缝的处理

② 用原挖出的素土回填槽内其余部分。

③ 第二天，邻接作业段拌和后，移除方木（图 2-2-11），用混合料回填。靠近方木未能拌和的一小段，应人工进行补充拌和。整平时，接缝处的水泥稳定土应较已完成断面高出约 5 cm，以利形成一个平顺的接缝。

④ 整平后，用平地机将塑料布上大部分土除去（注意勿刮破塑料布），然后人工除去余下的土，并收起塑料布。在新混合料碾压过程中，应将接缝修整平顺。

图 2-2-11　移除方木

（2）纵缝处理

① 摊铺时应避免纵向接缝。

② 分幅施工，无法避免存在纵向接缝时，纵缝应垂直相接，严禁斜接，并应符合下列规定：

在前一幅摊铺时，宜在靠中央的一侧用方木或钢模板作支撑，方木或钢模板的高度应与稳定材料层的压实厚度相同。

混合料拌和结束后，靠近支撑的部分，应进行人工补充拌和，然后整形并碾压。摊铺另一幅前拆除支撑。

第二幅混合料拌和结束后，靠近第一幅的部分进行人工补充拌和，然后进行整形和碾压。

（3）掉头处的处理

① 如拌合机械或其他机械必须到已压成的水泥稳定土层上调头，应采取措施保护调头作业段。一般可在准备用于调头的 8～10 m 长的稳定土层上先覆盖一张厚塑料布或土工织物，然后铺上约 10 cm 厚的土、砂或砂砾。

② 严禁压路机在已完成的或正在碾压的路段上掉头或紧急制动。

任务三　碎（砾）石类基层施工

碎（砾）石类基层中的级配碎石基层、级配砾石基层一般采用路拌法或集中厂拌法施工。填隙碎石基层分干法施工和湿法施工两种。级配碎石可用于各级公路的基层和底基层，是碎（砾）石类基层中常用的一种，下文主要介绍级配碎石基层施工。

一、级配碎石基层施工

1. 级配碎石基层厂拌法施工

级配碎石用于二级以上公路的基层或用于半刚性路面的中间层时，应采用集中厂拌法拌和、稳定土摊铺机摊铺。级配碎石用于二级和二级以下公路时，如没有摊铺机，也可用自动平地机（或摊铺箱）摊铺混合料。级配碎石基层厂拌法施工流程如图 2-2-12 所示。

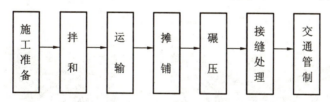

图 2-2-12　级配碎石基层厂拌法施工流程

（1）施工准备

① 下承层准备。同前述水泥稳定类基层厂拌法施工。

② 测量放样。同前述水泥稳定类基层厂拌法施工。

（2）拌和

级配碎石混合料可以在中心站用多种机械进行集中拌和，如强制式拌合机、卧式双转轴桨叶式拌合机、普通水泥混凝土拌合机等。

对用于高速公路和一级公路的级配碎石基层和中间层，宜采用不同粒级的单一尺寸碎石和石屑，按预定配合比在拌合机内拌制级配碎石混合料。

不同粒级的碎石和石屑等细集料应隔离,分别堆放。细集料应有覆盖,防止雨淋。

在正式拌制级配碎石混合料之前,必须先调试所用的厂拌设备,使混合料的颗粒组成和含水率都能达到规定的要求。原材料的颗粒组成发生变化时,应重新调试设备。

(3)运输

拌合机出料配备带活门漏斗的料仓,由漏斗出料直接装车运输。装料时运输车辆前后移动,分前、后、中三次装料,以避免级配碎石离析。

在地磅处专设覆盖蓬布点,对每一辆车进行覆盖并捆绑牢固,过磅称重记录拌和出场时间后方可出场。

装料前应将车厢清洗干净。运输车辆一定要满足拌合机出料与摊铺数量需要,并略有富余,每台摊铺机前至少要有5辆车等候卸料。

设专人指挥运输车辆卸料,卸料时应缓慢,分三次起斗,以避免级配碎石离析。

(4)摊铺

级配碎石用于高速公路和一级公路时,应用沥青混凝土摊铺机或其他碎石摊铺机摊铺碎石混合料,如图2-2-13所示。

摊铺机后面应设专人消除粗细集料离析现象,及时铲除局部粗集料堆积或离析的部位,并用新拌混合料填补。

(5)碾压

当混合料的含水率等于或略大于最佳含水率时,立即用12 t以上三轮压路机、振动压路机或轮胎压路机进行碾压,如图2-2-14所示。直线和不设超高的平曲线段,由两侧路肩开始向路中心碾压;在设超高的平曲线段,由内侧路肩向外侧路肩进行碾压。碾压时,后轮应重叠1/2轮宽;后轮必须超过两段的接缝处。后轮压完路面全宽时,即为一遍。碾压一直进行到要求的密实度为止。一般需碾压6~8遍,应使表面无明显轮迹。压路机碾压速度,头两遍以采用1.5~1.7 km/h为宜,以后用2.0~2.5 km/h。级配碎石底基层压实度不低于97%,基层压实度不低于99%。

图2-2-13　级配碎石基层摊铺

图2-2-14　级配碎石基层摊铺碾压

严禁压路机在已完成的或正在碾压的路段上调头或急刹车。

凡含土的级配碎石层,都应进行滚浆碾压,一直压到碎石层中无多余细土泛到表面为止。滚到表面的浆(或事后变干的薄土层)应清除干净。

(6)接缝处理

两作业段的衔接处应搭接拌和、整平和碾压,宜避免纵向接缝。在分两幅铺筑时,纵缝应搭接拌和、整平和碾压,搭接宽度宜不小于300 mm。

（7）交通管制

级配碎石基层未洒透层沥青或未铺封层时，禁止开放交通，以保护表层不受破坏。

2. 级配碎石基层路拌法施工

对二级以下公路的级配碎石基层，采用路拌法施工时，可采用平地机或多铧犁与缺口圆盘耙相配合拌和，采用平地机摊铺。级配碎石基层路拌法施工流程如图 2-2-15 所示。

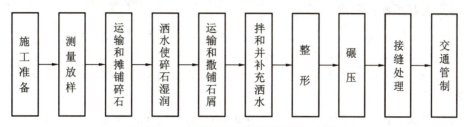

图 2-2-15　级配碎石基层路拌法施工流程

由于目前我国级配碎石基层很少采用路拌法施工，因此不再展开介绍。

二、级配砾石基层施工

级配砾石基层施工流程如图 2-2-16 所示。

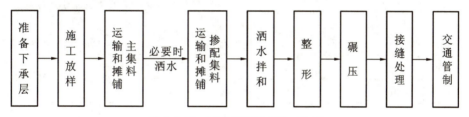

图 2-2-16　级配砾石基层施工流程

三、填隙碎石基层施工

填隙碎石基层施工流程如图 2-2-17 所示。

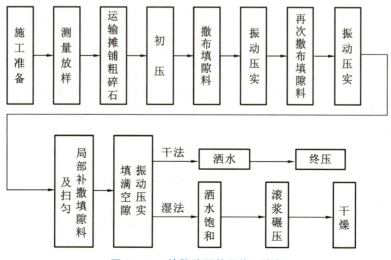

图 2-2-17　填隙碎石基层施工流程

任务四　基层施工质量检测与验收

一、半刚性基层施工质量检测与验收

1. 稳定土基层和底基层

（1）基本要求

① 石灰应充分消解,路拌深度应达到层底。

② 石灰类材料应处于最佳含水率状态下碾压,水泥类材料碾压终了时间不应超过水泥的终凝时间。

③ 碾压检查合格后应立即覆盖或洒水养护,养生期符合规范规定。

（2）实测项目

稳定土基层和底基层实测项目见表 2-2-7。

表 2-2-7　稳定土基层和底基层实测项目

项次	检查项目		规定值或允许偏差				检查方法和频率
			基层		底基层		
			高速公路、一级公路	其他公路	高速公路、一级公路	其他公路	
1△	压实度（%）	代表值	—	≥95	≥95	≥93	检查:每200 m测2处
		极值	—	≥91	≥91	≥89	
2	平整度(mm)		—	≤12	≤12	≤15	3 m直尺:每200 m测2处×5尺
3	纵断面高程(mm)		—	+5,−15	+5,−15	+5,−20	水准仪:每200 m测2个断面
4	宽度(mm)		不小于设计值		不小于设计值		尺量:每200 m测4个断面
5△	厚度（mm）	代表值	—	−10	−10	−12	每200 m测2点
		合格值	—	−20	−25	−30	
6	横坡坡度（%）		—	±0.5	±0.3	±0.5	水准仪:每200 m测2个断面
7△	强度(MPa)		符合设计要求		符合设计要求		按规范检查

（3）外观质量

表面应无松散、无坑洼、无碾压轮迹。

2. 稳定粒料（碎石、砂砾或矿渣等）基层和底基层

（1）基本要求

① 应选择质坚干净的粒料,石灰应充分消解,矿渣应分解稳定,未分解渣块应予以剔除。

② 路拌深度要达到层底。

③ 石灰类材料应处于最佳含水率状态下碾压,水泥类材料碾压终了时间不应超过水泥的终凝时间。碾压检查合格后应立即覆盖或洒水养护,养生期符合规范规定。

(2)实测项目

稳定粒料基层和底基层实测项目见表 2-2-8。

表 2-2-8　稳定粒料基层和底基层实测项目

项次	检查项目		规定值或允许偏差				检查方法和频率
			基层		底基层		
			高速公路、一级公路	其他公路	高速公路、一级公路	其他公路	
1△	压实度(%)	代表值	≥98	≥97	≥96	≥95	检查:每200 m测2处
		极值	≥94	≥93	≥92	≥91	
2	平整度(mm)		≤8	≤12	≤12	≤15	3 m直尺:每200 m测2处×5尺
3	纵断面高程(mm)		+5,−10	+5,−15	+5,−15	+5,−20	水准仪:每200 m测2个断面
4	宽度(mm)		不小于设计值		不小于设计值		尺量:每200 m测4个断面
5△	厚度(mm)	代表值	−8	−10	−10	−12	每200 m测2点
		合格值	−15	−20	−25	−30	
6	横坡坡度(%)		±0.3	±0.5	±0.3	±0.5	水准仪:每200 m测2个断面
7△	强度(MPa)		符合设计要求		符合设计要求		按规范检查

(3)外观质量

① 表面应无松散、无坑洼、无碾压轮迹。

② 表面连续离析不得超过 10 m,累计离析不得超过 50 m。

二、级配碎(砾)石类基层施工质量检测与验收

1.级配碎(砾)石基层和底基层

(1)基本要求

① 配料应准确,塑性指数应满足设计要求。

② 表面应无松散、无坑洼、无碾压轮迹。表面连续离析不得超过 10 m,累计离析不得超过 50 m。

(2)实测项目

级配碎(砾)石基层和底基层实测项目见表 2-2-9。

表 2-2-9　级配碎(砾)石基层和底基层实测项目

项次	检查项目		规定值或允许偏差				检查方法和频率
			基层		底基层		
			高速公路、一级公路	其他公路	高速公路、一级公路	其他公路	
1△	压实度(%)	代表值	≥98	≥98	≥96	≥96	检查:每 200 m 测 2 处
		极值	≥94	≥94	≥92	≥92	
2	弯沉值(0.01 mm)		符合设计要求		符合设计要求		按规范要求评定
3	平整度(mm)		≤8	≤12	≤12	≤15	3 m 直尺:每 200 m 测 2 处×5 尺
4	纵断面高程(mm)		+5,−10	+5,−15	+5,−15	+5,−20	水准仪:每 200 m 测 2 个断面
5	宽度(mm)		不小于设计值		不小于设计值		尺量:每 200 m 测 4 个断面
6△	厚度(mm)	代表值	−8	−10	−10	−12	每 200 m 测 2 处
		合格值	−10	−20	−25	−30	
7	横坡坡度(%)		±0.3	±0.5	±0.3	±0.5	水准仪:每 200 m 测 2 个断面

(3)外观质量

① 表面应无松散、无坑洼、无碾压轮迹。

③ 表面连续离析不得超过 10 m,累计离析不得超过 50 m。

2. 填隙碎石(矿渣)基层和底基层

(1)基本要求

① 所用材料的规格、质量应满足设计要求。

② 应采用振动压路机碾压至填隙饱满密实。

(2)实测项目

填隙碎石(矿渣)基层和底基层实测项目见表 2-2-10。

表 2-2-10　填隙碎石(矿渣)基层和底基层实测项目

项次	检查项目		规定值或允许偏差				检查方法和频率
			基层		底基层		
			高速公路、一级公路	其他公路	高速公路、一级公路	其他公路	
1△	固体体积率(%)	代表值	—	≥98	≥96		检查:每 200 m 每车道 2 处
		极值	—	≥82	≥80		
2	弯沉值(0.01 mm)		符合设计要求		符合设计要求		按规范要求评定

项次	检查项目		规定值或允许偏差				检查方法和频率
			基层		底基层		
			高速公路、一级公路	其他公路	高速公路、一级公路	其他公路	
3	平整度(mm)		—	≤12	≤12	≤15	3 m 直尺:每 200 m 测 2 处×5 尺
4	纵断面高程(mm)		—	+5,−15	+5,−15	+5,−20	水准仪:每 200 m 测 2 个断面
5	宽度(mm)		不小于设计值		不小于设计值		尺量:每 200 m 测 4 个断面
6△	厚度(mm)	代表值	—	−10	−10	−12	每 200 m 每车道 2 处
		合格值	—	−20	−25	−30	
7	横坡坡度(%)		—	±0.5	±0.3	±0.5	水准仪:每 200 m 测 2 个断面

(3)外观质量

① 表面应无松散、无坑洼、无碾压轮迹。

② 表面连续离析不得超过 10 m,累计离析不得超过 50 m。

 复习思考题

1. 简述水泥稳定材料基层厂拌法施工流程。

2. 简述水泥稳定材料基层厂拌法施工注意事项。

3. 简述水泥稳定材料基层路拌法施工流程。

4. 简述级配碎石基层厂拌法施工流程。

5. 简述级配碎石基层路拌法施工流程。

情境三　沥青路面施工

知识目标

1. 了解沥青路面的基本要求;
2. 熟悉沥青路面的组成及分类;
2. 掌握沥青路面的施工工艺;
4. 熟悉沥青路面施工质量检测标准。

能力目标

1. 培养学生具备识读沥青路面图纸的能力。
2. 培养学生具备沥青路面施工现场组织、协调能力。
3. 培养学生具备沥青路面施工技术交底能力。

素质目标

1. 培养学生具备爱岗敬业、团结协作的匠心。
2. 培养学生具备追求卓越、勇于创新的匠魂。

思政案例:推广
国产沥青事迹

任务一　沥青路面构造认知

　　沥青路面是采用沥青材料做结合料,黏结矿料或混合料修筑面层的路面结构。沥青路面由于使用了黏结力较强的沥青材料做结合料,不仅增强了矿料颗粒间的黏结力,而且提高了路面一系列的技术品质,使路面具有平整、耐磨、不扬尘、不透水、耐久等优点。由于沥青材料具有弹性、黏性、塑性,在汽车通过时振动小、噪声低、略有弹性、平稳舒适,是高等级公路的主要面层形式。

　　沥青路面是直接承受车轮荷载反复作用和自然因素影响的结构层,可由一至三层组成。表面层应根据作用要求设置抗滑耐磨、密实稳定的沥青层;中面层、下面层应根据公路等级、沥青层厚度、气候条件等选择适当的沥青结构层。

　　沥青路面具有力学强度高、行车平稳舒适、噪声小、易于机械化施工及维护等优点,沥青路面在高等级公路中的地位日趋重要。随着路面技术的发展,我国路面施工工艺水平也普遍得到提高,但是也应该注意到,有许多高速公路几年就不得不翻修罩面,使用性能也大大降低,达不到设计的要求。这样就提出了如何避免沥青路面早期损坏,提高路面使用性能的问题。沥青路面的早期损坏经常与使用的材料不好、压实度偏低、级配变异性大、排水设计不合理等有关。要充分发挥沥青路面的优点,必须有良好的施工品质做保障。要确保沥青路面达到预期的设计目标和路用性能,必须做好施工阶段的质量控制。

一、沥青路面的类型

1. 按照技术特性分类

（1）沥青混凝土路面

沥青混凝土路面是指用沥青混凝土混合料作面层的路面。沥青混凝土混合料（AC）是具有一定级配的集料，与一定比例的沥青、填料在严格控制条件下拌制而成的混合料，其集料级配符合连续密级配。

沥青混凝土面层可由单层、双层或三层沥青混合料组成，各层混合料的组成设计应根据其层厚和层位、气温和降雨量等气候条件、交通量和交通组成等因素来确定，以满足对沥青面层使用功能的要求。沥青混凝土可用作各个等级公路的面层。

（2）热拌沥青碎石路面

热拌沥青碎石路面是指用沥青碎石混合料作面层的路面。沥青碎石有时也用作联结层。

沥青稳定碎石混合料（简称沥青碎石）是由矿料和沥青组成具有一定级配要求的混合料，按空隙率、集料最大粒径、添加矿粉数量的多少，分为密级配沥青碎石（ATB）、开级配沥青碎石（OGFC 表面层及 ATPB 基层）、半开级配沥青碎石（AM）。

（3）沥青玛琋脂碎石路面

沥青玛琋脂碎石路面是指用沥青玛琋脂碎石混合料作面层或抗滑层的路面。沥青玛琋脂碎石混合料（简称 SMA）是以间断级配集料为骨架，用沥青玛琋脂（由沥青、纤维稳定剂、矿粉及少量的细集料组成）为结合料，经拌和、摊铺、压实而形成的一种构造深度较大的抗滑混合料。它具有抗滑耐磨、孔隙率小、抗疲劳、高温抗车辙、低温抗开裂等优点，适用于高速公路、一级公路和其他重要公路的表面层。

（3）沥青表面处治路面

沥青表面处治路面是指用沥青和集料按层铺法或拌和法铺筑而成的厚度不超过 3 cm 的沥青路面。沥青表面处治的厚度一般为 1.5～3.0 cm。采用层铺法施工时可分为单层、双层、三层。单层表面处治厚度为 1.0～1.5 cm，双层表面处治厚度为 1.5～2.5 cm，三层表面处治厚度为 2.5～3.0 cm。沥青表面处治适用于三、四级公路的面层以及旧沥青面层上加铺罩面或抗滑层、磨耗层等。

（4）沥青贯入式路面

沥青贯入式路面是指用沥青贯入碎（砾）石作面层的路面，即把沥青浇洒在铺好的主层集料上，再分层撒布嵌缝石屑和浇洒沥青，分层压实，形成一个较致密的沥青结构层。沥青贯入式路面的厚度一般为 4～8 cm。当沥青贯入式的上部加铺拌和的沥青混合料时，也称为上拌下贯式，此时拌和层的厚度宜为 3～4 cm，其总厚度为 7～10 cm。沥青贯入式碎石路面宜用作二级及二级以下公路的沥青面层。

（5）乳化沥青碎石路面

乳化沥青碎石路面是指用乳化沥青碎石混合料铺筑面层的路面。乳化沥青碎石混合料适用于三、四级公路的沥青面层、二级公路养护罩面以及各级公路的调平层。

2. 按照施工工艺分类

（1）热拌沥青混合料路面

热拌沥青混合料路面是指沥青与矿料在热态下拌和、摊铺、压实成型的沥青路面，它适用于各种等级公路的沥青面层。热拌沥青混合料种类如表 2-3-1 所示。对于高速公路、一级公路沥青面层的上、中、下面层和其他等级公路的沥青面层的上面层宜采用沥青混凝土铺筑，沥青稳定碎石混合料仅适用于基层、过渡层和整平层。

表 2-3-1　热拌沥青混合料种类

混合料类型	密级配			开级配		半开级配	公称最大粒径（mm）	最大粒径（mm）
	连续级配		间断级配	间断级配				
	沥青混凝土	沥青稳定碎石	沥青玛琋脂碎石	排水式沥青磨耗层	排水式沥青碎石基层	沥青稳定碎石		
特粗式	—	ATB-40	—	—	ATPB-40	—	37.5	53.0
粗粒式	—	ATB-30	—	—	ATPB-30	—	31.5	37.5
	AC-25	ATB-25	—	—	ATPB-25	—	26.5	31.5
中粒式	AC-20	—	SMA-20	—	—	AM-20	19.0	26.5
	AC-16	—	SMA-16	OGFC-16	—	AM-16	16.0	19.0
细粒式	AC-13	—	SMA-13	OGFC-13	—	AM-13	13.2	16.0
	AC-10	—	SMA-10	OGFC-10	—	AM-10	9.5	13.2
砂粒式	AC-5	—	—	—	—	AM-5	4.75	9.5
设计空隙率（%）	3～5	3～6	3～4	>18	>18	6～12		

（2）层铺法沥青路面

层铺法沥青路面是指沥青与矿料分层摊铺、洒布，并压实而成的沥青路面。沥青表面处治路面、沥青贯入式路面常采用层铺法施工。

（3）冷拌沥青混合料路面

冷拌沥青混合料路面是将沥青与矿料在常温下拌和、摊铺、压实而成的沥青路面。乳化沥青碎石混合料常采用冷拌法施工。

二、沥青路面的结构层

沥青路面通常由沥青面层、基层、功能层组成。某高速公路沥青路面结构层组成如图 2-3-1 所示。

1. 沥青面层

沥青面层可为单层、双层或三层。双层结构分为表面层、下面层，三层结构分为上面层、中面层、下面层。表（上）面层应具有平整密实、抗滑耐磨、抗裂耐久的性能；中面层应具有高温抗车辙、抗剪切、密实、基本不透水的性能；下面层应具有耐疲劳开裂的性能。在各沥青层中至少有一层应为密级配沥青混合料。

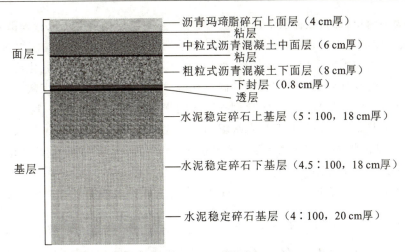

面层
- 沥青玛琋脂碎石上面层（4 cm厚）
- 粘层
- 中粒式沥青混凝土中面层（6 cm厚）
- 粘层
- 粗粒式沥青混凝土下面层（8 cm厚）
- 下封层（0.8 cm厚）
- 透层

基层
- 水泥稳定碎石上基层（5∶100，18 cm厚）
- 水泥稳定碎石下基层（4.5∶100，18 cm厚）
- 水泥稳定碎石基层（4∶100，20 cm厚）

图 2-3-1　某高速公路沥青路面结构层组成示意图

面层是与外界环境和车辆荷载紧密相关的特殊层次，因此要求其具有较高的承载能力，能够抗车辙、抗疲劳开裂等，同时表面层具备良好的平整性、抗水损坏性及抗滑性，整个沥青面层要有一定的防水能力，保证雨水较少渗入基层，密级配沥青混合料和沥青玛琋脂碎石表面层应具有低透水性能。

2. 基层

基层可采用半刚性基层、柔性基层、刚性基层，在我国半刚性基层使用得最多。基层和底基层要具有足够的承载能力、抗疲劳开裂性能，足够的耐久性和水稳定性。对沥青结合料类和粒料类材料基层，还应具有足够的抗永久变形能力。基层是主要的承重层，应具有较高的稳定性、耐久性、承载能力，可分为单层或双层。无论是柔性基层，还是半刚性基层、刚性基层，均要求具有较高的物理力学性能指标。底基层是设置在基层之下，并与面层、基层一起承受车轮荷载反复作用的次承重层，底基层应充分利用沿线地方材料，可采用无机结合料稳定细粒土类或粒料类等。

3. 功能层

功能层包括防冻层、排水层、隔水层、透层、黏层、封层等。对于季节性冻土地区路面厚度不满足防冻要求时，需增设砂砾及碎石等粒料类防冻层，防冻层所用砂砾、碎石材料的最大粒径应不超过 53 mm。在地下水位高、排水不良的路段，有裂隙水、泉眼等水文条件不良的岩石挖方路段，基层和底基层为非粒料类材料时，可在基层或底基层与路床间设置粒料排水层。粒料排水层应与路面基层边缘或与边沟下的渗沟相连接，厚度宜不小于 150 mm。

为使沥青面层与非沥青材料基层结合良好，宜在基层上浇洒慢裂的洒布型乳化沥青、煤沥青或中慢凝液体石油沥青，形成透入基层表面的薄层，称为透层。良好的层间结合，可以减少沥青面层在外荷载作用下产生剪切等破坏。沥青路面的级配砂砾、级配碎石柔性基层及水泥、石灰、粉煤灰等无机结合料稳定土半刚性基层上必须浇洒透层沥青。

为加强路面的沥青层与沥青层之间、沥青层与水泥混凝土路面之间的黏结而洒布的沥青材料薄层，称为黏层。它也是为了加强层间结合的一种措施。黏层的沥青材料可使用快裂的洒布型乳化沥青、快中凝液体石油沥青或煤沥青。

为封闭表面空隙、防止水分浸入面层或基层而铺筑的沥青类薄层，称为封层。其中铺筑在面层表面的为上封层,铺筑在面层下面的为下封层。上封层根据情况可以选择微表处、乳化沥青稀浆封层、改性沥青集料封层、薄层磨耗层或其他适宜的材料,主要根据使用目的和路面实际状况选用。下封层可以采用层铺法表面处治,也可采用乳化沥青、改性乳化沥青作结合料的稀浆封层。微表处是指用具有一定级配的碎石或砂、填料(水泥、石灰、粉煤灰、石粉等)与聚合物改性乳化沥青、外掺剂和水,按一定比例拌制成的半流动型沥青混合料,均匀摊铺于路面表层的上封层。稀浆封层是指用具有一定级配的碎石或砂、填料(水泥、石灰、粉煤灰、石粉等)与乳化沥青、外掺剂和水,按一定比例拌制成半流动型沥青混合料,均匀摊铺于路面结构中的薄层,稀浆封层既可以做上封层也可以做下封层。改性沥青集料封层既可以采用层铺法表面处治工艺施工,也可以采用沥青集料同步封层机一次完成。用于封层的层铺法表面处治一般为单层。

沥青混合料主要由沥青、粗集料、细集料、填料、纤维稳定剂组成,如图2-3-2所示。

沥青　　　　　　　　　　粗集料

细集料　　　　　　填料　　　　　　纤维稳定剂

图 2-3-2　沥青混合料的材料组成

1. 沥青

(1) 沥青的种类

根据交通量、气候条件、施工方法、沥青面层类型和材料的来源等,沥青材料可以选择道路石油沥青、煤沥青、乳化石油沥青、液体石油沥青等种类。根据不同的公路等级和使用条件,道路石油沥青分为 A、B、C 三个等级,其适用范围见表2-3-2。

表 2-3-2　道路石油沥青的适用范围

沥青等级	适用范围
A级沥青	各个等级的公路,适用于任何场合和层次
B级沥青	① 高速公路、一级公路沥青下面层及以下的层次,二级及二级以下公路的各个层次; ② 用作改性沥青、乳化沥青、改性乳化沥青、稀释沥青的基质沥青
C级沥青	三级及三级以下公路的各个层次

（2）基质沥青的选择

沥青路面采用的基质沥青的标号,宜根据公路等级、气候条件、交通条件、路面类型、在结构层中的层位及受力特点、施工方法等,结合当地的使用经验,经技术论证后确定。对高速公路、一级公路,夏季温度高、高温持续时间长、重载的交通路段,宜采用稠度大、60 ℃黏度大的沥青,也可提高高温气候区的温度水平选用沥青等级;对冬季寒冷的地区或交通量小的公路、旅游公路宜选用稠度小、低温延度大的沥青;对温度日温差、年温差大的地区宜注意选用针入度指数大的沥青。当高温要求与低温要求发生矛盾时应优先考虑满足高温性能的要求。

可根据《公路沥青路面施工技术规范》(JTG F40—2004)对各标号沥青的适用气候分区情况(表 2-3-3),选择各地区适宜的沥青标号。

表 2-3-3   道路石油沥青技术要求

标号	110 号			90 号					70 号				
针入度(0.1 mm)	100～120			80～100					60～80				
适用气候分区	2-1	2-2	3-2	1-1	1-2	1-3	2-2	2-3	1-3	1-4	2-2	2-3	2-4

注:气候分区详见《公路沥青路面施工技术规范》(JTG F40—2004)的附录 A。

AH-90、AH-70 普通沥青技术要求分别见表 2-3-4 和表 2-3-5。

表 2-3-4   AH-90 普通沥青技术要求

检验项目		技术要求
针入度(25 ℃,100 g,5 s)(0.1 mm)		80～100
针入度指数 PI		−1.5～+1.0
延度(5 cm/min,10 ℃)(cm)	不小于	30
延度(5 cm/min,15 ℃)(cm)	不小于	140
软化点($T_{R\&B}$)(℃)	不小于	45
闪点(℃)	不小于	245
蜡含量(蒸馏法)(%)	不大于	2.2
溶解度(%)	不小于	99.5
动力黏度(60 ℃)(Pa·s)	不小于	160
RTFOT 试验后	质量损失(%) 不大于	±0.8
	针入度比(25 ℃)(%) 不小于	57
	延度(5 cm/min,10 ℃)(cm) 不小于	10
	延度(5 cm/min,15 ℃)(cm) 不小于	20

表 2-3-5　AH-70 普通沥青技术要求

检验项目		技术要求
针入度(25 ℃,100g,5s)(0.1 mm)		60~80
延度(5 cm/min,15 ℃)(cm)	不小于	100
延度(5 cm/min,10 ℃)(cm)	不小于	20
软化点(环球法)(℃)	不小于	46
溶解度(三氯乙烯)(%)	不小于	99.5
针入度指数 PI		−1.3~+1.0
薄膜加热试验 163 ℃,5 h	质量损失(%) 不小于	0.6
	针入度比(%) 不大于	65
	延度(15 ℃)(cm) 不小于	100
	延度(10 ℃)(cm) 不小于	6
闪点(℃)	不小于	260
蜡含量(蒸馏法)(%)	不大于	2
密度(15 ℃)(g/cm³)	不小于	1.01
动力黏度(60 ℃)(Pa·s)	不小于	180

热拌沥青混合料路面的表面层不宜采用煤沥青。沥青表面处治、沥青贯入式路面、常温沥青混合料路面,以及透层、黏层与封层等可以使用乳化沥青;对于酸性石料,或当石料处于潮湿状况下或在低温下施工时,宜采用阳离子乳化沥青;对于碱性石料或当其与水泥、石灰、粉煤灰共同使用时,宜用阴离子乳化沥青。液体石油沥青适用于透层、黏层及拌制常温沥青混合料。煤沥青主要用于透层、黏层、三级及三级以下公路面层。

(3)改性沥青的选择

改性剂与基质沥青具有配伍性和相容性两种性能。

配伍性反映了聚合物改性剂改性效果的好坏,相容性反映了改性沥青保持改性效果的稳定性,两者既有所区别,又有必然的联系。很显然,某一种改性剂的改性效果不仅与剂量有关,还受改性剂品种与基质沥青品种的配伍性的影响。所以配伍性往往直接从改性效果的大小进行评价和判别。这对于不经过存放阶段的现场加工、现场使用的改性工艺,尤其重要。大部分聚合物改性剂与基质沥青并没有发生明显的化学反应,而是均匀地分散在沥青中,改性剂与基质沥青表面仅以物理吸附的方式联结,共存共融。所以,对需要存放的改性沥青产品来说,不仅要改性效果好,还必须保持不离析,这就要求配伍性和相容性都要好。

相容性是指改性剂以微细的颗粒均匀、稳定地分散在基质沥青介质中,不发生分层、凝聚或者相互分离现象的性质。它取决于改性剂和沥青两种物质的界面上的相互作用,聚合物的溶解度参数或者分子结构越是接近的相容性就越好。相容性好,改性剂分散均匀,或者成为均匀连续的网状结构;反之,就凝聚成絮状、块状、团状,当改性沥青冷却时,改性剂便析出、分层。

由于配伍性和相容性的必然联系,在使用上往往对配伍性和相容性并不严格区分,而统称为相容性。

改性剂有很多种,主要分为以下三大类:

① 热塑性橡胶类(橡胶树脂类):苯乙烯-丁二烯-苯乙烯(SBS)、苯乙烯-异戊二烯-苯乙烯(SIS)、苯乙烯-聚乙烯(SB)。

② 橡胶类:天然橡胶(NR)、丁苯橡胶(SBR)、氯丁橡胶(CR)、丁二烯橡胶(BR)。

③ 树脂类:聚乙烯(PE)、乙烯-乙酸乙烯(EVA)、聚氯乙烯(PVC)。

其中 SBS 改性沥青具有良好的配伍性和相容性,良好的高、低温性能,且具有良好的弹性恢复性能,因而在公路工程中得到广泛应用。SBS 改性沥青技术要求见表 2-3-6。

表 2-3-6　SBS 改性沥青技术要求

检验项目		技术要求
针入度(25 ℃,100 g,5 s)(0.1 mm)		60～80
针入度指标 PI		−0.2～1.0
延度(5 cm/min,5 ℃)(cm)	不小于	35
软化点($T_{R\&B}$)(℃)	不小于	70
动力黏度(60 ℃)(Pa·s)	不小于	4000
动力黏度(135 ℃)(Pa·s)	不大于	3
闪点(℃)	不小于	230
溶解度(%)	不小于	99
离析,软化点差(℃)	不大于	2.5
弹性恢复(25 ℃)(%)	不小于	75
RTFOT 试验后	质量损失(%) 不大于	±1.0
	针入度比(25 ℃)(%) 不小于	65
	延度(5 cm/min,5 ℃)(cm) 不小于	25
SHRP 性能等级		PG70—28

2. 粗集料

沥青层用粗集料包括碎石、破碎砾石、筛选砾石、钢渣、矿渣等,但高速公路和一级公路不得使用筛选砾石和矿渣,三级和三级以下公路可采用破碎后有 6 个月存放期的钢渣。粗集料应该洁净、干燥、表面粗糙,质量应符合表 2-3-7 的规定。粗集料的粒径规格应满足规范要求。粗集料与沥青应有足够的黏附性,优先选用碱性岩石的石料作为粗集料,当使用酸性岩石的石料时,宜掺加消石灰、水泥或用饱和石灰水处理后使用,必要时在沥青中掺加抗剥落剂,或采用改性沥青。

表 2-3-7　　沥青混合料用粗集料质量技术要求

指　　　标		高速公路、一级公路		其他等级公路
		表面层	其他层次	
石料压碎值(%)	不大于	26	28	30
洛杉矶磨耗损失(%)	不大于	28	30	35
表观密度(t/m³)	不小于	2.60	2.50	2.45
吸水率(%)	不大于	2.0	3.0	3.0
坚固性(%)	不大于	12	12	—
针片状颗粒含量(混合料)(%)	不大于	15	18	20
其中粒径大于 9.5 mm(%)	不大于	12	15	—
其中粒径小于 9.5 mm(%)	不大于	18	20	—
水洗法粒径小于 0.075 mm 颗粒含量(%)	不大于	1	1	1
软石含量(%)	不大于	3	5	5

注:① 坚固性试验可根据需要进行;
　　② 用于高速公路、一级公路时,多孔玄武岩的表观密度可放宽至 2.45 t/m³,吸水率可放宽至 3%,但必须得到建设单位的批准,且不得用于 SMA 路面;
　　③ 对 S14 级 3～5 mm 规格的粗集料,针、片状颗粒含量可不予要求,粒径小于 0.075 mm 含量可放宽到 3%。

3. 细集料

细集料包括天然砂、机制砂、石屑。细集料应坚硬、洁净、干燥、无风化、无杂质,并有适当级配。细集料规格和细集料的质量技术要求见表 2-3-8 和表 2-3-9。

表 2-3-8　　沥青混合料用细集料规格

规格	公称粒径 (mm)	通过下列方筛孔(mm)的质量百分率(%)						
		4.75	2.36	1.18	0.6	0.3	0.15	0.075
S16	0～3	100	80～100	50～80	25～60	8～45	0～25	0～15

表 2-3-9　　沥青混合料用细集料质量技术要求

项目		高速公路、一级公路	其他等级公路
表观密度(t/m³)	不小于	2.5	2.45
砂当量(%)	不小于	60	50
含泥量(粒径小于 0.075 mm 颗粒含量)(%)	不大于	3	5
亚甲蓝值(g/kg)	不大于	25	—
棱角性(流动时间)(s)	不小于	30	—
坚固性(粒径大于 0.3 mm 部分)(%)	不小于	12	—

集料加工场如图 2-3-3 所示,优质集料如图 2-3-4 所示。

图 2-3-3　集料加工场

图 2-3-4　优质集料

4. 填料

矿粉必须采用石灰岩或岩浆岩中的强基性岩石等憎水性石料经磨细得到,原石料中的泥土杂质应除净。矿粉应干燥、洁净。粉煤灰作为填料使用时,用量不得超过填料总量的 50%,粉煤灰的烧失量应小于 12%,与矿粉混合后的塑性指数应小于 4%。高速公路、一级公路的沥青面层不宜采用粉煤灰作填料。矿粉质量技术要求见表 2-3-10。

表 2-3-10　沥青面层用矿粉质量技术要求

指标		高速公路、一级公路	其他等级公路
表观密度(t/m³)	不小于	2.5	2.45
含水率(%)	不大于	1	1
粒度范围 <0.6 mm(%) <0.15 mm(%) <0.075 mm(%)		100 90~100 75~100	100 90~100 70~100
外观		无团粒、结块	
亲水系数		≤1	
塑性指数		≤4	
加热安定性		实测记录	

5. 纤维稳定剂

在沥青混合料中可以掺加木质素纤维、矿物纤维等纤维稳定剂,形成具有一定特性的沥青混合料(比如 SMA 混合料等)。

所用纤维需在 250 ℃的干拌温度下不变质、不发脆并且能够保证混合料在拌和过程中分散均匀。

纤维稳定剂的掺加比例以沥青混合料总量的质量百分率计算。一般情况下,SMA 混合料中的木质素纤维不宜低于 0.3%,使用矿物纤维时不宜低于 0.4%,纤维掺加量的允许误差宜不超过±5%,沥青混合料中所采用的纤维还应符合环境和人身安全的要求。木质素纤维质量技术要求见表2-3-11。

表 2-3-11　木质素纤维质量技术要求

项目		指标	试验方法
纤维长度(mm)	不大于	6	水溶液用显微镜观测
灰分含量(%)		18±5	高温590~600 ℃燃烧后测定残留物
pH 值		7.5±1	水溶液用 pH 试纸或 pH 计测定
吸油率	不小于	纤维质量的 5 倍	用煤油浸泡后放在筛上经振敲后称量
含水率(以质量计)(%)	不大于	5	105 ℃烘箱烘 2 h 后冷却称重

四、沥青混合料配合比设计

1. 沥青面层沥青混凝土混合料矿料级配范围

沥青面层沥青混凝土混合料矿料级配范围见表2-3-12。

表 2-3-12　沥青混凝土混合料矿料级配范围(%)

方筛孔尺寸(mm)	类型			
	AC-13	AC-16	AC-20	AC-25
31.5	—	—	—	100
26.5	—	—	100	95~100
19.0	—	100	90~100	75~90
16.0	100	95~100	78~90	65~83
13.2	90~100	78~90	62~80	57~75
9.5	68~85	64~74	50~70	45~62
4.75	38~68	38~56	32~50	27~43
2.36	24~50	26~38	23~38	19~36
1.18	15~38	18~28	16~28	13~28
0.6	10~28	12~20	11~20	9~21
0.3	7~20	8~16	7~15	6~16
0.15	5~15	6~12	5~11	4~11
0.075	4~8	4~8	3~7	3~7

2. 沥青面层混合料技术标准

沥青面层混合料技术标准见表2-3-13。

表 2-3-13　沥青面层混合料技术标准

试验项目		技术标准		
		下面层 AC-25	中面层 AC-20	上面层 AC-13/AC-16
击实次数		两面各 75 次	两面各 75 次	两面各 75 次
稳定度(kN)	不小于	8.0	8.0	8.0
流值(0.1 mm)		20～40	20～40	20～40
空隙率(%)		3.0～6.0	3.0～5.0	3.0～5.0
矿料间隙率(%)	不小于	同规范	同规范	同规范
沥青饱和度(%)		55～70	65～75	65～75
残留稳定度(%)	不小于	80	85	85
冻融劈裂(%)	不小于	75	80	80
动稳定度(次/mm)	不小于	900	3000	3500
弯曲破坏应变(με)	不小于	2600	2800	3000

3. 配合比设计取样

配合比设计时取样一定要有代表性:目标配合比设计阶段取样一定不能在料堆边取样,因为这都是从料堆上离析下的粗料,应该在料堆顶部不同部位,并刨除表面约 10 cm 后取样。生产配合比设计取样必须取第三锅以后的材料,而且必须用装载机接料再混合均匀后按四分法取料,装载机接料过程中应特别注意细集料的飞散。生产配合比检验阶段应该在摊铺机后但未碾压前取样。

4. 目标配合比设计阶段

沥青混合料配合比设计分三个阶段,即目标配合比设计阶段、生产配合比设计阶段、生产配合比验证阶段。

(1)确定各矿料的组成比例

从施工现场分别取各类矿料进行筛分,用计算机或图解计算各矿料的用量,使合成的矿质混合料级配符合表 2-3-12 的范围。本计算应反复进行,使矿质混合料级配曲线接近一条顺滑的曲线。

(2)确定沥青的最佳油石比

用计算确定的矿料组成和经验采用的油石比范围,按 0.5% 间隔变化,取 5 个不同的油石比,用实验室小型拌合机拌制沥青混合料,制备 5 组马歇尔试件。测定试件的密度、空隙率、沥青饱和度、稳定度和流值,分别绘制各项指标的曲线。取相应干密度最大值的油石比 a_1、稳定度最大值的油石比 a_2 和目标空隙率(或中值)的油石比 a_3 以及沥青饱和度范围的中值的油石比 a_4,按下式取四者的平均值作为最佳油石比初始值 OAC_1:

$$OAC_1 = (a_1 + a_2 + a_3 + a_4)/4$$

如果所选择的油石比范围未能涵盖沥青饱和度的要求范围,按下式求取三者的平均值作为 OAC_1。

$$OAC_1 = (a_1 + a_2 + a_3)/3$$

对所选择试验的油石比范围,密度或稳定度没有出现峰值(最大值经常在曲线的两端)时,可直接以目标空隙率所对应的油石比 a_3 作为 OAC_1,但 OAC_1 必须介于 $OAC_{min}\sim OAC_{max}$ 范围内,否则应重新进行配合比设计。

求出能满足沥青混凝土各项标准的最大油石比 OAC_{max} 和最小油石比 OAC_{min},按下式取中值 OAC_2。

$$OAC_2 = (OAC_{max} + OAC_{min})/2$$

取 OAC_1 和 OAC_2 的中值作为目标配合比最佳油石比 OAC,并结合当地气候特点论证地取用,其对应的试件空隙率为 $3\%\sim 5\%$。如 OAC 处在上述范围之外,应调整级配,重新进行配合比设计。

(3) 残留稳定度检验

按以上配合比制备沥青混凝土马歇尔试件,做浸水 48 h 马歇尔试验,检验残留稳定度必须满足表 2-3-13 的规定。

5. 生产配合比设计阶段

(1) 确定各热料仓矿料和矿粉的用量

必须从二次筛分后进入各热料仓的矿料取样进行筛分,根据筛分结果,通过计算使矿质混合料的级配接近目标配合比并符合表 2-3-12 的规定,以确定各热料仓矿料和矿粉的用料比例,供拌合机控制室使用,同时反复调整冷料仓进料比例,以达到供料均衡。

(2) 确定最佳油石比

取目标配合比设计的最佳油石比 OAC 和 $OAC\pm 0.3\%$、$OAC\pm 0.6\%$ 5 个油石比,取以上计算的矿质混合料,用实验室的小型拌合机拌制沥青混合料进行马歇尔试验,按目标配合比设计方法进行绘图分析,得出 OAC_1 和 OAC_2 后综合确定生产配合比的最佳油石比 OAC。按以上方法确定的 OAC 可能与目标配合比的 OAC 不一致,如相差不超过 0.2%,应按生产配合比确定的 OAC 进行试件拌和试铺,或分析确定试拌试铺用油石比;如相差超过 0.2%,应找出原因,进一步试验分析后确定试拌试铺用油石比。

(3) 残留稳定度检验

按以上生产配合比,用室内小型拌合机拌制沥青混合料,做浸水 48 h 马歇尔试验,检验残留稳定度,必须满足表 2-3-13 的规定。

6. 生产配合比验证阶段(试拌试铺阶段)

(1) 用生产配合比进行试拌,沥青混合料的技术指标合格后铺筑试铺段

取试铺用的沥青混合料进行马歇尔试验、沥青含量检验、筛分试验。检验标准配合比矿料合成级配中,至少应包括 0.075 mm、2.36 mm、4.75 mm 及公称最大粒径筛孔的通过率接近目标配合比级配值,并避免在 0.3~0.6 mm 处出现峰值。由此确定正常生产用的标准配合比。

(2) 试拌试铺阶段

沥青各面层施工开工前,均须先做试铺路面。每个面层施工单位通过合格的沥青混合料组成设计,拟定试铺路面铺筑方案,采用重新调试的正式施工机械,铺筑试铺路面。试铺路面宜选在正线直线段,长度不少于 300 m。

试铺路面施工分为试拌和试铺两个阶段,需要确定的内容包括:

① 钻芯检测厚度,结合施工压实厚度与松铺厚度,确定摊铺机的松铺系数。

② 通过试验段施工确定合理的施工机械型号、数量、组合方式,落实技术培训、技术岗位及最佳工艺流程和生产效率。

③ 通过试拌确定拌合机的上料速度、拌和数量与时间、拌和温度、集料变化与波动的调控手段等施工工艺。

④ 通过试铺确定各种混合料的摊铺温度、摊铺速度、摊铺宽度、初步振捣夯实的方法、自动找平方式等施工工艺,以及梯形摊铺时两台摊铺机的摊铺厚度和宽度协调方式。

⑤ 通过碾压确定适宜的压路机类型和数量、碾压速度、碾压顺序、碾压温度和遍数等施工工艺,以及施工缝处理方式等。

⑥ 建立健全质量保证体系,探索一套有效的质量控制方法.通过对各道工序的偏差分析,提出合理的工艺控制参数和改进措施。

⑦ 试铺路面的铺筑,严格按《公路沥青路面施工技术规范》(JTG F40—2004)规定操作。在试铺路面的铺筑过程中,检查施工工艺、技术措施是否符合要求,测温、观色、取样,并记录试验与检测结果,检查各种技术指标情况,对出现的问题提出改进意见。

7. 关于沥青混凝土马歇尔室内试验中的几点统一做法

(1) 进行目标配合比设计和生产配合比设计时,制备试件的混合料,需采用小型沥青混合料拌合机拌和,以模拟生产实际情况。

(2) 每组试件个数一律用 6 个。

(3) 试件成型温度:对于普通沥青,由实验室所做出的黏温曲线图来判定拌和压实温度;对于改性沥青,由改性沥青供应商提供拌和压实温度。当条件不具备时,参照表 2-3-14 选择成型温度。

表 2-3-14　沥青混合料试验拌和与击实温度(℃)

沥青种类	普通沥青	改性沥青
矿料(包括矿粉)加热温度	150～165	170～175
沥青加热温度	145～160	160～170
沥青混合料拌和温度	145～160	160～170
试模预热温度	145～155	160～170
试件开始击实温度	140～150	155～160
试件成型终了温度	不低于 135	不低于 145

(4) 沥青混合料试件密度试验方法:沥青混合料统一用表干法的毛体积密度。

(5) 对于沥青混合料理论最大密度,重交通沥青混合料宜采用最大理论密度仪实测法,也可以用计算法;改性沥青混合料宜采用计算法,也可以采用最大理论密度仪实测。施工过程中,最大理论密度一律采用最大理论密度仪实测。试验过程中一定要将混合料彻底分散,特别是改性沥青,否则严重影响最大理论密度和体积指标的准确性。计算法中粗集料采用毛体积密度,机制砂、矿粉、沥青采用表观密度。

(6) 试件的配料、拌和均应单个进行,以确保试验结果的一致性。

任务二　沥青路面热拌法施工

沥青路面面层的热拌法施工包括施工准备、沥青混合料的拌制、沥青混合料的运输、沥青混合料的摊铺、碾压、接缝处理与开放交通等步骤。

一、施工准备

1. 材料准备

（1）原材料准备

路面开工前将沥青、粗集料、细集料、填料等原材料从厂家运到工地料场，分类堆放，按规范要求进行原材料的各项指标检测，不合格的原材料要清退给厂家。

堆放各种矿料的地坪必须硬化，并具有良好的排水系统，避免材料被污染；各品种材料间应用墙体隔开，以免相互混杂。集料铲运方向应与其流动方向垂直，保证铲运材料均匀，减少集料离析。细集料及矿粉宜覆盖，细集料潮湿将影响喂料数量和拌合机产量。每天开工前应检测含水率，以便调节冷料进料速度或比例，并确定集料加热时间和温度。不得使用含水率过大的集料。集料级配发生变化或换用新集料时，应重新进行配合比设计，确保混合料质量符合要求。

沥青应采用导热油管加热，要求沥青温度稳定，具有一定的流动性，以便使沥青混合料拌和均匀。

（2）配合比设计

在对同类公路进行配合比设计和对其使用情况进行调查研究的基础上，充分借鉴成功的经验，选用符合要求的材料，进行沥青混合料配合比设计。例如某二级公路下面层 AC-20 型沥青混凝土生产配合比为碎石∶石屑∶矿粉＝62％∶36％∶2％，混合料最佳油石比（油石比＝沥青质量/矿料质量）为4.9％，其中碎石的级配为10～15 mm 碎石∶5～10 mm 碎石∶3～5 mm 碎石＝23％∶30％∶9％。

2. 机械准备

（1）建设沥青混合料拌合站

拌合站的位置应符合国家有关环保、消防、安全等规定，运输距离适当，确保混合料的温度下降不超过规范要求，道路交通较好，不因颠簸造成混合料离析。

沥青混合料的拌和设备分为间歇式强制拌和设备与连续式滚筒拌和设备两类。从我国近几年道路施工情况来看，通常采用间歇式强制拌和设备。间歇式强制拌和设备工艺流程如图2-3-5 所示，构造如图 2-3-6 所示。

（2）配备沥青混合料摊铺机

沥青混合料摊铺机是用来摊铺沥青混合料、碾压混凝土（RCC）、基层稳定土、级配碎石等筑路材料的专用机械，它是将拌制好的各种沥青混合料、稳定土材料等均匀地摊铺在已修建好的路基或基层上，并对其进行一定程度预压和整形的专用机械。按行走方式不同，摊铺机分为自行式和拖式两种，其中拖式现在较少采用，自行式摊铺机又可分为履带式、轮胎式、复合式三种，在我国常用的是履带式摊铺机。

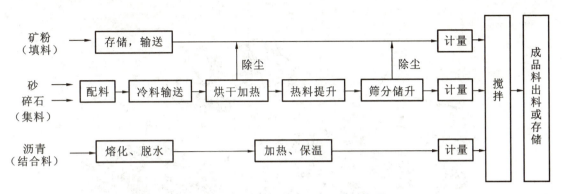

图 2-3-5 间歇式强制拌和设备工艺流程图

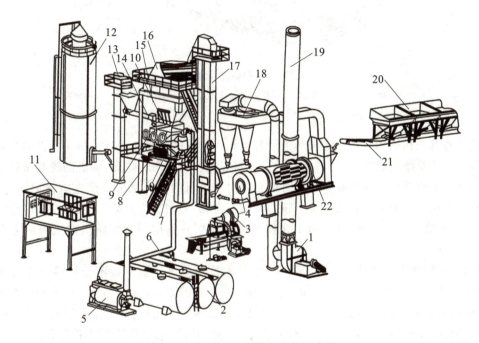

图 2-3-6 间歇式强制拌和设备示意图

1—引风机;2—沥青保温罐;3—鼓风机;4—燃烧器;5—导热油加热装置;6—沥青输送泵;7—沥青称量桶;8—热集料称量斗;9—矿粉称量斗;10—拌合器;11—操纵控制室;12—矿粉筒仓;13—矿粉提升机;14—矿粉输送机;15—热集料储料仓;16—振动筛;17—热集料提升机;18—集尘器;19—烟囱;20—冷集料储存及配料装置;21—冷集料输送机;22—干燥滚筒

摊铺机的工作装置主要由螺旋布料器、振捣梁、熨平装置组成,如图 2-3-7 所示。熨平装置由熨平板、厚度调节器、路拱调节器、加热器等组成。厚度调节器为手摇调节螺杆,用来调整熨平板底面的纵向仰角,以改变铺装厚度。路拱调节器是一种位于熨平板中部的螺旋调节装置,用来改变熨平板底面左右两半部分的横向倾角,以保证摊铺出符合给定路拱的铺装层。加热器用来加热熨平板的底板,使之不与沥青混合料相黏,保证铺层平整,以便在较低温度时也能施工。

沥青混合料摊铺机作业流程为:首先调试摊铺机,按所铺路段的宽度、厚度、拱度等调整好

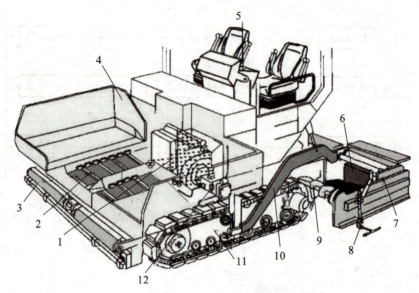

图 2-3-7　沥青混合料摊铺机基本结构示意图

1—发动机；2—刮板输送器；3—推棍；4—料斗；5—驾驶台；6—振捣器；7—熨平板；
8—纵坡传感器；9—螺旋布料器；10—牵引臂；11—行驶系统；12—液压传动系统

摊铺机的各有关机构和装置→运料车把混合料卸入摊铺机的受料斗→受料斗底部的刮板输送器在动力传动系统的驱动下，将料斗内的混合料连续均匀地向后输送，输送到螺旋布料器前方通道内的路基或基层上→螺旋布料器将混合料沿摊铺机的整个摊铺宽度左右横向输送，摊铺在路基或基层上→熨平装置的振捣梁将摊铺的混合料初步捣实→熨平板振动预压、整形和熨平混合料，使之成为一条平整的、有一定密实度的铺层→铺层经过压路机碾压而成为合格的面层。

目前，摊铺机上一般使用自动调平装置，其主要功能是使熨平板不受外界条件变化的干扰，始终保持平行于纵、横基准面而运动，而与机械本身的垂直运动无关。中、下面层或基层可采用钢丝绳引导的高程控制方式，中面层也可采用接触式平衡梁找平，上面层宜采用平衡梁或雪橇式摊铺厚度控制方式，铺筑改性沥青或 SMA 路面时宜采用非接触式平衡梁。

（3）配备压路机、自卸汽车

配备光轮压路机、振动压路机、胶轮压路机等混合料压实设备，配备一定数量的大吨位自卸汽车作为混合料运输设备。

3. 基层清理

路基和基层的平整度与沥青面层紧密相关，因此，对于基层的准备工作要严格，并符合有关规定。正式摊铺前，要清扫干净基层(图 2-3-8)，泥块和松散的路面材料不得留在基层表面，不得进行薄层找平，保持基层的干燥和清洁。

4. 面层放样

清理基层后，对面层进行施工放样(图 2-3-9)，放样出中桩和边桩，直线段每 20 m 一个中桩，曲线段每 10～15 m 一个中桩。

5. 透层油洒布

面层施工前 1～2 d,在非沥青类基层上浇洒透层油,如图 2-3-10 所示。

图 2-3-8 基层清扫

图 2-3-9 面层放样

图 2-3-10 透层油洒布

二、沥青混合料的拌制

热拌沥青混合料必须在沥青拌合站拌制。高速公路和一级公路的沥青混凝土宜采用间歇式拌合机拌制。

在正式拌制沥青混合料之前,需根据确定的配合比进行试拌,也就是确定施工配合比。通过试拌及试验确定每盘热料的配合比及其总质量(间歇式拌合机)、各种矿料(集料和矿粉)进料口开启的大小及沥青和矿料进料的速度(连续式拌合机)、适宜的沥青用量、平均拌和时间、矿料及沥青加热温度、沥青混合料的出场温度等各项施工指标。

试拌确定好拌和参数后,进行正式拌和。正式拌和要注意以下方面:

1. 温度控制

严格掌握沥青和集料的加热温度以及沥青混合料的出厂温度。集料加热温度应比沥青高10～15 ℃。普通及改性沥青混合料的施工温度控制范围见表 2-3-15 及表 2-3-16。拌合站控制室要逐盘打印沥青及各种矿料的用量和拌和温度的资料,并定期对拌合站的计量和测温进行校核;没有材料用量和温度自动记录装置的拌合机不得使用。拌和好的沥青混合料温度需符合出厂温度要求,当混合料出厂温度过高,已影响沥青黏结力时,应当废弃。

2. 拌和时间

由试拌确定拌和时间,以沥青结合料裹覆所有集料颗粒,且拌和均匀为宜。一般而言,在正常的拌和情况下,间歇式拌合机每锅混合料拌和时间宜不少于 45 s(其中干拌时间不得少于5～10 s),连续式拌合机的拌和时间需根据上料速度及拌和温度试拌确定。改性沥青和 SMA

混合料的拌和时间应适当延长。

表 2-3-15　热拌沥青混合料的施工温度(℃)

施工工序		石油沥青的标号			
		50 号	70 号	90 号	110 号
沥青加热温度		160～170	155～165	150～160	145～155
矿料加热温度	间隙式拌合机	集料加热温度比沥青温度高 10～30			
	连续式拌合机	矿料加热温度比沥青温度高 5～10			
沥青混合料出料温度		150～170	145～165	140～160	135～155
混合料储料仓储存温度		储料过程中温度降低不超过 10			
混合料废弃温度	高于	200	195	190	185
运输到现场温度	不低于	150	145	140	135
混合料摊铺温度　不低于	正常施工	140	135	130	125
	低温施工	160	150	140	135
开始碾压的混合料内部温度　不低于	正常施工	135	130	125	120
	低温施工	150	145	135	130
碾压终了的表面温度　不低于	钢轮压路机	80	70	65	60
	轮胎压路机	85	80	75	70
	振动压路机	75	70	60	55
开放交通的路表温度	不高于	50	50	50	45

表 2-3-16　聚合物改性沥青混合料的正常施工温度范围(℃)

工序		聚合物改性沥青品种		
		SBS 类	SBR 胶乳类	EVA、PE 类
沥青加热温度		160～165		
改性沥青现场制作温度		165～170	—	165～170
改性沥青加热温度	不高于	175	—	175
集料加热温度		190～220	200～210	185～195
改性沥青 SMA 混合料出厂温度		170～185	160～180	165～180
混合料最高温度(废弃温度)		195		
混合料储存温度		拌和出料后降低不超过 10		
摊铺温度	不低于	160		
初压开始温度	不低于	150		
碾压终了的表面温度	不低于	90		
开放交通的路表温度	不高于	50		

3. 混合料外观

混合料应均匀一致,无花白料,无结团成块或严重的粗细料分离现象。

4. 储存时间

如因施工原因,不能立即使用的沥青混合料,可采取保温措施或放入成品储料仓储存,储存过程中混合料温降不得大于 10 ℃且不能有沥青滴漏,普通沥青混合料的储存时间不得超过72 h,改性沥青混合料的储存时间不宜超过 24 h,SMA 混合料只限当天使用。

5. 材料抽检

每台拌合机每天上午、下午各取一组混合料试样做马歇尔试验和抽提筛分试验,检验油石比、矿料级配和沥青混凝土的物理力学性质。

6. 总量控制

每天结束后,用拌合站打印的各料数量进行总量控制。以各仓用量及各仓筛分结果在线抽查矿料级配;计算平均施工级配和油石比,与设计结果进行校核;以每天产量计算平均厚度,与路面设计厚度进行校核。

三、沥青混合料的运输

1. 车辆要求

根据运距、拌和产量配备足够数量的大吨位自卸汽车,要求运输能力大于拌和能力,每台运料车装载量不小于 15 t。

2. 装料及运料覆盖

装料前汽车底板应涂一薄层防粘剂。拌合机向汽车放料时(图 2-3-11),汽车应前后移动,分“前、后、中”装料,以减少粗集料的离析现象。运料车运输混合料宜用苫布覆盖,起到保温、防雨、防污染的作用,如图 2-3-12 所示。

图 2-3-11　装料

图 2-3-12　运料

3. 到场检查

采用数字显示插入式热电偶温度计检测沥青混合料的出厂温度和运到现场的温度。插入深度要大于 150 mm,在运料卡车侧面中部设专用检测孔,孔口距车厢底面约 300 mm。

4. 运输能力

沥青混合料运输车的运输能力应较拌和能力和摊铺能力有所富余。对高速公路、一级公路,摊铺机前方应有 5 辆以上运料车等候卸料,如图 2-3-13 所示。

5.卸料方式

连续摊铺过程中,运料车在摊铺机前 10～30 cm 处停住,不得撞击摊铺机,卸料过程中运料车应挂空挡,靠摊铺机推动前进,如图 2-3-14 所示。运料车每次卸料必须倒净,尤其是对改性沥青或 SMA 混合料,如有剩余,应及时清除,防止硬结。

图 2-3-13　运料车排队　　　　　　　　　　图 2-3-14　卸料

四、沥青混合料的摊铺

热拌沥青混合料应采用沥青摊铺机摊铺。摊铺机的受料斗应涂刷薄层隔离剂或防黏结剂。当面层为双层式或三层式沥青混合料面层时,摊铺中面层或上面层前,须洒乳化沥青黏层油。

1.摊铺方式

铺筑高速公路、一级公路沥青混合料时,一台摊铺机的铺筑宽度不宜超过 6 m(双车道)～7.5 m(3 车道以上)。通常采用两台摊铺机梯队摊铺(图 2-3-15),摊铺机前后错开 10～20 m,两幅之间应有 3～6 cm 宽度的搭接,接缝应避开车道轮迹带,上下层的搭接位置宜错开 20 cm 以上(图 2-3-16)。

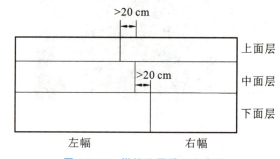

图 2-3-15　两台摊铺机梯队摊铺　　　　　图 2-3-16　搭接位置错开示意图

2.摊铺机调试

摊铺机开工前应提前 0.5～1 h 预热熨平板,使其温度不低于 100 ℃。铺筑过程中振捣或夯锤压实装置应具有适宜的振动频率和振幅,以提高路面的初始压实度。摊铺机的螺旋布料器应根据摊铺速度调整到一个稳定的转动速度,两侧应保持有不少于送料器 2/3 高度的混合料,以减少在摊铺过程中混合料的离析。沥青混合料摊铺作业如图 2-3-17 所示。

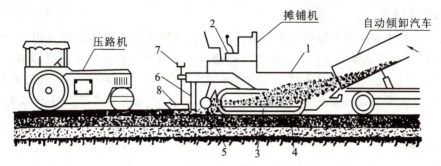

图 2-3-17　沥青混合料摊铺作业示意图

1—料斗;2—驾驶台;3—送料器;4—履带;5—螺旋布料器;6—振捣器;7—厚度调节螺杆;8—熨平板

3. 摊铺速度

摊铺机必须缓慢、均匀、连续不间断地摊铺,不得随意变换速度或中途停顿,以提高平整度,减少混合料的离析。摊铺速度宜控制在 2~6 m/min 的范围内。对改性沥青混合料及 SMA 混合料宜放慢至 1~3 m/min。

4. 气温要求

热拌沥青混合料应在较高气温时施工。当高速公路和一级公路气温低于 10 ℃,其他等级公路气温低于 5 ℃时,不宜摊铺热拌沥青混合料,如因其他原因必须摊铺时,应采取相应的保温和压实措施,确保施工质量。

5. 摊铺厚度

沥青混合料的松铺系数应根据试验路的情况综合确定,表 2-3-17 可供参考。在摊铺过程中,应随时检查摊铺层厚及路拱、横坡,不符合要求时,应根据铺筑情况及时调整。

表 2-3-17　沥青混合料的松铺系数参考值

种类	机械摊铺	人工摊铺
沥青混凝土混合料	1.15~1.35	1.25~1.50
沥青碎石混合料	1.15~1.30	1.25~1.40

6. 摊铺温度

沥青混合料摊铺温度应符合表 2-3-15 和表 2-3-16 要求。例如,当采用 70 号道路石油沥青,普通沥青混合料的摊铺温度不低于 135 ℃。

7. 修补

机械摊铺的混合料未压实前,施工人员不得进入踩踏。摊铺时,一般无须人工不断整修,但是如果出现局部离析,应进行人工修补或更换局部混合料,缺陷较严重时应予以铲除,并调整摊铺机或改进摊铺工艺。

五、沥青混合料的碾压

1. 压路机组合

沥青路面施工应配备足够数量的压路机,选择合理的压路机组合方式及初压、复压、终压的碾压步骤,以达到最佳碾压效果。高速公路铺筑双车道沥青路面的压路机数量不宜少于 5 台。施工气温低、风大、碾压层薄时,压路机数量应适当增加。压路机的组合通过试验段确定,例如某沥青路面采用 2 台双钢轮压路机初压和复压,2 台胶轮压路机复压,1 台双钢轮压路机和 1 台胶轮压路机终压。

2. 碾压速度

压路机应以慢而均匀的速度碾压,压路机的碾压速度应符合表 2-3-18 的规定。压路机的碾压路线及碾压方向不应突然改变而导致混合料推移。

表 2-3-18　压路机的碾压速度(km/h)

压路机类型	初压		复压		终压	
	适宜	最大	适宜	最大	适宜	最大
钢筒式压路机	2~3	4	3~5	6	3~6	6
轮胎压路机	2~3	4	3~5	6	4~6	8
振动压路机	2~3(静压或振动)	3(静压或振动)	3~4.5(振动)	5(振动)	3~6(静压)	6(静压)

3. 碾压温度

混合料的碾压温度应符合表 2-3-15 和表 2-3-16 的要求,并根据混合料种类、压路机、气温、层厚等情况经试压确定。

4. 初压

初压应紧跟摊铺机后碾压,并保持较短的初压区长度,以尽快使表面压实,减少热量散失,如图 2-3-18 所示。通常宜采用钢轮压路机静压 1~2 遍。碾压时应将压路机的驱动轮面向摊铺机,从外侧向中心碾压,在超高路段则由低向高碾压,在坡道上应将驱动轮从低处向高处碾压。初压后应检查平整度、路拱,有严重缺陷时进行修整乃至返工。

5. 复压

复压应紧跟在初压后进行,且不得随意停顿,如图 2-3-19 所示。压路机碾压段的总长度应尽量缩短,通常不超过 60~80 m。密级配沥青混凝土的复压宜优先采用重型的轮胎压路机进行搓揉碾压,以增加密水性,其总质量不宜小于 25 t,相邻碾压带应重叠 1/3~1/2 的碾压轮宽度,碾压至要求的压实度为止。对粗集料为主的较大粒径的混合料,尤其是大粒径沥青稳定碎石基层,宜优先采用振动压路机复压。当采用三轮钢筒式压路机时,总质量不宜小于 12 t,相邻碾压带宜重叠后轮的 1/2 宽度,并不应少于 200 mm。

6. 终压

终压应紧接在复压后进行,如图 2-3-20 所示。终压可选用双轮钢筒式压路机或关闭振动的振动压路机碾压不宜少于 2 遍,至无明显轮迹为止。

图 2-3-18　初压

图 2-3-19　复压

图 2-3-20　终压

7. SMA 路面压实

SMA 路面不宜采用轮胎压路机碾压,以防将沥青结合料搓揉挤压上浮,宜采用振动压路机或钢筒式压路机碾压。

压路机不得在未碾压成型路段上转向、调头、加水或停留。在当天成型的路面上,不得停放各种机械设备或车辆,不得散落矿料、油料等杂物。

六、接缝处理

1. 纵向施工缝

纵向施工缝有热接缝和冷接缝两种形式。采用两台摊铺机成梯队摊铺时,采用热接缝。在前部已摊铺混合料部分留下 10～20 cm 宽暂不碾压作为后高程基准面,并有 5～10 cm 的摊铺层重叠,最后进行跨缝纵向碾压以消除缝迹。对于半幅施工的路面,采用冷接缝时,可加设挡板或采用切刀切齐(图 2-3-21),在摊铺另半幅时,须仔细地清扫接缝处,并涂洒少量黏层沥青,摊铺时应重叠在已铺层上 5～10 cm,铺后人工将铺在前半幅上的混合料铲走,碾压时先在已压实路面上行走,碾压新铺层 10～15 cm,然后压实新铺部分,再伸过已压实路面 10～15 cm,充分将接缝压实紧密。采用热接缝时,上下层纵缝应错开 15 cm 以上,采用冷接缝时,上下层纵缝应错开 30 cm 以上。

2. 横向施工缝

横向施工缝(图 2-3-22)有平接缝、斜接缝两种形式。对于高速公路和一级公路中下面层的横向接缝可采用斜接缝形式,上面层应采用垂直的平接缝形式。其他等级公路各层均可采用斜接缝。采用斜接缝时,为了加强新旧混合料的黏结,可在已压实好的上面铺设一些热混合料,在碾压开始时,再将预热料铲除。斜接缝的搭接长度与层厚有关,一般为 0.4～0.8 m,搭接处需清扫干净,并洒黏层油。采用平接缝时,在已压实好并符合路面平整度要求的断面上,用 3 m 直尺沿纵向位置摆放,在摊铺段端部的 3 m 直尺呈悬臂状,以摊铺层与直尺脱离接触处定出接缝位置,用锯缝机割齐后铲除;继续摊铺时,应将摊铺层锯切时留下的灰浆擦洗干净,涂上少量黏层沥青,摊铺机熨平板从接缝处起步摊铺;碾压时用钢轮压路机进行横向压实,从先铺路面上跨缝逐渐移向新铺面层。在相邻两幅和上下层之间设置的横向接缝均应错位 1 m 以上,如图 2-3-23 所示。

图 2-3-21　纵缝处用切刀切齐

图 2-3-22　横缝示意图

图 2-3-23　横缝错开示意图

七、开放交通

热拌沥青混合料路面应待摊铺层完全自然冷却,混合料表面温度低于 50 ℃后,方可开放交通。

思政案例:
沥青摊铺机的创新

任务三　沥青路面层铺法施工

沥青表面处治面层、封层和沥青贯入式路面面层通常采用层铺法施工。

一、沥青表面处治面层施工

沥青表面处治面层是指用沥青和集料按层铺法或拌和法铺筑而成的厚度不超过 3 cm 的沥青路面面层。根据洒布沥青和撒布集料的次数,沥青表面处治又可分为单层、双层、三层式表面处治路面。宜选择在干燥和较热的季节施工,并应在雨季前和日最高温度低于 15 ℃的天气到来前半个月结束,这样便于沥青路面通过开放交通压实、成型稳定。

沥青表面处治面层的施工一般采用所谓的"先油后料"原则,下文以三层式沥青表面处治为例,介绍其施工程序及要求。

1. 施工准备

施工前,先检查沥青洒布车的油泵系统、输油管道、油量表、保温设备等并将一定数量的沥青装入罐中,进行试洒,确定施工所需的喷洒速度和油量。每次喷洒前要保持喷油嘴干净,管道畅通,喷油嘴的角度应一致,并与洒油管呈 15°～20°的夹角,洒油管的高度应保证同一地点得到两个或三个喷油嘴喷洒的沥青,不得出现花白条。集料撒布机在使用前先检查传动和液压调整系统,并进行试撒布,以确定撒布各种规格集料时应控制的下料间隙和行驶速度。

沥青表面处治应在安装路缘石后进行,基层表面预先清理干净,不得含有泥土等杂质。除阳离子乳化沥青外,不得在潮湿的集料或基层和旧路上浇洒沥青。

2. 洒布沥青

当透层沥青充分渗透,或清扫干净已作透层或封层的基层后,就可按试洒沥青速度浇洒第一层沥青,如图 2-3-24 所示。

石油沥青的洒布温度需控制在 130～170 ℃,使用煤沥青时控制在 80～120 ℃,乳化沥青需在适宜的温度下施工,但乳液的加热温度最高不得超过 60 ℃。沥青的浇洒速度应与石料撒布机的能力相匹配。当洒布沥青后发现空白、缺边时,要立即进行人工补洒,沥青积聚时应予以刮除。

对于前后两车喷洒的接茬搭接处要处理好。在每段接茬处,可用铁板或建筑纸等横铺在本段起洒点前及终点后,长度为 1～1.5 m。如需分数幅浇洒时,纵向搭接宽度宜为 10～15 cm,浇洒第二、三层沥青的搭接缝应错开。

3. 撒布集料

洒布沥青后要尽快趁热及时撒布集料,如图 2-3-25 所示。集料的撒布要均匀、不重叠,不得使沥青露出,当局部集料过多或过少时,应人工清扫多余集料或适当找补。使用乳化沥青时,集料的撒布应在乳液破乳前完成。

两幅搭接处,第一幅浇洒沥青后需留 10～15 cm 宽度不撒集料,待第二幅浇洒沥青后一起撒布集料。

图 2-3-24　洒布沥青

图 2-3-25　撒布集料

4. 碾压

撒布第一层集料后应立即用 6～8 t 钢筒双轮压路机碾压,碾压时轮迹重叠约 30 cm,从路边逐渐移至路中心,再从另一边开始移向路中心为一遍,宜碾压 3～4 遍,碾压刚开始时速度慢一点,一般不超过 2 km/h,以后适当增加。铺完第二、三层时,可以采用 8～10 t 压路机进行碾压。

5. 初期养护

除乳化沥青表面处治面层要等破乳后水分蒸发并基本成形后可通车外,沥青表面处治在碾压结束后即可开放交通。但应限制行车速度不超过 20 km/h,需设专人指挥交通,使路面全宽均匀碾压。如发现局部有泛油现象时,可在泛油处补撒与最后撒布集料相同的集料并扫均匀。沥青表面处治施工后,需在路侧另备 S12(5～10 mm)碎石或 S14(3～5 mm)碎石、粗砂或小砾石 2～3 m³/1000 m² 作为初期养护用料。

单层或双层沥青表面处治的施工方法与三层类似,只是洒布沥青和撒布集料的次数减少了。

二、沥青贯入式路面施工

沥青贯入式路面是在初步压实的碎石上,分层浇洒沥青、撒布嵌缝料,经压实而成的沥青面层。沥青贯入式路面的厚度宜为 4～8 cm,对于乳化沥青贯入式路面的厚度不宜超过 5 cm,沥青贯入式路面的最上层应撒布封层料或加铺拌和层,乳化沥青贯入式路面铺筑在半刚性基层上时,应铺筑下封层,沥青贯入层作为连接层使用时,可不撒表面封层料。在沥青贯入式上部再铺筑热拌沥青混合料封层,称之为"上拌下贯"式沥青路面。上拌下贯的总厚度为 6～10 cm,其中拌和层的厚度宜为 2～4 cm。

沥青贯入式路面的施工一般采用所谓的"先料后油"原则,其施工工艺如下:

1. 施工准备

施工机械和基层准备与层铺法表面处治基本相同。对于主层集料的施工可采用碎石摊铺机,使用钢筒式压路机碾压。乳化沥青贯入式路面必须浇洒透层或黏层沥青。当沥青贯入式路面厚度小于或等于 5 cm 时,也应浇洒透层或黏层沥青。

2. 主层集料撒布和碾压

先撒布主层集料,撒布后严禁车辆在铺好的主层集料上通行。使用与层铺法沥青表面处治相同的机械和方法碾压,碾压一遍后,检验路拱和纵向坡度,如不符合要求,先调整找平再碾压,至集料无显著推移为止。然后再用重型的钢筒压路机(10～12 t)进行碾压,每次轮迹重叠 1/2 左右,碾压 4～6 遍,直至主层集料稳定并无显著轮迹为止。

3. 洒布沥青并撒嵌缝料

主层集料完成后即洒第一层沥青,施工方法与层铺法沥青表面处治基本相同。当主层沥青浇洒后,应立即均匀撒布第一层嵌缝料,不足处应找补;然后立即用 8～12 t 钢筒式压路机进行碾压,轮迹重叠 1/2 左右,碾压 4～6 遍,直至稳定为止。如因气温过高导致碾压过程中发生较大推移现象时,要立即停止碾压,待气温稍低时再继续碾压。

4. 第二、三层施工

第二、三层沥青与嵌缝料的施工基本与第一层类似。当撒布完封层料后,最后碾压,宜采用 6～8 t 压路机碾压 2～4 遍,然后开放交通。

其他施工程序和要求基本与层铺法表面处治相同,要协调和处理好各道工序之间的紧凑性,当天已开工的路段当天完成,并应注意保持施工现场的整洁和干净。

任务四　沥青路面冷拌法施工

冷拌沥青混合料可采用乳化沥青或液体沥青拌制,适用于三级及三级以下的公路沥青面层、二级公路的罩面层以及各级公路的基层、连接层或整平层。在施工中用得较多的是乳化沥青冷拌混合料。

乳化沥青碎石混合料是采用乳化沥青与矿料在常温下拌和而成的,压实后剩余空隙率在 10% 以上的常温沥青混合料,适用于三级和三级以下公路的沥青面层、二级公路的罩面层施工以及各级公路沥青路面的联结层或整平层。乳化沥青碎石混合料路面的沥青面层需采用双层式,上层使用中粒或细粒式沥青碎石混合料,下层使用粗粒式沥青碎石混合料。在少雨干燥地区或半刚性基层上也可使用单层式。为了减少雨水对于路面结构层的侵蚀,在多雨潮湿地区必须做上封层或下封层。

冷拌沥青混合料宜采用厂拌法拌和、沥青摊铺机摊铺。缺乏厂拌条件时也可采用现场路拌、人工摊铺。冷拌沥青混合料施工应注意防止混合料离析。

使用阳离子乳化沥青时,混合料可在下层潮湿的情况下施工,但应防止雨水的冲刷。在与乳液拌和前需用水湿润集料,使集料总含水率达到 5% 左右。

一、乳化沥青碎石混合料的拌和

混合料的拌和时间应保证乳液与集料拌和均匀,一般情况下,机械拌和不宜超过 30 s(自矿料中加进乳液的时间算起);人工拌和不宜超过 60 s。

二、乳化沥青碎石混合料的摊铺

混合料应具有充分的施工和易性,其拌和、运输、摊铺都应在乳液破乳前结束,在施工过程中如遇破乳的沥青混合料,应予以废弃。如条件允许,拌制好的沥青混合料应尽量使用摊铺机摊铺。

三、乳化沥青碎石混合料的碾压

乳化沥青碎石混合料的碾压可以按照热拌沥青混合料的要求执行,混合料摊铺后,可采用 6 t 左右的轻型压路机初压,碾压 1~2 遍,再用轮胎压路机或轻型钢筒式压路机碾压 1~2 遍。当乳化沥青开始破乳,混合料由褐色转为黑色时,可用较重的 12~15 t 轮胎压路机或 10~12 t 钢筒式压路机复压,一般碾压 2~3 遍后立即停止,待晾晒一段时间,水分蒸发后,再补充复压至密实为止。对于局部松散或开裂的混合料,应予以挖除并补换新料,整平压至密实。

乳化沥青混合料路面的上封层应在压实成型、路面水分完全蒸发后加铺。

四、养护与开放交通

压实成型好的路面需做好早期养护,封闭交通 2~6 h。初期开放交通时,车速不得超过20 km/h。

任务五　沥青路面质量检测与验收

沥青路面施工质量管理与检查验收应包括工程施工前、施工过程中的质量管理与质量控制,以及各施工工序间的检查及工程交工后的检查验收。

一、沥青混凝土面层和沥青碎(砾)石面层

1. 施工阶段的质量检验

(1)沥青混合料抽样检验

① 每个拌合站每天上午和下午各取一次沥青混合料样,以测定级配、油石比、稳定度、流值、标准相对密度、最大相对理论密度、空隙率、矿料间隙率、沥青饱和度等物理力学指标。必要时检验动稳定度、浸水马歇尔残留稳定度和冻融劈裂残留强度比。

② 油石比的检测采用离心式抽提法或燃烧法。

热拌沥青混合料的检查频度和质量要求见表 2-3-19。

表 2-3-19　热拌沥青混合料的检查频度和质量要求

项目		检查频度及单点检验评价方法	质量要求或允许偏差		试验方法或试验规程
			高速公路、一级公路	其他等级公路	
混合料外观		随时	观察集料粗细、均匀性、离析、油石比、色泽、冒烟、有无花白料、油团等各种现象		目测
拌和温度	沥青、集料的加热温度	逐盘检测评定	符合规范规定		传感器自动检测、显示并打印
	混合料出厂温度	逐车检测评定	符合规范规定		传感器自动检测、显示并打印，出厂时逐车按 T0981 人工检测
		逐盘测量记录，每天取平均值评定	符合规范规定		传感器自动检测、显示并打印
矿料级配（筛孔）	0.075 mm	逐盘在线检测	±2%（2%）	—	计算机采集数据计算
	≤2.36 mm		±5%（4%）	—	
	≥4.75 mm		±6%（5%）	—	
矿料级配（筛孔）	0.075 mm	逐盘检查，每天汇总 1 次取平均值评定	±1%	—	总量检验法
	≤2.36 mm		±2%	—	
	≥4.75 mm		±2%	—	
	0.075 mm	每台拌合机每天 1~2次，以 2 个试样的平均值评定	±2%（2%）	±2%	T0725 抽提筛分与标准级配比较的差
	≤2.36 mm		±5%（3%）	±6%	
	≥4.75 mm		±6%（4%）	±7%	
沥青用量（油石比）		逐盘在线监测	±0.3%	—	计算机采集数据计算
		逐盘检查，每天汇总 1 次取平均值评定	±0.1%	—	总量检验法
		每台拌合机每天 1~2次，以 2 个试样的平均值评定	±0.3%	±0.4%	抽提 T0722、T0721

项目	检查频度及单点检验评价方法	质量要求或允许偏差		试验方法或试验规程
		高速公路、一级公路	其他等级公路	
马歇尔试验:空隙率、稳定度、流值	每台拌合机每天1～2次,以4～6个试件的平均值评定	符合《公路沥青路面施工技术规范》(JTG F40—2004)的规定		T0702、T0709及配合比设计方法
浸水马歇尔试验	必要时(试件数同马歇尔试验)	符合《公路沥青路面施工技术规范》(JTG F40—2004)的规定		T0702、T0709
车辙试验	必要时(以3个试件的平均值评定)	符合《公路沥青路面施工技术规范》(JTG F40—2004)的规定		T0719

注:① 单点检验是指试验结果以一组试验结果的报告值为一个测点的评价依据,一组试验(如马歇尔试验、车辙试验)有多个试样时,报告值的取用按《公路工程沥青及沥青混合料试验规程》(JTG E20—2011)的规定执行。

② 对高速公路和一级公路,矿料级配和油石比必须进行总量检验和抽提筛分的双重检验控制,互相校核,表中括号内的数字是对 SMA 的要求。油石比抽提试验应事先进行空白试验标定,提高测试数据的准确度。

（2）压实度的检测

采取压实度和空隙率双重控制标准。压实度评定以钻芯样为准,取芯后用混合料回填芯洞并予以夯实。压实度和空隙率的计算采用当天的马歇尔标准相对密度和最大相对理论密度,当天的马歇尔标准相对密度和最大相对理论密度与配合比设计时的标准相对密度和最大相对理论密度的偏差必须小于1%。

（3）厚度的检测

① 充分利用摊铺过程在线控制,即不断地用插尺或改锥插入摊铺层测量松铺厚度。

② 在钻孔检测压实度的同时测量厚度并计算平均值和代表值。

③ 利用每天拌合站沥青混合料总量与实际铺筑的面积计算平均厚度进行总量检测。

（4）平整度的检测

施工过程中可用 3 m 直尺重点跟踪检查摊铺机停机处、接缝处等。施工完毕后用连续式平整度仪测定平整度。

（5）温度检测

检验混合料出厂温度、运到现场温度、摊铺温度、初压温度、碾压终了温度。

（6）渗水试验

路面渗水系数是指在规定的条件下,单位时间内渗入路面结构中水的体积,单位为mL/min。渗水会导致基层软化、沥青面层开裂、松散等病害。压实成型的沥青路面应随机选点检测渗水情况。

热拌沥青混合料路面施工过程中工程质量控制标准见表 2-3-20。

表 2-3-20　热拌沥青混合料路面施工过程中工程质量控制标准

项目		检查频度及单点检验评价方法	质量要求或允许偏差		试验方法或试验规程
			高速公路、一级公路	其他等级公路	
外观		随时	表面平整密实,不得有明显轮迹、裂缝、推挤、油丁、油包等缺陷,且无明显离析		目测
接缝		随时	紧密平整、顺直、无跳车		目测
		逐条缝检测评定	3 mm	5 mm	T0931
施工温度	摊铺温度	逐车检测评定	符合规范规定		T0981
	碾压温度	随时	符合规范规定		插入式温度计实测
厚度①	每一层次	随时,厚度 50 mm 以下 厚度 50 mm 以上	设计值的 5% 设计值的 8%	设计值的 8% 设计值的 10%	施工时插入法量测松铺厚度及压实厚度
	每一层次	1 个台班区段的平均值 厚度 50 mm 以下 厚度 50 mm 以上	−3 mm −5 mm	—	总量检验法
	总厚度	每 2000 m² 一点单点评定	设计值的 −5%	设计值的 −8%	T0912
	上面层	每 2000 m² 一点单点评定	设计值的 −10%	设计值的 −10%	
压实度②		每 2000 m² 检查 1 组,逐个试件评定并计算平均值	实验室标准密度的 97%（98%）,最大理论密度的 93%（94%）,试验段密度的 99%（99%）		T0924、T0922 及《公路沥青路面施工技术规范》（JTG F40—2004)附录 E
平整度④（最大间隙）	上面层	随时,接缝处单杆评定	3 mm	5 mm	T0931
	中下面层	随时,接缝处单杆评定	5 mm	7 mm	T0931
平整度(标准差)	上面层	连续测定	1.2 mm	2.5 mm	T0932
	中面层	连续测定	1.5 mm	2.8 mm	
	下面层	连续测定	1.8 mm	3.0 mm	
	基层	连续测定	2.4 mm	3.5 mm	
宽度	有侧石	检测每个断面	±20 mm	±20 mm	T0911
	无侧石	检测每个断面	不小于设计宽度	不小于设计宽度	
纵断面高程		检测每个断面	±10 mm	±15 mm	T0911

项目	检查频度及 单点检验评价方法	质量要求或允许偏差		试验方法或试验规程
		高速公路、 一级公路	其他等级公路	
横坡坡度	检测每个断面	±0.3%	±0.5%	T0911
沥青面层层面上的渗水系数③，不大于	每 1 km 不少于 5 点，每点 3 处取平均值	300 mL/min（普通密级配沥青混合料）； 200 mL/min（SMA 混合料）		T0971

注：① 表中厚度检测频度指高速公路、一级公路的钻孔频度，其他等级公路可酌情减少状况，且通常采用压实度钻孔试件测定。上面层的允许误差不适用于磨耗层。

② 括号中的数值是对 SMA 路面的要求，对马歇尔成型试件采用 50 次或 35 次击实的混合料，压实度应适当提高要求。

③ 渗水系数适用于公称最大粒径小于或等于 18 mm 的沥青混合料，应在铺筑成型后未遭行车污染的情况下测定，且仅适用于要求密水的密级配沥青混合料、SMA 混合料，不适用于 OGFC 混合料。表中渗水系数以平均值评定，合格率不得小于 90%。

④ 3 m 直尺主要用于接缝检测，对正常生产路段，采用连续式平整度仪测定。

2. 动态质量管理

施工单位应将试验结果和施工进度以日报或电子邮件的形式发到指挥部技术服务组，同时输入计算机数据库，建立质量动态波动图和进度横道图，便于宏观地发现问题并及时调整。

（1）绘制动态图

对重要的试验检测项目绘制波动图和直方图，进行质量动态控制。当某一指标超出允许范围时，即施工不合格时应分析原因，并对施工路段进行处理。动态处理项目包括：

① 油石比、空隙率；

② 级配指标：0.075 mm、2.36 mm、4.75 mm 和最大公称粒径的通过率；

③ 压实度与现场空隙率；

④ 厚度。

（2）总量控制

利用沥青拌合厂打印结果复核试验检测结果，进行总量控制。

① 厚度复核与总量控制：利用沥青拌合厂当天生产的混合料总量与实际铺筑的面积计算平均厚度，复核取芯厚度的准确性，并进行总量检测。

② 油石比复核与总量控制：利用沥青拌合厂当天生产的混合料总量与所用沥青总量计算平均油石比，复核实测油石比的准确性，并进行总量检测。

③ 粉胶比复核与总量控制：利用沥青拌合厂当天所用沥青总量和矿粉总量之比计算平均粉胶比，复核 0.075 mm 筛孔的通过率。

3. 质量验收与评定

（1）基本要求

① 沥青混合料的矿料质量及矿料级配应符合设计要求和施工规范的规定。

② 严格控制各种矿料和沥青用量及各种材料和沥青混合料的加热温度，沥青材料及混合

料的各项指标应符合设计和施工规范要求。沥青混合料的生产,每日应做抽提试验、马歇尔稳定度试验。矿料级配、沥青含量、马歇尔稳定度等结果的合格率应不小于90%。

③ 拌和后的沥青混合料应均匀一致,无花白、无粗细料分离和结团成块现象。

④ 基层必须碾压密实,表面干燥、清洁、无浮土,其平整度和路拱度应符合要求。

⑤ 摊铺时应严格控制摊铺厚度和平整度,避免离析,注意控制摊铺和碾压温度,碾压至要求的密实度。

(2)实测项目

沥青混凝土面层和沥青碎(砾)石面层实测项目见表2-3-21。

表 2-3-21　沥青混凝土面层和沥青碎(砾)石面层实测项目

项次	检查项目		规定值或允许偏差		检查方法和频率
			高速公路、一级公路	其他等级公路	
1△	压实度①(%)		≥试验室标准密度的96%(98%*)　≥最大理论密度的92%(94%*);　≥试验段密度的98%(99%*)		按《标准》附录 B 检查,每200 m 测1处
2	平整度	σ(mm)	≤1.2	≤2.5	平整度仪:全线每车道连续按每100 m 计算 IRI 或 σ
		IRI(m/km)	≤2.0	≤4.2	
		最大间隙 h(mm)	—	≤5	3 m 直尺;每200 m 测2处×5尺
3	弯沉值(0.01 mm)		符合设计要求		按《标准》附录 J 检查
4	渗水系数(mL/min)		≤120(SMA 路面);　≤200(其他沥青混凝土路面)	—	渗水试验仪:每200 m 测1处
5	摩擦系数		符合设计要求	—	摆式仪:每200 m 测1处;摩擦系数测定车:全线连续
6	构造深度		符合设计要求	—	铺砂法:每200 m 测1处
7△	厚度②(mm)	代表值	总厚度:设计值的−5%;　上面层:设计值的−10%	−8%H	按《标准》附录 H 检查,双车道每200 m 测1处
		合格值	总厚度:设计值的−10%;　上面层:设计值的−20%	−15%H	

项次	检查项目		规定值或允许偏差		检查方法和频率
			高速公路、一级公路	其他等级公路	
8	中线平面偏位(mm)		20	30	全站仪:每 200 m 测 2 点
9	纵断面高程(mm)		±15	±20	水准仪:每 200 m 测 2 个断面
10	宽度(mm)	有侧石	±20	±30	尺量:每 200 m 测 4 个断面
		无侧石	不小于设计值		
11	横坡坡度(%)		±0.3	±0.5	水准仪:每 200 m 测 2 个断面
12△	矿料级配		满足生产配合比要求		T0725,每台班 1 次
13△	沥青含量		满足生产配合比要求		T0722、T0721、T0735,每台班 1 次
14	马歇尔稳定度		满足生产配合比要求		

注:① 表内压实度,高速公路、一级公路应选用其中的 2 个标准,并以合格率低的作为评定结果;其他公路选用 1 个标准进行评定。带 * 号者是指 SMA 路面。

② 表列厚度仅规定负允许偏差。其他公路的厚度代表值和极值允许偏差按总厚度计,当总厚度≤60 mm 时,允许偏差分别为—5 mm 和—10 mm;当总厚度>60 mm 时,允许偏差分别为—8%和—15%的总厚度。H 为总厚度(mm)。

(3)外观鉴定

① 表面应平整密实,不应有泛油、松散、裂缝和明显离析等现象,对于高速公路和一级公路有上述缺陷的面积(凡属单条的裂缝,则按其实际长度乘以 0.2 m 宽度折算成面积)之和不得超过受检面积的 0.03%,其他公路不得超过 0.05%。半刚性基层的反射裂缝可不计作施工缺陷,但应及时进行灌缝处理。

② 搭接处应紧密、平顺,烫缝不应枯焦。

③ 面层与路缘石及其他构筑物应密贴接顺,不得有积水或漏水现象。

二、沥青表面处治面层和沥青贯入式面层

1. 沥青表面处治面层

(1)基本要求

① 下承层表面应坚实、稳定、平整,清洁、干燥。

② 沥青浇洒应均匀,无露白,不得污染其他构筑物。

③ 集料应趁热撒铺,扫布均匀,不得有重叠现象,压实平整。

(2)实测项目

沥青表面处治面层实测项目见表 2-3-22。

表 2-3-22　沥青表面处治面层实测项目

项次	检查项目		规定值或允许偏差	检查方法和频率
1	平整度	σ(mm)	≤4.5	平整度仪:全线每车道连续按每 100 m 计算 IRI 或 σ
		IRI(m/km)	≤7.5	
		最大间隙 h(mm)	≤10	3 m 直尺:每 200 m 测 2 处×5 尺
2	弯沉值(0.01 mm)		符合设计要求	按《标准》附录 J 检查
3△	厚度 (mm)	代表值	+5	按《标准》附录 H 检查,双车道每 200 m 测 1 处
		合格值	−10	
4	沥青用量		±5%	每工作日每层洒布查 1 次
6	中线平面偏位(mm)		30	全站仪:每 200 m 测 2 点
7	纵断面高程(mm)		±20	水准仪:每 200 m 测 2 个断面
8	宽度 (mm)	有侧石	±30	尺量:每 200 m 测 4 个断面
		无侧石	不小于设计值	
9	横坡坡度(%)		±0.5	水准仪:每 200 m 测 2 个断面

（3）外观鉴定

① 表面应无拖痕、松散、推挤、油丁、泛油、离析的累计长度不得超过 50 m。

② 路面应无积水。

2. 沥青贯入式面层

（1）基本要求

① 上拌沥青混合料每日应做沥青含量、矿料级配和马歇尔稳定度试验。沥青贯入式面层施工前,应先做好路面结构层与路肩的排水。

② 碎石层应平整坚实,嵌挤稳定;沥青贯入应深透,浇洒应均匀,不得污染其他构筑物。

③ 嵌缝料应趁热撒铺,扫料均匀,不应有重叠现象。

④ 上层采用拌合料时,混合料应均匀、无花白、无粗细料分离和结团成块现象;摊铺应平整,接茬平顺,及时碾压。

（2）实测项目

沥青贯入式面层实测项目见表 2-3-23。

3. 外观鉴定

（1）面层不得松散、不得漏洒,应无波浪、油包。

（2）路面应无积水。

表 2-3-23 沥青贯入式面层实测项目

项次	检查项目		规定值或允许偏差	检查方法和频率
1	平整度	σ(mm)	≤3.5	平整度仪:全线每车道连续按每100 m计算 IRI 或 σ
		IRI(m/km)	≤5.8	
		最大间隙 h(mm)	≤10	3 m 直尺:每200 m 测2处×5尺
2	弯沉值(0.01 mm)		符合设计要求	按《标准》附录 J 检查
3△	厚度① (mm)	代表值	−8％H 或−5	按《标准》附录 H 检查,双车道每200 m 测2处
		合格值	−8％H 或−10	
4	沥青用量		±5％	每工作日每层洒布查1次
6	中线平面偏位(mm)		30	全站仪:每200 m 测2点
7	纵断面高程(mm)		±20	水准仪:每200 m 测2个断面
8	宽度 (mm)	有侧石	±30	尺量:每200 m 测4个断面
		无侧石	不小于设计值	
9	横坡坡度(％)		±0.5	水准仪:每200 m 测2个断面
10△	矿料级配		满足生产配合比要求	T0725,每台班1次
11△	沥青含量		满足生产配合比要求	T0722、T0721、T0735,每台班1次

注:① H 为设计厚度。当 H≥60 mm 时,按厚度百分率计算;当 H<60 mm 时,直接选用固定值。

复习思考题

1. 简述沥青路面的类型。
2. 简述沥青混合料的材料组成。
3. 沥青路面热拌法施工有哪些准备工作?
4. 沥青路面原材料质量控制标准及措施包括哪些?
5. 沥青混合料配合比设计步骤和要求是什么?
6. 沥青路面热拌法施工工序及质量控制要点有哪些?
7. 沥青路面层铺拌法施工工序有哪些?
8. 试述沥青路面施工质量验收内容及标准。

情境四　水泥混凝土路面施工

知识目标

1. 了解水泥混凝土路面的类型;
2. 熟悉水泥混凝土路面结构的组成及分类;
2. 掌握水泥混凝土路面的施工工艺;
4. 熟悉水泥混凝土路面施工质量检测标准。

能力目标

1. 培养学生具备识读水泥混凝土路面图纸的能力。
2. 培养学生具备水泥混凝土路面施工组织管理能力。

素质目标

1. 培养学生具备爱岗敬业、团结协作的匠心。
2. 培养学生具备追求卓越、勇于创新的匠魂。

思政案例:
水泥路面填缝
料研发事迹

任务一　水泥混凝土路面构造认知

水泥混凝土路面是指以水泥混凝土为主要材料铺筑面层的路面,简称混凝土路面,俗称白色路面。它是一种高级路面,是刚性路面。我国于 20 世纪 20 年代末开始在少数大城市的道路和飞机场跑道上铺筑混凝土路面。

一、水泥混凝土路面的类型

1. 普通混凝土路面

普通混凝土路面是指除接缝区和局部范围(边缘和角隅)外,面层内不配置钢筋的混凝土路面,如图 2-4-1 所示。与沥青路面相比,普通混凝土路面具有强度高、稳定性好、耐久性好、有利于夜间行车的优点;但也存在大量的接缝施工、开放交通较迟、修复困难等缺点。

混凝土面层是由一定厚度的混凝土板组成,它具有热胀冷缩的性质,因此需要设置横向接缝(横向缩缝、胀缝、施工缝)和纵向接缝。横向接缝是垂直于行车方向的接缝,间距一般为4～6 m。纵向接缝是指平行于混凝土路面行车方向的接缝,间距为 3.0～4.5 m。

2. 钢筋混凝土路面

钢筋混凝土路面是指板内配置有纵横向钢筋(或钢丝)网的混凝土路面,如图 2-4-2 所示。设置钢筋网的主要目的是控制裂缝缝隙的张开量,将开裂的板拉合在一起,使板依靠断裂面上的集料嵌锁进而保证结构强度,并非增加板的抗弯强度。

当混凝土板的平面尺寸较大,或者预计路基或基层有可能产生不均匀沉降,或者板下埋设地下设施等情况时,宜采用钢筋混凝土路面。

3. 连续配筋混凝土路面

连续配筋混凝土路面是指一般不设横缝(施工缝和特定情况下必设的胀缝除外)且配筋量很大的混凝土面层,如图 2-4-3 所示。这种面层会在温度和湿度变化引起的内应力作用下产生许多横向裂缝,裂缝间距为 1.0～3.0 m,缝隙的平均宽度为 0.2～0.5 mm。但是,由于配置了许多纵向连续钢筋,这些横向裂缝不至于张开而使杂物侵入或使混凝土剥落,因而不会影响行车的舒适性。

由于连续配筋的混凝土路面没有接缝(施工缝除外),所以,在长板的端部、桥头连接处或者与其他路面纵向接头处都要设置胀缝,以便为混凝土的膨胀留有余地。

图 2-4-1　普通混凝土路面　　**图 2-4-2　钢筋混凝土路面**　　**图 2-4-3　连续配筋混凝土路面**

4. 钢纤维混凝土路面

钢纤维混凝土路面是在混凝土中掺入一些低碳钢、不锈钢或玻璃钢的纤维,使其成为一种均匀而多向配筋的混凝土。试验表明,钢纤维与混凝土的握裹力高达 4 MPa。施工时,一般在混凝土中掺入 1.5％～2.0％(体积比)的钢纤维,过多则会使混凝土和易性不好。钢纤维直径为 0.25～1.25 mm,长度宜为 25～60 mm,过长则与混凝土拌和时易成团,过短则混凝土强度增长不大,长度与直径的最佳比值为 50～70。

钢纤维混凝土路面的抗疲劳强度、抗冲击能力和防止裂缝的能力比普通混凝土路面要好得多。同时,钢纤维混凝土路面厚度比普通混凝土可以减薄 30％～50％,而缩缝间距可以增至 15～30 m,胀缝和纵缝可以不设。

作为一种新型路面材料,钢纤维混凝土路面具有广泛的发展前途,它具有板薄、缝少、使用寿命长、养护费用少等特点,特别是作为旧混凝土路面的罩面尤为适宜。

5. 碾压混凝土路面

碾压混凝土是一种含水率低、采用振动碾压施工的高密度及高强度的水泥混凝土。碾压混凝土路面与普通水泥混凝土路面相比能节省大量的水泥,且施工速度快、养护时间短、强度高,具有很好的社会经济效益。碾压混凝土路面一般适用于二级及二级以下等级公路。

6. 组合式(双层式)混凝土路面

新建道路的混凝土面板一般按单层式建造,只有当缺乏品质良好的材料时,才考虑采用双层式混凝土路面板,即利用当地品质较差的材料修筑板的下层,而用品质较好的材料铺筑板的上层,以降低造价。在改建旧混凝土路面时,有时在其上加铺一层新混凝土面层,这样也形成双层式混凝土路面结构。

二、水泥混凝土路面的结构层

水泥混凝土路面的结构层由混凝土面层、基层、垫层等组成,各结构层都应满足相关的技术要求。

1. 面层

由于水泥混凝土面层直接承受行车荷载的反复作用及环境因素的影响,因此要求水泥混凝土面层具有足够的强度、耐久性(抗冻性),表面抗滑、耐磨、平整。

（1）厚度

普通混凝土、钢筋混凝土、碾压混凝土或连续配筋混凝土面层所需厚度,可依据交通荷载等级、公路等级和变异水平等级,参照表 2-4-1 选用。

表 2-4-1　水泥混凝土面层厚度的参考范围

交通荷载等级	极重	特重				重		
公路等级	—	高速	一级	二级	高速	一级		二级
变异水平等级	低	低	中	低	中	低	中	低	中
面层厚度(mm)	≥320	320～280	300～260	280～240		270～230	260～220	

交通荷载等级	中等				轻	
公路等级	二级	三、四级	三、四级		三、四级	
变异水平等级	高	中	高	中	高	中
面层厚度(mm)	250～220	240～210	230～200		220～190	210～180

（2）抗滑性

混凝土面层应具有较大的粗糙度,即应具备较高的抗滑性能,以提高行车的安全性。因此可采用刻槽、压槽、拉槽或拉毛等方法形成一定的构造深度。

2. 基层

基层和底基层应具有足够的抗冲刷能力和适当的刚度,抗变形能力强,坚实、平整,整体性好。

（1）基层的作用:防止或减轻由于唧泥而产生板底脱空和错台等病害;与垫层共同作用,可控制或减少路基不均匀冻胀或体积变形对混凝土面层产生的不利影响;减小路基顶面的压应力,并缓和路基不均匀变形对面层的影响;为混凝土面层施工提供稳定而坚实的工作面,改善接缝的传荷能力;提高路面结构的承载能力,延长路面的使用寿命。

（2）基层材料的选用原则:根据《公路水泥混凝土路面设计规范》(JTG D40—2011)的规定,依据交通荷载等级、材料供应条件和结构层组合要求,可参照表 2-4-2 选用基层和底基层的组成材料类型。

表 2-4-2　适宜于各交通荷载等级的基层和底基层材料类型

交通荷载等级	基层材料类型	底基层材料类型
极重、特重	贫混凝土、碾压混凝土	级配碎石
	沥青混凝土	级配碎石,水泥稳定碎石,石灰、粉煤灰稳定碎石
重	密级配沥青稳定碎石	
	水泥稳定碎石	级配碎石
中等、轻	级配碎石	未筛分碎石、级配砾石,或不设
	水泥稳定碎石,石灰、粉煤灰稳定碎石	未筛分碎石

（3）承受中等或轻交通荷载时,可不设底基层;未设垫层,且路基填料为细粒土、黏土质砂或级配不良砂（承受特重或重交通）,或者上路床为细粒土（承受中等交通）时,应设置底基层。底基层可采用级配粒料、水泥稳定粒料或石灰、粉煤灰稳定粒料等。

（4）基层的宽度应根据混凝土面层施工方式的不同,比混凝土面层每侧至少宽出 300 mm（小型机具施工时）或 500 mm（轨模或摊铺机施工时）或 650 mm（滑模或摊铺机施工时）。路肩采用混凝土面层,其厚度与行车道面层相同时,基层宜与路基同宽。

（5）各类基层和底基层结构性能、施工或排水要求不同,厚度也不同。其适宜厚度,按所选集料的公称最大粒径和压实效果的要求而定,可参照表 2-4-3 选用。

表 2-4-3　基层和底基层材料的结构层适宜厚度

材料种类		适宜层厚(mm)
贫混凝土、碾压混凝土		120～200
无机结合料稳定粒料		150～200
沥青混凝土	集料公称最大粒径 9.5 mm	25～40
	集料公称最大粒径 13.2 mm	35～65
	集料公称最大粒径 16 mm	40～70
	集料公称最大粒径 19 mm	50～75
沥青稳定碎石	集料公称最大粒径 19 mm	
	集料公称最大粒径 26.5 mm	75～100
多孔隙水泥稳定碎石		100～150
级配碎石、未筛分碎石、级配砾石或碎砾石		100～200

（6）为防止下渗水影响路基,排水基层下应设置由水泥稳定粒料或密级配粒料组成的不透水底基层,底基层顶面宜铺设沥青封层或防水土工织物。

3. 垫层

垫层指的是设于基层以下的结构层。其主要作用是隔水、排水、防冻以改善基层和土基的工作条件。垫层介于基层与土基之间,在土基水稳状况不良时,用以改善土基的水稳状况,提高路面结构的水稳性和抗冻胀能力,并可扩散荷载,以减少土基变形。垫层应与路基同宽,其最小厚度为 150 mm。

根据《公路水泥混凝土路面设计规范》(JTG D40—2011)的规定,遇下述情况时,须在基层或底基层下设置垫层:

(1)季节性冰冻地区,路面结构层厚度小于最小防冻厚度要求时,应设置防冻垫层,其厚度为两者之差。

(2)水文地质条件不良的土质路堑,路床土湿度较大时,宜设置排水垫层。

三、普通水泥混凝土路面的构造组成

1. 面层板

面层一般采用设接缝的普通混凝土。面层板的平面尺寸较大或形状不规则,路面结构下埋有地下设施,高填方、软土地基、填挖交界段的路基等有可能产生不均匀沉降时,应采用设接缝和设置传力杆的钢筋混凝土面层。

2. 接缝

混凝土面层是由一定厚度的混凝土板组成,它具有热胀冷缩的性质。由于一年四季气温的变化及昼夜温差的存在,混凝土板会产生不同程度的膨胀和收缩[图 2-4-4(a)],进而造成板的断裂[图 2-4-4(b)]或拱胀等破坏。由于翘曲而引起开裂,被裂缝分割的两块板体尚不致完全分离,倘若板体温度均匀下降引起收缩,则使两块板体被拉开,见图2-4-4(c),从而失去传递荷载的作用。

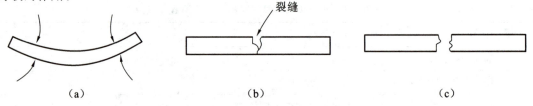

裂缝

(a)   (b)   (c)

图 2-4-4 混凝土板的破坏示意图

(a)混凝土由于温度差引起的变形;(b)开裂;(c)由于均匀温度下降使板被拉开

为避免这些缺陷,普通混凝土、钢筋混凝土、碾压混凝土或钢纤维混凝土面层板不得不在纵横两个方向设置许多接缝,把整个路面分割成许多矩形板块。按接缝与行车方向之间的关系,把接缝分为纵缝与横缝两大类,其纵向和横向接缝应垂直相交,纵缝两侧的横缝不得相互错位。

纵向接缝的间距一般为 3.0～4.5 m。碾压混凝土、钢纤维混凝土面层在全幅摊铺时,可不设纵向缩缝。横向接缝的间距按面层类型和厚度选定,横向接缝的间距及面层板的长宽比参考值见表 2-4-4。

表 2-4-4 横向接缝的间距及面层板长宽比参考值

面层类型	横缝间距(m)	面层板的长宽比	每块板面积(m²)
普通混凝土面层	4～6	≤1.35	≤25
碾压混凝土或钢纤维混凝土面层	6～10	—	—
钢筋混凝土面层	6～15	≤2.5	45

（1）纵向接缝

纵向接缝包括施工缝和缩缝。纵缝应与路线中线平行。在路面等宽的路段内或路面变宽路段的等宽部分，纵缝的间距和形式应保持一致。路面变宽段的加宽部分与等宽部分之间，以纵向施工缝隔开。加宽板在变宽段起（终）点处的宽度不应小于 1 m。

纵向接缝的布设应视路面总宽度、行车道及硬路肩宽度和施工铺筑宽度而定。

① 纵向施工缝

一次铺筑宽度小于路面宽度时，应设置纵向施工缝。纵向施工缝采用平缝形式，上部应锯切槽口，深度为 30～40 mm，宽度为 3～8 mm，槽内灌填缝料，构造如图 2-4-5(a)所示。

② 纵向缩缝

一次铺筑宽度大于 4.5 m 时，应设置带拉杆的假缝形式的纵向缩缝。纵向缩缝采用假缝形式，宽度为 3～8 mm，锯切的槽口深度视基层材料而异。采用粒料基层时，槽口深度应为板厚度的 1/3；采用半刚性基层时，槽口深度应为板厚度的 2/5。其构造如图 2-4-5(b)所示。

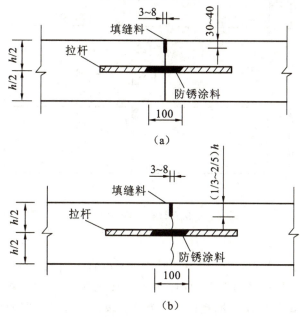

图 2-4-5　纵缝构造（尺寸单位：mm）
(a)纵向施工缝；(b)纵向缩缝

纵向接缝在板厚中央设置拉杆，拉杆应采用螺纹钢筋，并应对拉杆中部 100 mm 范围内进行防锈处理。拉杆的直径、长度和间距，可参照表 2-4-5 选用。施工布设时，拉杆间距应按横向接缝的实际位置予以调整，最外侧的拉杆距横向接缝的距离不得小于 100 mm。

表 2-4-5　拉杆直径、长度和间距（mm）

面层厚度	到自由边或未设拉杆纵缝的距离					
（mm）	3.00 m	3.50 m	3.75 m	4.50 m	6.00 m	7.50 m
200～250	14×700×900	14×700×800	14×700×700	14×700×600	14×700×500	14×700×400
260～300	16×800×900	16×800×800	16×800×700	16×800×600	16×800×500	16×800×400

（2）横向接缝

横向接缝包括缩缝、胀缝和施工缝。横向接缝和纵向接缝应垂直相交，纵缝两侧的横缝不得相互错位。

横向缩缝可等间距或变间距布置，采用假缝形式。极重、特重和重交通公路的横向缩缝，中等和轻交通荷载公路邻近胀缝或自由端部的 3 条缩缝，收费广场的横向缩缝，应采用设传力杆假缝形式，其构造如图 2-4-6(a)所示。其他情况可采用不设传力杆假缝形式，其构造如图 2-4-6(b)所示。

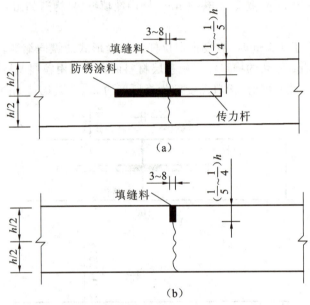

图 2-4-6 横向缩缝构造(尺寸单位：mm)
(a)设传力杆假缝形式；(b)不设传力杆假缝形式

横向缩缝顶部应锯切槽口，设置传力杆时槽口深度宜为面层厚度的 $1/4\sim1/3$，不设传力杆时槽口深度宜为面层厚度的 $1/5\sim1/4$。槽口宽度根据施工条件、填缝材料性质等因素而定，宽度宜为 $3\sim8$ mm，槽内填塞填缝料。二级及二级以下等级公路的槽口可一次成形。高速公路、一级公路槽口宜二次锯切成形，在第一次锯切缝的上部宜增设宽度为 $7\sim10$ mm 的浅槽口，槽口下部应设置背衬垫条，上部应用填缝材料灌填。其构造如图 2-4-7 所示。

在邻近桥梁或其他固定构造物处或与其他道路相交处应设置横向胀缝。设置的胀缝条数，视膨胀量大小而定。低温浇筑混凝土面层或选用膨胀性高的集料时，宜酌情确定是否设置胀缝。胀缝宽宜为 $20\sim25$ mm，缝内设置填缝板和可滑动的传力杆。胀缝构造如图 2-4-8 所示。

每日施工结束或因临时原因中断施工时，必须设置横向施工缝，其位置应尽可能选在缩缝或胀缝处。设在缩缝处的施工缝，应采用加传力杆的平缝形式，其构造如图 2-4-9(a)所示；设在胀缝处的施工缝，其构造与胀缝相同。遇有困难需设在缩缝之间时，施工缝采用设拉杆的企口缝形式，其构造如图 2-4-9(b)所示。

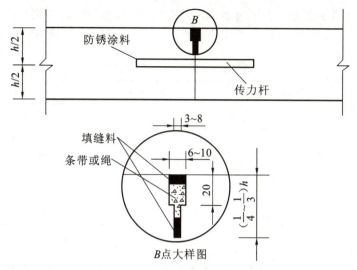

图 2-4-7　二次锯切槽口构造（尺寸单位：mm）

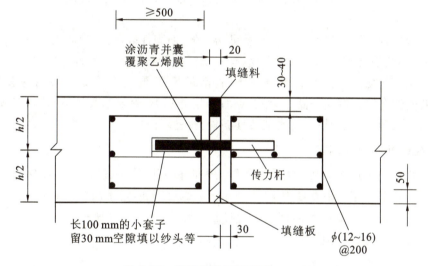

图 2-4-8　胀缝构造（尺寸单位：mm）

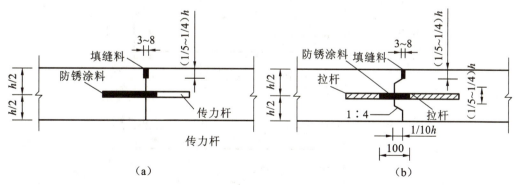

图 2-4-9　横向施工缝（尺寸单位：mm）

（a）设传力杆的平缝；（b）设拉杆的企口缝

传力杆应采用光面钢筋。其尺寸和间距可按表 2-4-6 选用。最外侧传力杆距纵向接缝或自由边的距离为 150～250 mm。

表 2-4-6　传力杆尺寸和间距　　　　　　　　　　　单位：mm

面层厚度	传力杆直径	传力杆最小长度	传力杆最大间距
220	28	400	300
240	30	400	300
260	32	450	300
280	35	450	300
300	38	500	300

（3）接缝填封材料

胀缝接缝板应选用能适应混凝土板膨胀收缩、施工时不变形、复原率高和耐久性好的材料。高速公路和一级公路宜选用泡沫橡胶板、沥青纤维板；其他等级公路也可选用木材类或纤维类板。

接缝填缝料应选用与混凝土接缝槽壁黏结力强、回弹性好、适应混凝土板收缩、不溶于水、不渗水、高温不流淌、低温不脆裂、耐老化，有一定抵抗砂石嵌入的能力，便于施工的材料。常用的填缝材料有聚氨酯焦油类、氯丁橡胶类、乳化沥青类、聚氯乙烯胶泥、沥青橡胶类、沥青玛瑞脂及橡胶嵌缝条等。高速公路、一级公路宜选用硅酮类、聚氨酯类填缝材料，二级及二级以下公路可选用聚氨酯类、橡胶沥青类或改性沥青类填缝材料。

3. 边缘钢筋和角隅钢筋

混凝土面层自由边缘下基础薄弱或接缝为未设传力杆的平缝时，可在面层边缘的下部配置边缘钢筋。通常选用 2 根直径为 12～16 mm 的螺纹钢筋，置于面层底面之上 1/4 厚度且不小于 50 mm 处，间距为 100 mm，钢筋两端向上弯起，如图 2-4-10 所示。

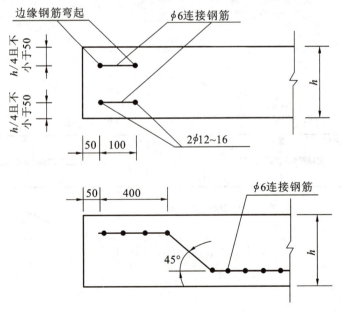

图 2-4-10　边缘钢筋布置（尺寸单位：mm）

承受极重、特重或重交通的胀缝、施工缝和自由边的面层角隅,以及锐角面层角隅,宜配置角隅钢筋。通常选用 2 根直径为 12~16 mm 的螺纹钢筋,置于面层上部,距顶面不小于50 mm,距边缘为 100 mm,如图 2-4-11 所示。

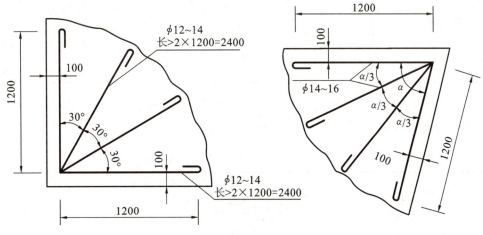

图 2-4-11　角隅钢筋布置(尺寸单位: mm)

4. 路肩

路肩给路面结构提供侧向支承,供车辆紧急或临时停靠,在车行道进行修补时可作为临时车道使用,因而路肩应具有一定的承受车辆荷载的能力。路肩的层次结构和材料选择,除了考虑承载能力外,还应结合路面排水系统的布置和要求,使渗入路面的水分能由排水通道迅速排离出路面结构,为铺筑出符合质量标准的水泥混凝土路面提供基本保证。

路肩的铺面结构可选用水泥混凝土面层或沥青面层。高速公路和一级公路的水泥混凝土路肩的铺面结构和厚度应与行车道一致。路肩与行车道之间的纵缝应设置拉杆。

5. 路面排水

高速公路和一级公路的路面排水一般由路肩排水(一般设置 2‰~3‰横向坡度)、中央分隔带排水和路面表面渗入水的排除等组成。路肩必须设置边坡与板底连通的排水盲沟,以利于将路面板接缝处的渗水排出路肩。

四、水泥混凝土原材料的技术要求

水泥混凝土面层直接与行车荷载、各种大气因素接触,在荷载的重复作用和环境因素的影响下,混凝土必须要有足够的强度和耐久性,还要有耐磨、平整、抗滑的表面以确保行车的舒适和安全。因此,要求水泥混凝土有合格的材料和合理的配合比。道路路面用水泥混凝土由适当级配的水泥、粗细集料、水和外加剂混合而成,其组成材料的技术要求如下。

1. 水泥

水泥是水泥混凝土路面中最重要的胶凝材料,其质量直接影响水泥混凝土路面弯拉强度、抗冲击振动性能、疲劳寿命、稳定性和耐久性等关键性能,必须引起高度重视。

特重、重交通路面宜采用旋窑道路硅酸盐水泥,也可采用旋窑硅酸盐水泥或普通硅酸盐水泥;中、轻交通的路面可采用矿渣硅酸盐水泥;低温天气施工或有快通要求的路段可采用早强型水泥。对于不同交通荷载等级的路面,水泥各龄期的抗折强度及抗压强度见表 2-4-7。

表 2-4-7　各交通荷载等级路面水泥各龄期的抗折强度、抗压强度

交通荷载等级	特重交通		重交通		中、轻交通	
龄期(d)	3	28	3	28	3	28
抗压强度(MPa),≥	25.5	57.5	22.0	52.5	16.0	42.5
抗折强度(MPa),≥	4.5	7.5	4.0	7.0	3.5	6.5

水泥进场时每批量应附有化学成分、物理、力学指标合格的检验证明。各交通荷载等级路面所使用水泥的化学成分、物理指标等路用品质要求应符合表 2-4-8 的规定。

表 2-4-8　各交通荷载等级路面所使用水泥的化学成分和物理指标

水泥性能	交通荷载等级	
	特重、重交通路面	中、轻交通路面
铝酸三钙,≤	7.0%	9.0%
铁铝酸四钙	15%～20%	12%～20%
游离氧化钙,≤	1.0%	1.8%
氧化镁,≤	5.0%	6.0%
三氧化硫,≤	3.5%	4.0%
碱含量 $Na_2O+0.658K_2O$,≤	0.6%	怀疑有碱活性集料时,0.6%;无碱活性集料时,1.0%
混合材种类	不得掺窑灰、煤矸石、火山灰、黏土和煤渣,有抗盐(冻)要求时不得掺石灰岩粉	不得掺窑灰、煤矸石、火山灰、黏土和煤渣,有抗盐(冻)要求时不得掺石灰岩粉
出磨时安定性	雷氏夹或蒸煮法检验必须合格	蒸煮法检验必须合格
标准稠度需水量,≤	28%	30%
烧失量,≤	3.0%	5.0%
比表面积	宜为 300～450 m²/kg	宜为 300～450 m²/kg
细度(80μm),≤	10%	10%
初凝时间,≥	1.5 h	0.75 h
终凝时间,≤	10 h	10 h
28 d 干缩率,≤	0.09%	0.10%
耐磨性,≤	2.5 kg/m²	3.0 kg/m²

采用机械化铺筑时,宜选用散装水泥。散装水泥的夏季出厂温度:南方不宜高于 65 ℃,北方不宜高于 55 ℃。混凝土搅拌时的水泥温度:南方不宜高于 60 ℃,北方不宜高于 50 ℃,且不宜低于 10 ℃。

2. 粗集料

粗集料应使用质地坚硬、耐久、洁净的碎石、碎卵石和卵石,并应符合表 2-4-9 的规定。高速公路、一级公路、二级公路及有抗盐(冻)要求的三、四级公路混凝土路面使用的粗集料级别应不低于Ⅱ级,无抗盐(冻)要求的三、四级公路混凝土路面、碾压混凝土及贫混凝土基层可使用Ⅲ级粗集料。碎石的强度可以用岩石的抗压强度和压碎指标表示。粗集料采用级配范围应符合表 2-4-10 的规定。粗集料的最大公称粒径,碎卵石不应大于 26.5 mm,碎石不应大于 31.5 mm,卵石不宜大于 19 mm。

表 2-4-9　水泥混凝土用碎石和卵石技术指标

项目	技术要求		
	Ⅰ级	Ⅱ级	Ⅲ级
碎石压碎指标(%),≤	18.0	25.0	30.0
卵石压碎指标(%),≤	21.0	23.0	26.0
坚固性(按质量损失计,%),≤	5.0	8.0	12.0
针、片状颗粒含量(按质量计,%),≤	8.0	15.0	20.0
含泥量(按质量计,%),≤	0.5	1.0	2.0
泥块含量(按质量计,%),≤	0.2	0.5	0.7
吸水率(按质量计,%),≤	1.0	2.0	3.0
洛杉矶磨耗损失(按质量计,%)≤	28.0	32.0	35.0
有机物含量(比色法)	合格	合格	合格
硫化物及硫酸盐(按 SO_3 质量计,%),≤	0.5	1.0	1.0
岩石抗压强度	岩浆岩不应小于 100 MPa;变质岩不应小于 80 MPa;沉积岩不应小于 60 MPa		
表观密度(kg/m³),≥	2500		
松散堆积密度(kg/m³),≥	1350		
空隙率(%),≤	47		
磨光值(%),≥	35		
碱集料反应	经碱集料反应试验后,试件无裂缝、酥裂、胶体外溢等现象,在规定试验龄期的膨胀率应小于 0.10%		

表 2-4-10　粗集料人工合成级配范围

粒径 (mm)	方孔筛尺寸(mm)							
	2.36	4.75	9.50	16.0	19.0	26.5	31.5	37.5
	累计筛余(以质量计)(%)							
4.75～16	95～100	85～100	40～60	0～10	—	—	—	—

续表 2-4-10

粒径 (mm)	方孔筛尺寸(mm)							
	2.36	4.75	9.50	16.0	19.0	26.5	31.5	37.5
	累计筛余(以质量计)(%)							
4.75~19	95~100	85~95	60~75	30~45	0~5	0	—	—
4.75~26.5	95~100	90~100	70~90	50~70	25~40	0~5	0	—
4.75~31.5	95~100	90~100	75~90	60~75	40~60	20~35	0~5	0

3. 细集料

水泥混凝土中细集料一般为粒径范围为 0.15~4.75 mm 的质地坚硬、耐久、洁净的天然砂或机制砂,不宜使用再生细集料。细集料按照技术要求分为Ⅰ、Ⅱ、Ⅲ级,其各项技术指标及颗粒级配应符合设计和规范要求,见表 2-4-11 和表 2-4-12。

极重、特重、重交通荷载等级公路面层水泥混凝土用天然砂的质量标准不应低于表 2-4-11 规定的Ⅱ级,中、轻交通荷载等级公路面层水泥混凝土可使用Ⅲ级天然砂。

表 2-4-11　天然砂的质量标准

项次	项目	技术要求		
		Ⅰ级	Ⅱ级	Ⅲ级
1	坚固性(按质量损失计,%),≤	6.0	8.0	10.0
2	含泥量(按质量计,%),≤	1.0	2.0	3.0
3	泥块含量(按质量计,%),≤	0	0.5	1.0
4	氯离子含量(按质量计,%),≤	0.02	0.03	0.06
5	云母含量(按质量计,%),≤	1.0	1.0	2.0
6	硫化物及硫酸盐含量(按 SO_3 质量计,%),≤	0.5	0.5	0.5
7	海砂中的贝壳类物质含量(按质量计,%),≤	3.0	5.0	8.0
8	轻物质含量(按质量计,%),≤	1.0		
9	吸水率(%),≤	2.0		
10	表观密度(kg/m³),≥	2500.0		
11	松散堆积密度(kg/m³),≥	1400.0		
12	空隙率(%),≤	45.0		
13	有机物含量(比色法)	合格		
14	碱活性反应	不得有碱活性反应或疑似碱活性反应		
15	结晶态二氧化硅含量(%),≥	25.0		

天然砂的级配范围宜符合表 2-4-12 的规定。面层水泥混凝土使用的天然砂细度模数宜

为 2.0～3.7。

表 2-4-12 天然砂的推荐级配范围

砂分级	细度模数	方孔筛尺寸(mm)							
		9.5	4.75	2.36	1.18	0.60	0.30	0.15	0.075
		通过各筛孔的质量百分率(%)							
粗砂	3.1～3.7	100	90～100	65～95	35～65	15～30	5～20	0～10	0～5
中砂	2.3～3.0	100	90～100	75～100	50～90	30～60	8～30	0～10	0～5
细砂	1.6～2.2	100	90～100	85～100	75～100	60～84	15～45	0～10	0～5

路面和桥面用天然砂宜为中砂,也可使用细度模数为 2.0～3.5 的砂。同一配合比用砂的细度模数变化范围不应超过 0.3;否则,应分别堆放,并调整配合比中的砂率后使用。

4. 水

饮用水可直接作为混凝土搅拌和养护用水。未经处理的工业及生活废水、污水、沼泽水以及 pH 值小于 4.5 的酸性水均不能使用。普通混凝土路面,对水质有疑问时,应检验下列指标,合格者方可使用:

(1)硫酸盐含量(按 SO_4^{2-} 计)小于 2700 mg/L。

(2)含盐量不得超过 3500 mg/L。

(3)pH 值不得小于 4.5。

(4)碱含量不大于 1500 mg/L。

(5)可溶物含量不大于 10000 mg/L,不溶物含量不大于 5000 mg/L。

(6)不得含有油污、泥和其他有害杂质。

5. 外加剂

为了改善混凝土的技术性质,可在混凝土中加入一定数量的外加剂。常用的外加剂有减水剂、早强剂、引气剂、缓凝剂、阻锈剂等。在公路路面工程建设中,掺用外加剂可按照以下规定选用:

(1)各交通等级路面、桥面混凝土宜选用减水率大、坍落度损失小、可调控凝结时间的复合型减水剂。高温施工宜使用引气缓凝(保塑、高效)减水剂;低温施工宜使用引气早强(高效)减水剂。选定减水剂品种前,必须与所用的水泥进行适应性检验。

(2)引气剂应选用表面张力降低值大、水泥稀浆中起泡容量多而细密、泡沫稳定时间长、不溶残渣少的产品。有抗盐(冻)要求地区,各交通等级路面、桥面、路缘石、路肩及贫混凝土基层必须使用引气剂;无抗盐(冻)要求地区,二级及二级以上公路路面混凝土中应使用引气剂。

(3)处在海水、海风、氯离子、硫酸根离子环境或冬季须除冰(盐)的路面或桥面钢筋混凝土、钢纤维混凝土中宜掺阻锈剂。

任务二 水泥混凝土路面小型机具施工法施工

水泥混凝土路面施工方法有小型机具施工法、三辊轴机组施工法、滑模摊铺施工法、轨道摊铺施工法、碾压混凝土施工法等。高速公路、一级公路基本采用滑模摊铺施工法;二级及其以下公路可采用三辊轴机组施工法;三、四级公路多使用小型机具施工法。

水泥路面小型机具施工是一种传统的路面施工方法。它是采用固定模板,人工布料,手持振捣棒、振动板或振捣梁振实,滚杠、修整尺、抹平刀整平的混凝土路面施工工艺。

水泥混凝土小型机具法施工主要有以下工序:施工准备→测量放样→安装模板→架设传力杆和拉杆→拌合物搅拌和运输→摊铺成型→表面修整→抗滑构造制作→接缝施工→养护。

一、施工准备

1. 材料准备

根据设计要求与当地材料供应情况,配备足够数量的原材料,做好混凝土原材料的试验,检验合格并经配合比试验满足要求方可使用。在此基础上进行路面混合料配合比设计试验,确定施工配合比。

2. 机械准备

配备混凝土拌和设备、运输设备、振捣工具、整平抹面工具、抗滑构造设备。建立混凝土搅拌站,一般采用自动质量计量设备的间歇式搅拌的强制式搅拌机,拌合站的选址应防止噪声扰民和粉尘污染,距离摊铺路段的最长距离不宜超过 20 km。配备一定数量的混凝土搅拌运输车。振捣工具包括插入式振捣棒、平板振动器和振动梁等;整平抹面工具包括提浆滚杠、叶片式或圆盘式抹面机、3 m 刮尺和抹刀等;抗滑构造设备包括拉毛机、工作桥、硬刻槽机等。施工前对施工机械设备、测量仪器、基准线或模板、机具工具及各种试验仪器等进行全面检查、调试、校核、标定,并适量储备主要施工机械易损零件。

3. 技术准备

施工单位应根据设计图纸、合同文件、摊铺方式、施工条件等,确定水泥混凝土路面施工工艺流程、施工方案,编制详细的切实可行的施工组织设计;对平面尺寸和高程进行复测和恢复性测量;建立具备资质要求的现场实验室;铺设必要的施工便道及对相关的技术人员进行技术交底,并对技术人员进行相关培训。

4. 基层的检查与整修

基层的宽度、路拱与高程、表面平整度和压实度,均应检查其是否符合要求。如有不符之处,应予以整修;否则,将使面层的厚度变化过大,增加其造价或减少其使用寿命。半刚性基层的整修时机很重要,过迟难以修整且很费工。当在旧砂石路面上铺筑混凝土路面时,所有旧路面的坑洞、松散等损坏,以及路拱横坡或宽度不符合要求之处,均应事先翻修调整压实。混凝土摊铺前,基层表面应洒水润湿,以免水混凝土底部的水分被干燥的基层吸去,变得疏松,以致产生细裂缝,有时也可在基层和水混凝土之间铺设薄层沥青混合料或塑料薄膜。

二、混凝土的搅拌与运输

1. 混凝土的搅拌

(1) 配合比控制

每台搅拌楼在投入生产前,必须进行标定和试拌。在标定有效期满或搅拌楼搬迁安装后,均应重新标定。施工中应每 15 d 校验一次搅拌楼计量精确度。搅拌楼配料计量偏差不得超过表 2-4-13 的规定。不满足时,应分析原因,排除故障,确保拌和计量精确度。采用计算机自动控制系统的搅拌楼时,应使用自动配料生产,并按需要打印每天(周、旬、月)对应路面摊铺桩号的混凝土配料统计数据及偏差。

表 2-4-13 搅拌楼的混凝土拌和计量允许偏差(%)

材料名称	水泥	掺合料	纤维	细集料	粗集料	水	外加剂
高速公路、一级公路每盘	±1	±1	±2	±2	±2	±1	±1
其他公路每盘	±2	±2	±2	±3	±3	±2	±2

(2)拌和时间

应根据拌合物的黏聚性、均质性及强度稳定性试拌确定最佳拌和时间。一般情况下,拌和时间应满足如下要求:

① 单立轴式搅拌机总拌和时间宜为 80～120 s,全部原材料到齐后的最短纯拌和时间不宜短于 40 s。

② 行星立轴和双卧轴式搅拌机总拌和时间为 60～90 s,最短纯拌和时间不宜短于 35 s。

③ 连续双卧轴搅拌楼的最短拌和时间不宜短于 40 s。最长总拌和时间不应超过高限值的 2 倍。

(3)外加剂的使用

外加剂应以稀释溶液加入,其稀释用水和原液中的水量,应从拌和加水量中扣除。使用间歇式搅拌楼时,外加剂溶液浓度应根据外加剂掺量、每盘外加剂溶液筒的容量和水泥用量计算得出。连续式搅拌楼应按流量比例控制外加剂加入。加入搅拌锅的外加剂溶液应充分溶解,并搅拌均匀。有沉淀的外加剂溶液,应每天清除一次稀释池中的沉淀物。

(4)拌和质量控制

施工开始及搅拌过程中都应按规定的频率检验坍落度、坍落度损失、含气量、泌水量、混凝土凝结时间、砂石料含水率及混凝土容重等。按标准方法预留规定数量的弯拉强度试件。在寒冷或炎热气候下施工,混凝土拌合机出料时的温度应分别控制在 10～35 ℃,并应加测原材料温度、拌合物的温度、坍落度损失率和凝结时间等。

混凝土拌合物应均匀一致,不得有未加水的干料、未拌匀的生料和离析等现象,干料和生料禁止用于路面摊铺。一台搅拌楼每盘之间和其他搅拌楼之间,混凝土拌合物的坍落度允许误差为 ±1 cm。试拌及滑模摊铺时的坍落度,应按最适宜滑模摊铺的坍落度值加上当时气温下运料所耗时间的坍落度损失值确定。在雨天或阵雨后,应按砂石料实际含水率及时微调加水量。

2. 混凝土的运输

应根据施工进度、运量、运距及路况,选配运输混凝土的车型和车辆总数。总运力应比总拌和能力略有富余,确保新拌和混凝土在规定时间内运到摊铺现场。

通常采用搅拌运输车运输混凝土,乡村道路条件不具备时采用自卸汽车运输混凝土。运输到现场的拌合物必须具有适宜摊铺的工作性。不掺加缓凝剂的混凝土拌合物从搅拌机出料到运抵现场的允许最长时间应符合表 2-4-14 的规定。若运输时间超过规定时间限制或在夏季浇筑时,拌和过程中应加入适量的缓凝剂。运输时间过长,混凝土拌合物的水分蒸发和离析现象会增加,因此应尽量缩短混凝土拌合物的运输时间,并采取措施防止水分损失和混合料离析。

表 2-4-14　混凝土拌合物出料到运抵现场允许最长时间(h)

施工气温①(℃)	滑模摊铺	三辊轴、小型机具摊铺	碾压摊铺
5～9	1.5	1.2	1.0
10～19	1.25	1.0	0.8
20～29	1.0	0.75	0.6
30～35	0.75	0.40	0.40

注:①指施工时间的日间平均气温,使用缓凝剂延长凝结时间后,本表数值可增加 0.25～0.5 h。

混凝土拌合物的运输除应满足上述规定外,尚应符合下列技术要求:

(1)运送混凝土的车辆装料前,应清净厢罐,洒水润壁,排干积水。装料时,自卸车应挪动车位,防止离析。搅拌楼卸料落差不应大于 2 m。

(2)混凝土运输过程中应防止漏浆、漏料和污染路面,途中不得随意耽搁。自卸车运输时应减小颠簸,防止拌合物离析。车辆起步和停车应平稳。

(3)超过表 2-4-14 规定的摊铺允许最长时间的混凝土不得用于路面摊铺。混凝土一旦在车内停留超过初凝时间,应采取紧急措施处置,严禁混凝土硬化在车厢(罐)内。

(4)烈日、大风、雨天和低温天远距离运输时,自卸汽车应遮盖混凝土,罐车宜加保温隔热套。

(5)使用自卸车运输混凝土最远运输半径不宜超过 20 km。

(6)运输车辆在模板或导线区调头或错车时,严禁碰撞模板或基准线,一旦碰撞,应告知测量人员重新测量纠偏。

(7)车辆倒车及卸料时,应有专人指挥。卸料应到位,严禁碰撞摊铺机和前场施工设备及测量仪器。卸料完毕,车辆应迅速离开。

(8)碾压混凝土卸料时,车辆应在前一辆车离开后立即倒向摊铺机,并在机前 10～30 cm 处停住,不得撞击摊铺机。然后换成空挡,并迅速升起料斗卸料,靠摊铺机推动前进。

三、安装模板

公路混凝土路面、桥面和加铺层的施工模板应采用刚度足够的槽钢、轨模或钢制边侧模板,不应使用木模板、塑料模板等其他易变形的模板。采用人工摊铺混凝土,无钢模时,也可采用木模,但厚度宜在 5 cm 以上。

1. 测量放样

支立模板前在垫层或基层上进行模板安装及摊铺位置的测量放样,每 20 m 布设中桩和边桩,每 100 m 布设临时水准点,核对路面高程、面板分块、胀缝和构造物位置。测量放样的质量要求和允许偏差要符合相应测量规范的规定,且不能超出规范对模板安装精确度的规定。

2. 模板安装

（1）侧模安装

模板高度应与混凝土面层板厚度相同，长度一般为 3～5 m，在小半径弯道可使用长度小于 4 m 的模板；模板的加工精度要满足表 2-4-15 的要求。

表 2-4-15　模板加工与矫正允许偏差

施工方式	高度偏差 （mm）	局部变形 （mm）	垂直边夹角 （°）	顶面平整度 （mm）	侧面平整度 （mm）	纵向变形 （mm）
三辊轴机组	±1	±2	90±2	±1	±2	±2
小型机具	±2	±3	90±3	±2	±3	±3

模板顶面用水准仪检查标高，不符合要求时予以调整。施工时，要经常检查模板平面和高程并严加控制。模板两侧铁钎打入基层固定。模板的顶面与混凝土板顶面齐平，并应与设计高程一致，模板底面应与基层顶面紧贴，局部低洼处（空隙）要事先用水泥浆铺平并充分夯实。每米模板应设置 1 处支撑固定装置，如图 2-4-12 所示。固定的作用是防止振捣机、振捣梁、滚杠振动和重力作用下向外发生水平位移。立好的模板在浇筑混凝土之前，其表面应涂刷皂液、废机油等防黏剂，以便拆模。

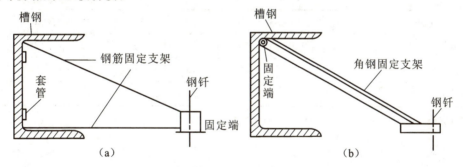

图 2-4-12　钢模板焊接钢筋和角钢固定示意图

(a)焊接钢筋固定支架；(b)焊接角钢固定支架

（2）端模安装

横向施工缝端模板为焊接钢制模板或槽钢模板，应按设计规定的传力杆直径和间距设置传力杆插入孔和定位套管。端模板每米长度应设置 1 个垂直固定孔套。工作缝端模侧立面如图 2-4-13 所示。

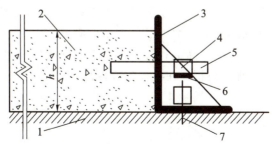

图 2-4-13　工作缝端模侧立面

1—基层；2—混凝土路面；3—钢端模；4—定位套管；5—传力杆；6—支撑横梁；7—固定钉

（3）模板检查

模板应安装稳固、顺直、平整，无扭曲，相邻模板连接应紧密平顺，不得有底部漏浆、前后错茬、高低错台等现象。模板应能在承受摊铺、振实、整平设备的负载行进、冲击和振动时不发生位移。严禁在基层上挖槽，嵌入安装模板。

模板安装检验合格后，与混凝土拌合物接触的表面应涂脱模剂或隔离剂；接头应粘贴胶带或塑料薄膜等密封。

模板安装完毕后，宜再检查一次模板相接处的高差和模板内侧是否有错位和不平整等情况，高差大于 3 mm 或有错位和不平整的模板应拆除重新安装。

3. 模板矫正与拆除

当混凝土抗压强度不小于 8.0 MPa 时方可拆模。适宜的拆模时间与当地的昼夜平均气温及所用的水泥品种有关。当路面混凝土中掺加粉煤灰时，正常气温下，一般应延长 1～2 d 拆模，低温条件下应延长 3～5 d 拆模。当缺乏强度实测数据时，边侧模板的允许最早拆模时间宜符合表 2-4-16 的规定。达不到要求，不能拆除端模时，可空出一块面板，重新起头摊铺，空出的面板待两端均可拆模后再补做。模板拆卸应使用专用工具。拆模不得损坏板边、板角，不得造成传力杆和拉杆松动或变形。

表 2-4-16　混凝土路面板边侧模板的允许最早拆模时间（h）

昼夜平均气温（℃）	-5	0	5	10	15	20	25	≥30
硅酸盐水泥、R 型水泥	240	120	60	36	34	28	24	18
道路、普通硅酸盐水泥	360	168	72	48	36	30	24	18
矿渣硅酸盐水泥	—	—	120	60	50	45	36	24

注：允许最早拆侧模时间从混凝土路面板精整成形后开始计算。

四、面层摊铺

1. 摊铺

摊铺混凝土前，应对模板的间隔、高度、支撑稳定情况和基层的平整、润湿情况，以及钢筋的位置和传力杆装置等进行全面检查。

混凝土混合料运送车辆到达摊铺地点后，卸料时需专人指挥卸料，将混凝土倒入安装好侧模的路槽内，并用人工找补均匀，如发现有离析现象，应用铁锹翻拌。

混凝土板厚度不大于 24 cm 时，可一次摊铺。大于 24 cm 时，宜分两次摊铺，下层厚度宜为总厚度的 3/5。人工摊铺水泥混凝土拌合物的坍落度应控制在 5～20 mm，拌合物松铺系数宜控制在 1.10～1.25。料偏干，取较高值；反之，取较低值。用铁锹摊铺时，应用"扣锹"的方法，严禁抛掷和搂耙，以防止摊料离析。在模板附近摊铺时，用铁锹插捣几下，使灰浆捣出，以免发生蜂窝。

2. 安放加强钢筋

（1）安放钢筋网片

对于钢筋混凝土路面，安放钢筋网片时，不得踩踏，应在底部先摊铺一层混凝土拌合物，摊铺高度应按钢筋网片设计位置预加一定的沉落高度。待钢筋网片安装就位后,再继续浇筑混凝土。若安放双层钢筋网片时,对厚度不大于 25 cm 的板,上下两层钢筋片可事先用架立筋扎成骨架后一次安放就位。厚度大于 25 cm 的,上下两层钢筋网片应分两次安放。

（2）安放角隅钢筋和边缘钢筋

安放角隅钢筋时,应先在安放钢筋的角隅处摊铺一层混凝土拌合物。摊铺高度应比钢筋设计位置预加一定的沉落度。角隅钢筋就位后,用混凝土拌合物压住。

安放边缘钢筋时,应先沿边缘铺筑一条混凝土拌合物,拍实至钢筋设置高度,然后安放边缘钢筋,在两端弯起处,用混凝土拌合物压住。

3. 振捣

小型机具法铺筑混凝土路面时,应依次使用振捣棒、振动板、振动梁振捣密实混凝土。

（1）振捣棒振实

在待振横断面上,每车道应配备不少于 3 根振捣棒,振捣棒的功率不应小于 1.1 kW,沿横断面连续振捣密实,板底、内部和边角不得欠振和漏振。振捣时,振捣棒应轻插慢提,不得在拌合物中平推或拖拉振捣。振捣棒移动距离不应大于有效作用半径的 1.5 倍,并不大于 500 mm,每处振动时间不宜短于 30 s,以不再冒气泡并泛出水泥浆为准。边角插入振捣离模板的距离不应大于 150 mm,并应避免碰撞模板。振捣时,应辅以人工补料,并随时检查振实效果,及时纠正模板、拉杆、传力杆和钢筋的移位、变形、松动、漏浆等情况。

（2）振动板振实

每车道应配备不少于 2 台振动板,振动板的功率不应小于 2.2 kW。每个振动板应由两名作业人员提拉振动,不得自由放置或长时间持续振动。振动板移位时,应重叠 100～200 mm,每处振动时间不应少于 15 s。振动板振动遍数应纵、横向交错两遍,不得过振或漏振,应控制振动板板底泛浆厚度为(4±1) mm。缺料的部位,应在振动的同时辅以人工补料找平。

（3）振动梁振实

每车道应配备 1 根振动梁,长度应比路面宽度每侧宽出 300～500 mm。振动梁上应安装 2 台附着式表面振动器,振动器功率不应小于 1.1 kW。振动梁底部应焊接或安装深度 4 mm 的粗集料压入齿。振动板振实长度达到 10 m 后,可垂直路面中线纵向人工拖动振动梁,在模板顶面往复拖行 2～3 遍,使表面泛浆均匀平整。拖行过程中,振动梁下间隙应及时用混凝土补平,不得用纯砂浆填补;料位高出模板时应人工铲除,直到表面泛浆均匀,路面平整。

4. 整平饰面

小型机具法铺筑混凝土路面时,宜采用滚杠、整平尺或抹面机依次整平,直至面层无任何缺陷,平整度符合要求。

（1）滚杠提浆整平

应在每个作业面配备 2 根整平滚杠,一根用于施工,另一根浸泡清洗后备用。滚杠应使用直径为 100 mm 或 125 mm 的无缝钢管制成,刚度及顺直度应满足施工质量要求,两端设有把手与轴承,能够往复拖滚。滚杠应支承在模板顶面,用人工往返拖滚,拖滚遍数宜为 2～3 遍,第一遍应短距离缓慢拖滚或推滚,以后应较长距离匀速拖滚,并将水泥浆始终赶在滚杠前方。滚杠下有间隙的部位应及时找补,多余水泥浆应铲除。

（2）压实整平

整平饰面应待混凝土表面泌水基本完成后进行，采用 3 m 刮尺收浆饰面，纵横各 2～3 遍抄平饰面，直到表面平整度符合要求，表面砂浆厚度均匀。整平饰面也可采用叶片式或圆盘式抹面机进行，抹面机应按每车道路面不少于 1 台配备。饰面遍数宜为往返 1～2 遍。

（3）精平饰面

在抹面机完成作业后，应使用抹刀进行精平饰面。精平饰面包括清边整缝，清除黏浆，修补缺边、掉角等工作。当烈日暴晒或风大时，应加快表面的修整速度，或在防雨篷下进行。精平饰面后的面层表面应致密均匀，无抹面印痕、无露骨，平整度应达到要求，并应立即进行保湿养生。

五、接缝施工

水泥混凝土面板接缝是混凝土路面的薄弱环节，接缝施工质量不高，会引起板的各种损坏，并影响行车的舒适性。因此，应认真地做好接缝施工。

1. 拉杆和传力杆安装

（1）纵缝处拉杆的安装

采用固定模板施工时，纵向施工缝拉杆可采用三种方式设置。第一种方式是应从侧模预留孔中插入拉杆并振实，插入的侧向拉杆应牢固，避免松动和漏插，如图 2-4-14 所示。第二种方式是把拉杆弯成直角形，立模后用铁丝将其一半绑在模板上，另一半浇在混凝土内，拆模后将露在已浇筑混凝土侧面上的拉杆弯直。第三种方式是采用带螺栓的拉杆，一半拉杆用支架固定在基层上，拆模后另一半带螺栓接头的拉杆同埋在已浇筑混凝土内的半根拉杆相接。

纵向缩（假）缝施工时，可采用前置钢筋支架法（DBI 法）安装拉杆（图 2-4-15），或用拉杆插入机在施工时置入。

（2）横缝处传力杆的安装

横向缩缝处的传力杆设置可使用前置钢筋支架法。这种方式设置传力杆精确度高，但在设有布料机的情况下，影响摊铺速度，且投资增大。

横向胀缝处传力杆的固定，可采用前置钢筋支架法或顶头木模法两种方法。

① 前置钢筋支架法宜用于混凝土板连续浇筑时设置的胀缝。传力杆长度的一半应穿过胀缝板和端头挡板，并应用钢筋支架固定就位，浇筑时应先检查传力杆位置，再在胀缝两侧摊铺混凝土拌合物至板面，振捣密实后，抽出端头挡板，空隙部分填补混凝土拌合物，并用插入式振捣器振实。

② 顶头木模法宜用于混凝土板不连续浇筑时设置的胀缝。传力杆长度的一半应穿过端头挡板，固定于外侧定位模板中（图 2-4-16），混凝土拌合物浇筑前应检查传力杆位置，浇筑时应先摊铺下层混凝土拌合物，用插入式振捣器振实，并应在校正传力杆位置后，再浇筑上层混凝土拌合物。浇筑卸板时应拆除顶头木模，并应设置胀缝板、木制嵌条和传力杆套管。

胀缝宜不待混凝土硬化，即剔除胀缝上部的混凝土，嵌入 2 cm×2 cm 的木条，修整好表面。在填缝之前，凿去接缝板顶部的木条，涂黏结剂后，嵌入多孔橡胶条或灌填缝料。

横向施工缝宜设于胀缝或缩缝处。施工缝如设于缩缝处，板中应增设传力杆，其一半锚固于混凝土中，另一半应先涂沥青，允许滑动。传力杆必须与缝壁垂直。

图 2-4-14 侧模预留孔中插入拉杆

图 2-4-15 DBI 法安装拉杆和传力杆

图 2-4-16 顶头木模法

2. 切缝

目前水泥路面的切缝方式有全部硬切缝、软硬结合切缝、全部软切缝三种。切缝方式的选择，由施工期间该地区路面摊铺完毕到切缝时的昼夜温差确定，宜参照表 2-4-17 选用。

表 2-4-17 根据施工气温所推荐的切缝方式

昼夜温差(℃)	切缝方式	缩缝切深
<10	硬切缝，切缝时不啃边即可开始，最长时间不得超过 24 h	缝中无拉杆、传力杆时，深度为 1/4～1/3 板厚，最浅 60 mm；缝中有拉杆、传力杆时，深度为 1/3～2/5 板厚，最浅 80 mm
10～15	软硬结合切缝，每隔 1～2 条提前软切缝，其余用硬切缝补切	软切深度不应小于 60 mm；不足者应硬切补深到 1/3 板厚，已断开的缝不补切
>15	宜全部软切缝，抗压强度为 1.0～1.5 MPa，人可行走。软切缝不宜超过 6 h	软切缝深不小于 60 mm，未断开的接缝，应硬切补深到不小于 2/5 板厚

（1）缩缝切缝

对分幅摊铺的路面应在先摊铺的混凝土板横缩缝已断开的部位作标记。在后摊铺的路面上应对齐已断开的横缩缝提前软切缝。

设置拉杆的纵向缩缝和有传力杆的横向缩缝切缝深度应为 1/3～2/5 板厚，最浅不得小于 80 mm；无传力杆缩缝的切缝深度应为 1/4～1/3 板厚，最浅不得小于 60 mm，最迟切缝时间不得超过 24 h。纵横缩缝应同时切缝。切缝施工如图 2-4-17(a)所示。

（2）施工缝切缝

路基高度大于或等于 10 m 的高边坡、软基及填挖交界路段、桥头搭板、桥面板的纵向施工缝,应在上半部涂满沥青,然后硬切缝,并填缝。其目的是防止水从这些部位的纵缝渗到桥面、易变形的高填方或桥头基层中去。

（3）切缝宽度

切缝宽度宜控制在 4～6 mm,锯片厚度不应小于 4 mm,切缝时锯片晃度不应大于 2 mm。可先用薄锯片锯切到 1/5～1/3 板厚深度处,再使用 6～8 mm 厚锯片或叠合锯片扩宽填缝槽,填缝槽宽度宜为 7～10 mm,深度宜为 25～30 mm,如图 2-4-17(b)所示。这样既保证了接缝不因嵌入较大粒径的坚硬石子而崩碎边角,又防止填缝料因拉力过大而过早拉裂失去密封防水效果。填缝槽下部设背衬垫条,防止高温时沥青往下流入下部已断开缝隙,导致上部沥青变少。

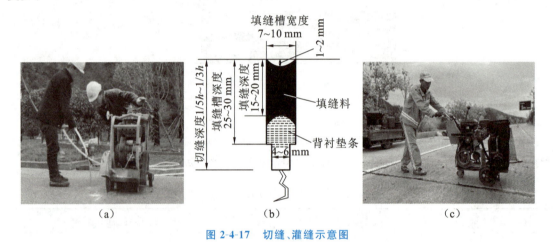

（a）　　　　　　　　（b）　　　　　　　　（c）

图 2-4-17　切缝、灌缝示意图

(a)切缝施工;(b)缩缝切缝、填缝(槽)、垫条细部尺寸;(c)灌缝

3. 灌缝

混凝土板养护期满后应及时灌缝,如图 2-4-17(c)所示。灌缝前必须保持缝内清洁,防止砂石等杂物掉入缝内。常用的填缝方法有灌入式和预制嵌缝条两种。

（1）灌入式填缝

填缝前,应采用压缩水和压缩空气彻底清除接缝中砂石及其他污染物,确保缝壁及内部清洁、干燥。

当使用常温施工式聚(氨)酯和硅树脂等填缝料时,按规定比例将两组分材料按 1 h 所需灌缝量混合均匀,并应随拌随用。当使用加热施工式填缝料时,将填缝料加热至规定温度。加热过程中应不断搅拌均匀,将填缝料熔化并保温使用。

灌注填缝料必须在缝槽口干燥清洁状态下进行,缝壁检验以擦不出灰尘为可灌标准。适宜的缩缝填缝形状系数宜为 1.5,填缝灌注深度宜为 15～20 mm。高速公路、一级公路应使用专用工具,先挤压填入多孔泡沫塑料柔性背衬材料,再填缝。二、三级公路使用(聚氯乙烯)胶泥类、(改性)沥青类等灌缝料时,最浅灌入深度不得小于 15 mm。填缝料的灌注顶面,夏天宜与板面齐平,冬天宜为凹液面,中心宜低于板面 3 mm。填缝必须饱满、均匀、连续贯通。填缝料应与缝壁黏结好,不开裂、不渗水。

常温施工式填缝料的养生期,低温期宜为 24 h,高温期宜为 10 h;加热施工式填缝料的养生期,低温期宜为 2 h,高温期宜为 6 h。在填缝料养生期内,应封闭交通。

(2)预制嵌缝条填缝

嵌入嵌缝条必须在缝槽口干燥清洁状态下进行。黏结剂应均匀地涂在缝壁上部(1/2 以上深度),形成一层连续的约 1 mm 厚的黏结剂膜,以便黏结紧密,不渗水。嵌缝条在嵌入过程中应使用专用工具,在长度方向应既不拉伸也不压缩,保持自然状态;在宽度方向应压缩 40%～60%嵌入。嵌缝条高度宜为 2.5 cm。填缝黏结剂固化后,应将胀缝两端多余的嵌缝条齐路面边缘裁掉。嵌缝条施工期间和黏结剂固化前,应封闭交通。

六、抗滑构造的施工

为保持路面的粗糙度,提高路面的抗滑性能,应采用压纹(或压槽)、拉毛(或拉槽)或刻槽的方式在混凝土表面沿横向制作纹理,但此操作对路面平整度有一定影响。

(1)压纹具有向下挤压致密作用,能增强路面的耐磨性,如果掌握得当,纹理顺直均匀(深度一般为 0.6～1.0 mm),比较美观。但纹理深浅均匀性很难掌握,因为它不但与压纹的时间有关,而且与混凝土真空脱水的均匀性有关。

(2)拉毛易疏松和破损表层,使表层 1～2 mm 范围内密实度受到影响,不利于路面的耐磨性,但拉毛对平整度会有所改善。摊铺完毕后,使用钢支架拖挂 1～3 层叠合麻布、帆布或棉布,洒水湿润后,软拖制作细观抗滑构造,布片接触路面的拖行长度以 0.7～1.5 m 为宜。当日施工进度超过 500 m 时,宏观抗滑构造制作宜选用拉毛机械施工,没有拉毛机械时,可采用人工拉槽方式。在混凝土表面泌水完毕 20～30 min 内应及时进行拉槽。拉槽深度应为 2～3 mm,槽宽 3～5 mm,槽间距 15～25 mm。可施工等间距和非等间距的抗滑槽,同时考虑减小噪声时,宜采用后者。每耙之间衔接间距应保持一致。

(3)特重和重交通混凝土路面宜采用硬刻槽,其几何尺寸与拉槽要求相同,硬刻槽机重量宜重不宜轻,最小整刻宽度不应小于 50 cm,硬刻槽时不应掉边角,路面摊铺 3 d 后可开始硬刻槽,并宜在两周内完成。

七、抗滑构造的施工

1. 养生方式

混凝土路面铺筑完成或软作法抗滑构造施工完毕后应立即开始养生。机械摊铺的各种混凝土路面、桥面及搭板宜采用喷洒养生剂同时保湿覆盖的方式养生。在雨天或养生用水充足的情况下,也可采用覆盖保湿膜、土工毡、土工布、麻袋、草袋、草帘等洒水润湿养生方式,不宜使用围水养生方式。

(1)养生剂养生

混凝土路面采用喷洒养生剂养生时,喷洒应均匀,成膜厚度应足以形成完全密闭水分的薄膜,喷洒后的表面不得有颜色差异。喷洒时间宜在表面混凝土泌水完毕后进行。喷洒高度宜控制在 0.5～1.0 m。使用一级品养生剂时,最小喷洒剂量不得少于 0.3 kg/m²;合格品的最小喷洒剂量不得少于 0.35 kg/m²。不得使用易被雨水冲刷掉的和对混凝土强度、表面耐磨性有影响的养生剂。当喷洒一种养生剂达不到90％以上有效保水率要求时,可采用两种养生剂各喷洒一层或喷一层养生剂再加覆盖的方法。

（2）覆盖塑料薄膜养生

覆盖塑料薄膜养生的初始时间,以不压坏细观抗滑构造为准。薄膜厚度(韧度)应合适,宽度应大于覆盖面600 mm。两条薄膜对接时,搭接宽度不应小于400 mm,薄膜在路面上应加细土或砂盖严实,并防止被钢筋挂烂和被风吹破或掀走。养生期间应始终保持薄膜完整盖满,薄膜破裂时应立即补盖或修补。

（3）覆盖洒水养生

使用保湿膜、土工毡、土工布、麻袋、草袋、草帘等覆盖物保湿养生并及时洒水,保持混凝土表面始终处于潮湿状态,并由此确定每天的洒水遍数。昼夜温差大于10 ℃以上的地区或日平均温度小于或等于5 ℃施工的混凝土路面应采取保温保湿养生措施。

2. 养生时间

养生时间应根据混凝土弯拉强度增长情况而定,不宜小于设计弯拉强度的80％,应特别注重前7 d的保湿(温)养生。一般养生天数宜为14~21 d,高温天不宜少于14 d,低温天不宜少于21 d。掺粉煤灰的混凝土路面,最短养生时间不宜少于28 d,低温天应适当延长。

3. 交通管制

混凝土板养生期间和填缝前,严禁人、畜、车辆通行,在达到设计强度40％后,撤除养生覆盖物,行人方可通行。在路面养生期间,平交道口应搭建临时便桥。混凝土板达到设计弯拉强度后,方可开放交通。

任务三 水泥混凝土路面三辊轴机组施工

三辊轴机组施工是采用三辊轴摊铺机、排式振捣机和三辊轴整平机(图2-4-18)配合铺筑水泥混凝土面层的施工工艺。其特征是需要在边缘架设固定模板,模板同时兼具三辊轴整平机轨道的功能。三辊轴机组是介于小型机具和滑模摊铺机之间的一种中型施工设备,比摊铺机的成本低、适应性强,操作简单方便,使路面能达到较高的平整度。

（a） （b） （c）

图 2-4-18 三辊轴机组示意图

(a)三辊轴摊铺机;(b)排式振捣机;(c)三辊轴整平机

三辊轴机组施工主要有以下工序:施工准备→测量放样→安装模板→拌合物搅拌和运输→布料机布料→排式振捣机振捣→拉杆安装机安装拉杆→人工找补→三辊轴整平→真空脱水→精平饰面→抗滑构造制作→接缝施工→养护。其中,施工准备、测量放样、安装模板、架设传力杆和拉杆、拌合物搅拌和运输、抗滑构造制作、接缝施工、养生环节施工工艺与小型机具施工法基本相同,下面主要介绍布料、振捣、整平等环节的施工工艺。

一、布料

布料前应将基层清扫干净,并洒水润湿。

必须有专人指挥车辆均匀卸料;在摊铺宽度范围内,宜分多堆卸料。采用三辊轴摊铺机摊铺时(图 2-4-19),可配备装载机或挖掘机协助。采用人工布料时,要防止布料整平过的混凝土表面留下踩踏的脚印,还要防止将泥土踩踏入路面中。布料速度与摊铺速度相适应,且不宜低于 30 m/h。

布料的松铺系数根据混凝土拌合物的坍落度和路面横坡大小确定,一般为 1.08~1.25,坍落度大时取低值,坍落度小时取高值,超高路段横坡高的一侧取高值,横坡低的一侧取低值。布料后混合料表面大致平整,不得有明显的凹陷。

二、振捣

三辊轴机组铺筑水泥混凝土面层时,应采用排式振捣机振捣,如图 2-4-20 所示。排式振捣机应由机架、行走机构和一排振捣棒组成,并配备螺旋布料器和松方控制刮板,具备自行或推行功能。

混合物布料长度大于 10 m 时,可开始振捣作业。振捣作业采用插入排式振捣棒组,间歇插入振捣,每次移动距离不宜超过振捣棒有效作用半径的 1.5 倍,并不得大于 0.5 m,振捣时间宜为 15~30 s。

当铺筑厚度不大于 200 mm 时,其振动频率宜为 50~60 Hz,振动加速度宜为 $4\sim5g$(g 为重力加速度)。

三、拉杆安装

面板振实后,立即安装纵缝拉杆。单车道摊铺的混凝土路面,在侧模预留孔中按设计要求插入拉杆。

四、人工补料

在三辊轴滚压前,振实料位高度宜高于模板顶面 5~20 mm,在滚压后进行观察,混凝土表面过高时人工铲除,过低时用混合料补平,使表面大致平整,无踩踏和混合料分层离析现象。严禁使用水泥浆找平。

五、整平

采用三辊轴整平机整平,如图 2-4-21 所示。三辊轴整平机应由振动辊、驱动辊和甩浆辊组成,材质应为三根等长度同直径无缝钢管,并具有足够的刚度和耐磨性。

三辊轴整平机按作业单元分段整平,作业单元长度宜为 20~30 m,振捣机振实与三辊轴整平两道工序的时间间隔不宜超过 15 min。在一个作业单元长度内,采用前进振动、后退静滚的方式作业,宜分别进行 2~3 遍。三辊轴整平机整平水泥混凝土面层不同料位高差的滚压遍数,可根据拌合物坍落度初步设置,并根据试铺效果最终确定。在作业时,三辊轴前料位过高时,人工铲除,三辊轴下有间隙时,应使用混合料补足。路面表层砂浆的厚度宜控制为(4±1) mm,过厚的稀砂浆应及时刮除丢弃。

三辊轴整平机整平后,应采用3～5 m刮尺,纵、横两个方向精平饰面,纵向不少于3遍,横向不少于2遍。也可采用旋转抹面机密实精平饰面2遍,直到平整度符合要求。

图 2-4-19　三辊轴机组摊铺　　　图 2-4-20　排式振捣机振捣　　　图 2-4-21　三辊轴整平机整平

任务四　水泥混凝土路面滑模摊铺施工

水泥混凝土路面滑模摊铺施工是采用滑模摊铺机(图 2-4-22)铺筑水泥混凝土面层的机械化施工方式,其特征是不架设边缘固定模板,将布料器、松方控制器、高频振捣棒组、挤压成型滑动模板、抹平板、拉杆插入装置等安装在一台可自行控制的机械上(图 2-4-23),通过基准线控制,能够摊铺出密实度高、动态平整度优良、外观几何形状准确的水泥混凝土路面。

 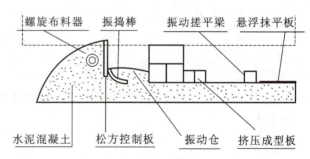

图 2-4-22　路面滑模摊铺机　　　　　　图 2-4-23　滑模摊铺机主要部分

滑模摊铺施工利用成套机械设备,使路面施工达到了一个新水平,每个台班修筑路面可达1 km。

滑模摊铺宜用于高速公路、一级公路、二级公路普通水泥混凝土面层、配筋混凝土面层、纤维混凝土面层、钢筋混凝土桥面、隧道混凝土面层、混凝土路缘石、路肩石及护栏等的施工。上坡纵坡大于5%、下坡纵坡大于6%、半径小于50 m或超高超过7%的路段,不宜采用滑模摊铺机进行摊铺。采用滑模摊铺机在基层上行走的铺筑方案时,基层侧边缘到滑模摊铺面层边缘的宽度不宜小于650 mm。

1. 设备和机具准备

高速公路、一级公路施工,宜选配能一次摊铺不少于 2 个车道宽度(7.5 m)的滑模摊铺机,二级及二级以下公路路面的最小摊铺宽度不得小于单车道设计宽度。硬路肩的摊铺宜选配可连体摊铺路缘石的中、小型多功能滑模摊铺机。滑模摊铺的主要配套机械见表 2-4-18。

表 2-4-18　滑模式摊铺施工主要机械和机具配套表

工作内容	主要施工机械设备	
	名称	机型及规格
钢筋加工	钢筋锯断机、折弯机、电焊机	根据需要定规格和数量
测量基准线	水准仪、经纬仪、全站仪	根据需要定规格和数量
	基准线、线桩及紧线器	300 个桩、5 个紧线器、3000 m 基准线
搅拌	强制式搅拌楼	≥50 m³/h,数量由计算确定
	装载机	2～3 m³
	发电机	≥120 kW
	供水泵和蓄水池	≥250 m³
运输	运输车	4～6 m³,数量由匹配计算确定
	自卸车	4～24 m³,数量由匹配计算确定
摊铺	布料机、挖掘机、吊车等布料设备	根据需要定规格和数量
	滑模摊铺机 1 台	技术参数见相关规定
	手持振捣棒、整平梁、模板	根据人工施工接头需要定
抗滑	拉毛养生机[①]1 台	与滑模摊铺机同宽
	人工拉毛齿耙、工作桥	根据需要定规格和数量
	硬刻槽机[①],刻槽宽度≥500 mm,功率≥7.5 kW	数量与摊铺进度匹配
切缝	软锯缝机	根据需要定规格和数量
	常规锯缝机或支架锯缝机	根据需要定规格和数量
	移动发电机	12～60 kW,数量由施工需要定
磨平	水磨石磨机	需要处理欠平整部位时
灌缝	灌缝机或插胶条工具	根据需要定规格和数量
养生	压力式喷洒机或喷雾器	根据需要定规格和数量
	工地运输车	4～6 t,按需要定数量
	洒水车	4.5～8 t,按需要定数量

注:[①]可按装备、投资、施工方式等不同要求选配。

2. 基准线设置

滑模摊铺面层前,应准确架设基准线。设置基准线的目的是为滑模摊铺建立一个标高、纵横坡、板厚、板宽、摊铺中线、弯道及连续平整度等基本几何位置的基准参考系。基准线可为滑模摊铺机上的 4 个水平传感器和 2 个方向传感器提供一个精确的与路面平行的水平(横坡)和直线(转弯)方向平面基准参考体系,其精准度决定着路面摊铺的几何精度和平整度。因此,基准线是滑模摊铺施工的"生命线",是保证摊铺出的面板的标高、横坡、板厚、板宽等技术指标符合规范要求的必要条件。

用滑模摊铺施工高速公路、一级公路时,应采用单向坡双线基准线;横向连接摊铺时,连接一侧可依托已铺成的路面,另一侧设置单线基准线。滑模整体铺筑二级公路的双向坡路面时,应设置双线基准线,滑模摊铺机底板应设置为路拱形状。

(1)基准线横向支距:基准线桩固定位置到摊铺面板边缘的横向支距应根据滑模摊铺机侧模到传感器的位置而定,一般 2~4 履带跨中摊铺,两侧路面边缘宜不小于 1 m 宽度,最小不得小于 0.65 m。基准线上的标高应为其所在位置的路面边缘高程计入支距横坡高度后,加上设定的架设高度。

(2)基准线横向间距:基准线的横向间距为摊铺宽度加一侧(单线)或两侧(双线)横向支距。双线式基准线的垂直横向间距应相等,单线式基准线到摊角边缘间距应相等。

(3)基准线桩纵向间距:平面直线段应小于或等于 10 m,圆曲线段视弯道半径大小,一般可为 5~7 m。在小半径弯道或山区极小半径回头弯道上,内侧宜为 2.5~5 m,外侧宜为 3.5~7 m;平面缓和曲线段和纵断面竖曲线段宜为 5~10 m。实际设置基准线桩纵向距离可小于上述值,但不得大于给定尺寸。

(4)基准线桩固定:基层顶面到夹线臂的高度宜为 45~75 cm,自基准线所在位置的路面边缘高程算起的基准线统一架设高度宜为 25~50 cm。基准线桩夹线臂夹口到桩的水平距离宜为 30 cm。夹线臂到桩顶垂直距离宜为 15 cm。基准线桩应牢固打入基层 10~15 cm。当打入困难时,应采用电钻钻孔后再钉牢固。

(5)基准线长度:一根基准线的最大长度不得大于 450 m。超过此长度并需要继续摊铺时应续接基准线,续接方式应通过同一个过渡桩的夹线臂口平顺连接。

(6)基准线宜使用钢绞线。采用直径 2.0 mm 的钢绞线时,张线拉力不宜小于 1000 N;采用直径 3.0 mm 钢绞线时,张线拉力不宜小于 2000 N。

(7)基准线设置精度应符合规范的规定。基准线顺直度、张紧度或施工出的混凝土板厚不满足要求时,应重新测量、架设基准线。

3. 滑模摊铺前的现场检查

(1)检查板厚:每 20 m 垂直于两侧基准线挂横线,用钢尺单车道测 3 点、双车道测 5 点垂直高度,减去基准线设定高度,即为单个板厚,3~5 个值的平均值为该断面平均板厚。每 200 m10 个断面的平均值为该路段平均板厚。路段平均板厚不应小于设计板厚;断面平均板厚不应比设计板厚薄 5 mm;单个板厚极小值不应比设计板厚薄 10 mm。不满足上述要求时,应采取有效措施保证板厚。

(2)检查辅助施工设备机具:拉毛养生机、布料机械、发电机等应全部到场并试运转正常。端模板、手持振捣棒、搓平梁、传力杆定位支架、拉杆、拉毛耙、工作凳、拖行工具、养生剂及其喷洒工具等所有施工器具和工具应全部到位,状态良好。

(3)检查基层:基层局部破损应修补整平,基层上的裂缝应处理完毕,摊铺路面的基层及履带行走部位均应清扫干净并洒水湿润,积水应扫开。

(4)横向连接摊铺检查:已经摊铺的半幅路面纵缝溜肩、胀宽部位应切割顺直。已经摊铺的半幅路面安装的侧边位杆应校正扳直,缺少的拉杆应钻孔锚固植入。纵向施工缝的上半部缝壁应涂饱满沥青。

4. 滑模摊铺机工作参数初设

对滑模摊铺机所有机构工作部件应进行正确施工位置的初步设定,并将这些正确施工参数通过试铺调整固定下来,正式摊铺时宜根据情况变化进行微调。

(1)振捣棒下缘位置应在挤压板最低点以上,横向间距不宜大于 45 cm,均匀排列;两侧最边缘振捣棒与摊铺边缘距离不宜大于 20 cm。

(2)挤压底板前倾角宜设置为 3°左右。提浆夯板位置宜在挤压底板前缘以下 5～10 mm。无须设前仰角的滑模摊铺机可将挤压底板前后调水平。

(3)设超铺角的滑模摊铺机两边缘超高程根据料的稠度应在 3～8 mm 范围内调整。带振动搓平梁的滑模摊铺机应将搓平梁前沿调整到与挤压板后沿高程相同,搓平梁的后沿比挤压底板后沿低 1～2 mm,并与路面高程相同。

5. 滑模摊铺机首次摊铺位置校准

首次摊铺前,应在直线路段采用钉桩或基准线法校准滑模摊铺机挤压底板 4 个角点高程和侧模前进方向。4 个水平传感器控制挤压底板 4 角高程;2 个方向传感器进行导向控制。按路面设计高程、横坡坡度或路拱测量设定 2～3 根基准线或 4～6 个桩,将 6 个传感器全挂上两侧基准线,并检查传感器的灵敏度和反应方向,开动滑模摊铺机进入设好的桩位或线位,调整水平传感器立柱高度,使滑模摊铺机挤压底板恰好落在精确测量设置好的木桩或基准线上,同时,调整好滑模摊铺机机架前后左右的水平度。令滑模摊铺机挂线自动行走,再返回校核 1～2 遍,正确无误后,方可开始摊铺。

二、滑模摊铺

1. 初始摊铺路面参数校正

在开始摊铺的 5 m 内,必须对所摊铺出的路面标高、边缘厚度、中线、横坡坡度等技术参数进行复核测量。机手应根据测量结果及时缓慢地在滑模摊铺机行进中反向地旋转滑模摊铺机上水平传感器立柱手柄,校准挤压底板摊铺路面的高程和横坡,误差应在规定值范围内。及时调整拉杆打入深度及压力和抹平板的压力及边缘位置。检查摊铺中线时,应在设方向传感器的一侧,通过钢尺测量基准线到滑模摊铺机侧模前后的横向距离,有误差时,缓慢微调前后两个方向传感器架立横梁伸出的水平距离,消除误差。禁止停机剧烈调整高程、中线及横坡等,以免严重影响平整度等质量指标,滑模摊铺机"起步—调整—正常摊铺"应在 10 m 内完成,并应将滑模摊铺机工作参数设置保护起来,不允许非操作手更改或撞动。第二天的连接摊铺,应先检查滑模摊铺机挤压底板 4 个角点的位置,再将滑模摊铺机后退到前一天做了侧向收口工作缝的路面内,到挤压底板前缘对齐工作缝端部,开始摊铺。

2. 布料

滑模摊铺普通水泥混凝土路面,必须有专人指挥车辆均匀卸料。滑模摊铺时,机前的最高料位不得高于滑模摊铺机前松方控制板顶面,料位的正常高度应在螺旋布料器叶片最高点以下,亦不得缺料。机前缺料或料位过高时,宜采用装载机或挖掘机适当布料和送料,布料应与摊铺速度相协调。

采用布料机施工,松铺系数应视坍落度大小由试铺确定,当坍落度在 1~5 cm 时,松铺系数宜为 1.08~1.15。坍落度为 3 cm 时,松铺系数宜控制在 1.1 左右。布料机与滑模摊铺机之间的施工距离应控制在 5~10 cm,热天日照强、风大取小值,阴天湿度大、无风可取大值。

采用布料机以外的布料方式摊铺钢筋混凝土路面、桥面或搭板时,禁止任何机械直接开上钢筋网。宜在钢筋外侧使用挖掘机或吊斗均衡卸料布料,也可使用便桥板凳加吊车汽车直接卸料、挖掘机布料,但均不得缺料。

当面层传力杆、胀缝与隔离缝钢筋采用前置支架法施工时,不得在支架顶面直接卸料。传力杆以下的混凝土宜在摊铺前采用手持振捣棒振实。

3. 摊铺速度

滑模摊铺机应缓慢、匀速、连续不间断地摊铺,如图 2-4-24 所示。滑模摊铺速度,根据拌合物稠度和设备性能可控制在 0.75~2.5 m/min,一般宜为 1 m/min 左右。当料的稠度发生变化时,先调振捣频率,后改变摊铺速度,不得料多时追赶,然后随意停机等待,间歇摊铺。

4. 松铺厚度

摊铺中,机手应随时调整松方高度控制板进料位置,开始应略设高些,以保证进料。正常状态下保持振捣仓内砂浆料位高于振捣棒 10 cm 左右,料位高度上下波动宜控制在 ±4 cm 之内。

5. 振捣

滑模摊铺机以正常摊铺速度施工时,振捣频率可在 6000~11000 r/min 范围内调整,一般采用 9000 r/min 左右。应防止混凝土过振、漏振、欠振。机手应随时根据混凝土的稠度大小,调整摊铺的速度和振捣频率。当混凝土偏稀时,应适当降低振捣频率,加快摊铺速度,但最快不得超过 3 m/min,最小振捣频率不得小于 6000 r/min;当新拌混凝土偏干时,应提高振捣频率,但不得大于 11000 r/min,并减慢摊铺速度,最小摊铺速度宜控制在 0.5~1.0 m/min;滑模摊铺机起步时,应先开启振捣棒振捣 2~3 m/min,再推进。滑模摊铺机脱离混凝土后,应立即关闭振捣棒。

6. 抹平

滑模摊铺纵坡较大的路面,上坡时,挤压底板前仰角宜适当调小,同时,适当调小抹平板(图 2-4-25)压力,防止摊铺机过载而伤害履带;下坡时,前仰角宜适当调大,抹平板压力也宜调大,防止抹平板悬空而抹不上表面。抹平板合适的压力宜为板底 3/4 长度接触路面抹面。

7. 弯道位置摊铺

滑模摊铺弯道和渐变段路面时,单向横坡,使滑模摊铺机跟线摊铺,应随时观察并调整抹平板内外侧的抹面距离,防止压垮边缘。摊铺中央路拱时,在计算机控制条件下,输入弯道和渐弯段边缘及拱中几何参数,计算机自动控制生成路拱;手控条件下,机手应根据路拱消失和

图 2-4-24 滑模摊铺

图 2-4-25 抹平板抹平

生成几何位置,在给定路段范围内分级逐渐消除或调成设计路拱。

机手应随时密切观察所摊铺的路面效果,注意调整和控制摊铺速度、振捣频率,夯实杆、振动搓平梁和抹平板位置、速度和频率。

三、接缝施工

(1)纵向接缝

滑模摊铺机摊铺单车道路面,应视路面的设计要求配置一侧或双侧打纵缝拉杆的机械装置。侧向拉杆装置的正确插入位置应在挤压底板的中下或偏后部。拉杆打入分手推、液压、气压几种方式,压力应满足一次打(推)到位的要求,不允许多次打入。滑模摊铺机一次摊铺两个车道宽度时,纵向缩缝的位置宜按车道宽度设置,拉杆靠滑模摊铺机配备的中间拉杆插入装置在滑模摊铺过程中自动控制间距压入。打入的拉杆必须处在路面板厚的中间位置。中间和侧向拉杆打入的高低误差不宜大于±3 cm,倾斜及前后误差不宜大于±4 cm。

(2)横向接缝

滑模摊铺的胀缝宜采用前置钢筋支架法或传力杆自动插入装置施工。采用前置钢筋支架法施工时,应预先加工好胀缝钢筋支架,支架可采用与锚固入基层的钢筋焊接等方法固定。传力杆无沥青涂层的一端焊接在支架上,接缝板夹在两支架之间。施工前运至现场,无布料机(件)时,待摊铺至胀缝位置前方1~2 m处,将支架准确定位,用钢钎将支架和胀缝板锚固在基层上,保证支架不推移,胀缝板不倾斜,然后卸料或布料,用手持振捣棒振实胀缝板两侧的混凝土,滑模摊铺机通过;有布料机(件)时,应将带传力杆的缩缝支架和胀缝支架提前安装固定,采用侧向上料方式施工。中间胀缝位置宜与缩缝重合。连接搭板的胀缝,在滑模连续铺装搭板和桥面前,应与钢筋网同时加工安装好。

横向施工缝可采用软做法或硬切齐。软做法设置施工缝端模和侧模,插入拉杆和传力杆,并用水准仪测量面板高程和横坡。为使下次摊铺能紧接着施工缝开始,两侧模板应向内各收进2~4 cm,且宜大不宜小,长度与滑模摊铺机侧模板等长或略长。硬切齐施工缝端部时,切缝部位应满足平整度、高程和横坡要求,可使用缩缝传力杆钢筋支架,上部锯开,下部凿除混凝土,也可锯开后在端部垂直面上钻眼,插入传力杆,再连接施工。连接接头施工,除应测量高程和横坡外,还应辅以人工振捣密实,应采用长度3 m以上抄平器保证端头和结合部位的平整度。

四、抗滑构造制作

软拉抗滑构造表面砂浆层厚度宜控制在 4 mm 左右,硬刻槽路面的砂浆表层厚度宜控制在 2 mm 左右。具体操作方法同小型机具施工法。

五、滑模摊铺中的有关事项处理

1. 滑模摊铺中出现问题的处置

滑模摊铺的表面应平滑,几何形状规矩,不应出现麻面、拉裂、塌边、溜肩等病害现象,出现问题应立即查找原因,迅速采取措施。

(1)摊铺中应经常检查振捣棒的工作情况。发现路面上在横断面某处多次出现麻面或拉裂现象,表示该处的振捣棒出了问题,必须停机检查或更换该处的振捣棒。摊铺后,发现路面上留有发亮的振捣棒拖出的砂浆条带,则表明振捣棒位置过深,必须调整振捣棒底缘在挤压底板的后缘高度以上。

(2)在摊铺宽度大于或等于 7.5 m 的双(多)车道路面,若左右卸了两车稠度不一致的混凝土时,摊铺速度应按偏干一侧设置,并应将偏稀一侧的振捣棒频率迅速调小。

(3)若滑模摊铺路面出现横向拉裂现象,应从如下几个方面进行检查:

① 拌合物局部或整体过干、过硬、离析,集料粒径过大,不适宜滑模摊铺,或在该部位摊铺速度过快,振捣频率不够,混凝土未振动液化而拉裂。应降低摊铺速度,提高振捣频率。

② 检查挤压底板的位置和前仰角设置是否变化,前倒角时必定拉裂,前仰角过大,也可能拉裂。应在行进中调整前两个水平传感器,即改变挤压底板的前仰角,消除拉裂现象。

③ 拌合物较干硬或等料停机时间较长,起步摊铺速度过快,也可能拉裂路面。等料停机时间较长时,应间隔 15 min 开启振捣棒振动 2~3 min,再缓慢推进。

(4)当混凝土供应不上,或搅拌楼出现机械故障等情况时,停机等待时间不得超过当时气温下混凝土初凝时间的 2/3,超过此时间,应将滑模摊铺机开出摊铺工作面,并做施工缝。当滑模摊铺机出现机械故障,应紧急通知后方搅拌楼停止生产,在故障停机时间内,滑模摊铺机内混凝土尚未初凝,能够排除故障,允许继续摊铺,否则应离开滑模摊铺工作面。故障排除后,重新起步摊铺。

2. 连接摊铺

连接摊铺时,滑模摊铺机一侧履带上前次水泥混凝土路面的时间应控制在养护 7 d 以后,最短不得少于 5 d。同时,钢履带底部应铺橡胶垫或使用有挂胶履带的滑模摊铺机。纵向连接摊铺路面时,应对连接纵缝部位进行人工修整,连接纵缝的横向平整度符合不同公路等级的要求,并用钢丝刷刷干净黏附在前幅路面上的砂浆,刷出粗细抗滑构造。

3. 平面交叉口变宽段和匝道路面的滑模施工

遇到平面交叉口、收费站广场或匝道变宽段路面时,只要摊铺宽度小于滑模摊铺机固定宽度,可采用滑模摊铺机跨一侧或两侧模板施工方式,模板顶面应粘贴橡胶垫,模板顶面高程应低于路面高程 3 mm,滑模摊铺机的振捣仓在模板上部应加隔板,施工时应关闭隔板外侧的振捣棒。

4. 滑模摊铺结束后,必须及时做的两项工作

将滑模摊铺机驶离工作面,先将所有传感器从基准线上脱开,并解除滑模摊铺机上基准线自动跟踪控制,再升起机架,用水冲洗干净黏附的混凝土,已结硬在滑模摊铺机上的混凝土,应轻敲打掉。清理干净后,应对与混凝土接触的机件喷涂废机油或吹(揩)干防锈。同时,对滑模摊铺机进行当日保养,如加油加水、打润滑油等。

任务五　水泥混凝土路面质量检测与验收

一、水泥混凝土面层施工质量检查

各级公路各种混凝土路面铺筑方式的施工均应建立健全质量监测、管理和保证体系。并按铺筑进度做出质检仪器和人员数量动态计划。施工中应按计划落实质检仪器和人员,对施工各阶段的各项质量指标应做到及时检查、控制和评定,以达到所规定的质量标准,确保施工质量及其稳定性。施工全过程的质量动态检测、控制和管理内容应包括施工准备、铺筑试验路段和施工过程中的各项技术指标的检验,出现施工技术问题的报告、论证和解决等。

在施工过程中,施工单位应随时对施工质量进行自检,其中包括对原材料、拌合物和混凝土路面的自检。水泥混凝土路面铺筑质量标准及检查项目、频率和方法见表 2-4-19。水泥混凝土面层铺筑几何尺寸质量标准及检查项目、频率和方法见表 2-4-20。水泥混凝土面层铺筑的质量缺陷检查项目、标准、频率和方法见表 2-4-21。

表 2-4-19　水泥混凝土路面铺筑质量标准及检查项目、频率和方法

项次	检查项目	质量标准		检验频率		检验方法
		高速公路、一级公路	其他等级公路	高速公路、一级公路	其他等级公路	
1	弯拉强度[①]（MPa）	按《公路水泥混凝土路面施工技术细则》(JTG/T F30—2014)附录 H 评定		每班留 2~4 组试件,日进度＜500 m 取 2 组;≥500 m 取 3 组;≥1000 m 取 4 组;测 f_{cs}、f_{min}、C_v[②]	每班留 1~3 组试件,日进度＜500 m 取 1 组;≥500 m 取 2 组;≥1000 m 取 3 组;测 f_{cs}、f_{min}、C_v	JTG E30、T0552、T0558
	钻芯劈裂强度[①]（MPa）			每车道每 3 km 钻取 1 个芯样,硬路肩为 1 个车道,测平均 f_{cs}、f_{min}、C_v	每车道每 2 km 钻取 1 个芯样,硬路肩为 1 个车道,测平均 f_{cs}、f_{min}、C_v	JTG E30、T0552、T0561
2	板厚度（mm）	平均值≥－5;极值≥－15;C_v 值符合设计规定		路面摊铺宽度内每 100 m 左右各 2 处,连续摊铺每 100 m 单边 1 处	路面摊铺宽度内每 100 m 左右各 1 处,连续摊铺每 100 m 单边 1 处	板边与岩芯尺测,岩芯最终判定

续表 2-4-19

项次	检查项目	质量标准		检验频率		检验方法
		高速公路、一级公路	其他等级公路	高速公路、一级公路	其他等级公路	
3	3 m 直尺平整度(mm)	≤3	≤5	每半幅车道 100 m 测 2 处,每处 10 尺	每半幅车道 200 m 测 2 处,每处 10 尺	3 m 直尺
	动态平整度 $\sigma^{③}$(mm)	≤1.32	≤2.00	所有车道连续检测	所有车道连续检测	车载平整度检测仪
	动态平整度 IRI^{③}(m/km)	≤2.20	≤3.30			
4	抗滑构造深度 TD (mm)	一般路段:0.7~1.0;特殊路段:0.8~1.2	一般路段:0.5~0.9;特殊路段:0.6~1.0	每半幅车道及硬路肩 200 m 测 2 处	每半幅车道 200 m 测 1 处	铺砂法
5	摩擦系数 SFC	一般路段:≥50	一般路段:—	行车道、超车道全长连续检测,每车道每 20 m 连续检测 1 个测点	一般路段免检,仅检查特殊路段,每车道每 20 m 连续检测 1 个测点,不足 20 m 测 1 个测点	JTG E60、T0965
		特殊路段^{④}:≥55	特殊路段^{④}:≥50			
6	取芯法测定抗冻等级^{⑤}	严寒地区^{⑥}:≥250;寒冷地区^{⑥}:≥200	严寒地区:≥200;寒冷地区:≥150	每车道每 3 km 钻取每车道 1 个芯样	每车道每 5 km 钻取每车道 1 个芯样	JTG E30、T0552

注:① 标准小梁弯拉强度用于评定施工配合比;钻芯劈裂强度用于评价实际面层施工密实度及弯拉强度。

② f_c 为平均弯拉强度;f_{min} 为最小弯拉强度;C_v 为统计变异系数。

③ 动态平整度 σ 与 IRI 可选测一项。

④ 高速公路、一级公路特殊路段指立交匝道、平交口、弯道、变速车道、组合坡度不小于 3% 坡道段、桥面、隧道路面及收费站广场等处;其他公路特殊路段指设超高路段、加宽弯道段、组合坡度大于或等于 4% 坡道段、交叉口路段、桥面及其上下坡段、隧道路面及集镇附近路段等处。

⑤ 取芯法测定抗冻性仅在有抗冰冻要求的地区必检。

⑥ 严寒地区指当地最冷月平均气温低于 −8 ℃ 的地区;寒冷地区指当地最冷月平均气温在 −8 ℃~−3 ℃ 的地区。

表 2-4-20　水泥混凝土面层铺筑几何尺寸质量标准及检查项目、频率和方法

项次	检查项目	质量标准		检验频率		检验方法
		高速公路、一级公路	其他等级公路	高速公路、一级公路	其他等级公路	
1	相邻板高差(mm)	≤2	≤3	每 200 m 纵横缝 2 条,每条 3 处	每 200 m 纵横缝 2 条,每条 2 处	尺测

项次	检查项目	质量标准		检验频率		检验方法
		高速公路、一级公路	其他等级公路	高速公路、一级公路	其他等级公路	
2	连接摊铺纵缝高差（mm）	平均值：≤3；极值：≤5	平均值：≤5；极值：≤5	每 200 m 纵向工作缝，每条 3 处，每处间隔 2 m 测 3 尺，共 9 尺	每 200 m 纵向工作缝，每条 2 处，每处间隔 2 m 测 3 尺，共 6 尺	尺测
3	接缝顺直度（mm）	≤10		每 200 m 测 6 条	每 200 m 测 4 条	20 m 拉线测
4	中线平面偏位（mm）	≤20		每 200 m 测 6 点	每 200 m 测 4 点	经纬仪测
5	路面宽度（mm）	≤±20		每 200 m 测 6 处	每 200 m 测 4 处	尺测
6	纵断高程（mm）	平均值：±5；极值：±10	平均值：±10；极值：±15	每 200 m 测 6 点	每 200 m 测 4 点	水准仪测
7	横坡坡度（%）	±0.15	±0.25	每 200 m 测 6 个断面	每 200 m 测 4 个断面	水准仪测
8	路缘石顺直度和高度（mm）	≤20	≤20	每 200 m 测 4 处	每 200 m 测 2 处	20 m 拉线测
9	灌缝饱满度（mm）	≤2	≤3	每 200 m 接缝测 6 处	每 200 m 接缝测 4 处	尺测
10	切缝深度（mm）	有拉杆、传力杆：≥80 无拉杆、传力杆：≥60		每 200 m 测 6 处	每 200 m 测 4 处	尺测

表 2-4-21　水泥混凝土面层铺筑的质量缺陷检查项目、标准、频率和方法

项次	检查项目	质量标准		检验频率		检验方法
		高速公路、一级公路	其他等级公路	高速公路、一级公路	其他等级公路	
1	断板率[①]（%）	≤0.2	≤0.4	数断板面板块数占总块数比例	数断板面板块数占总块数比例	数断板
2	断角率[①]（%）	≤0.1	≤0.2	数断角板块数占总块数比例	数断角板块数占总块数比例	数断角
3	破损率[②]（%）	≤0.2	≤0.3	计算破损面积与板块面积百分率	计算破损面积与板块面积百分率	尺测面积

续表 2-4-21

项次	检查项目	质量标准		检验频率		检验方法
		高速公路、一级公路	其他等级公路	高速公路、一级公路	其他等级公路	
4	路表面和接缝缺陷	不应有	不应有	每块面板坑穴、鼓包和每条接缝啃边、掉角及填缝料缺失、开裂	每块面板坑穴、鼓包和每条接缝啃边、掉角及填缝料缺失、开裂	目测
5	胀缝板倾斜(mm)	≤20	≤25	每块胀缝板两侧	每块胀缝板两侧	垂线加尺测
	胀缝板弯曲和位移(mm)	≤10	≤15	每块胀缝板每条3处	每块胀缝板每条3处	拉线加尺测
	胀缝板连浆(mm)	不允许	不允许	每块胀缝板	每块胀缝板	安装前测量
6	传力杆偏斜(mm)	≤10	≤13	每车道每公里测4条缩缝,每条测1根	测设传力杆缩缝1条,每条测3根	钢筋保护层仪

注:① 断板率中包含断角率,应统计行车道与超车道面板,不计硬路肩板,不计修复后的面板。
② 破损率指水泥混凝土面层施工期发生的脱皮、印痕、露石、缺边、掉角、微裂纹等缺陷实测面积与总面积之比的百分率。

二、水泥混凝土面层质量验收与评定

根据《标准》规定,水泥混凝土面层分项工程质量检验内容包括基本要求、实测项目、外观鉴定和质量保证资料四个部分。

1. 基本要求

(1)基层质量必须符合规定要求,并满足设计要求,表面清洁、无浮土。

(2)接缝缝料应符合规定并满足设计要求。

(3)接缝的位置、规格、尺寸及传力杆、拉杆的设置应符合设计要求。

(4)混凝土路面铺筑后按施工规范要求养生。

(5)应对干缩、温缩产生的裂缝进行处理。

2. 实测项目

水泥混凝土面层实测项目见表 2-4-22。

表 2-4-22　水泥混凝土面层实测项目

项次	检查项目	规定值或允许偏差		检查方法和频率
		高速公路、一级公路	其他等级公路	
1△	弯拉强度(MPa)	在合格标准之内		按《标准》附录C检查

项次	检查项目		规定值或允许偏差		检查方法和频率
			高速公路、一级公路	其他等级公路	
2△	板厚度(mm)	代表值	−5		按《标准》附录 H 检查每 200 m 每车道 2 处
		合格值	−10		
		极值	−15		
3	平整度	σ(mm)	≤1.32	≤2.0	平整度仪:全线每车道连续检测,每 100 m 计算 σ、IRI
		IRI(m/km)	≤2.2	≤3.3	
		最大间隙 h(mm)	3	5	3 m 尺:半幅车道板带每 200 m 测 2 处×10 尺
4	抗滑构造深度(mm)	一般路段	0.7~1.1	0.5~1.0	铺砂法:每 200 m 测 1 处
		特殊路段	0.8~1.2	0.6~1.1	
5	相邻板高差(mm)		≤2	≤3	抽量:每条胀缝 2 点;每 200 m 抽纵、横缝各 2 条,每条 2 点
6	纵、横缝顺直度(mm)		≤10		纵缝 20 m 拉线,每 200 m 测 4 处;横缝沿板宽拉线,每 200 m 测 4 条
7	中线平面偏位(mm)		20		经纬仪:每 200 m 测 4 点
8	路面宽度(mm)		±20		抽量:每 200 m 测 4 处
9	纵断面高程(mm)		±10	±15	水准仪:每 200 m 测 4 点
10	横坡坡度(%)		±0.15	±0.25	水准仪:每 200 m 测 4 个断面

注:表中 σ 为平整度仪测定的标准差;IRI 为国际平整度指数;h 为 3 m 直尺与面层的最大间隙。

3. 外观鉴定

(1)混凝土板的断裂块数,高速公路和一级公路不得超过评定路段混凝土板总块数的 0.2%,其他等级公路不得超过 0.4%。对于断裂板应采取适当措施予以处理。

(2)混凝土板表面的脱皮、印痕、裂纹和缺边、掉角等病害现象,对于高速公路和一级公路,有上述缺陷的面积不得超过受检面积的 0.2%,其他等级公路不得超过 0.3%。

(3)不应出现《标准》附录 P 中板的外观限制缺陷。

(4)面板不应有坑穴、鼓包和掉角。

(5)接缝填注不得漏填、松脱,不应污染路面。

(6)路面应无积水。

4. 质量保证资料

施工单位应有完整的施工原始记录、试验数据、分项工程自查数据等质量保证资料,并进行整理分析,负责提交齐全、真实和系统的施工资料和图表。工程监理单位负责提交齐全、真实和系统的监理资料。质量保证资料应包括以下六个方面:

(1)所用原材料、半成品和成品质量检验结果。

(2)材料配比、拌和加工控制检验和试验数据。

(3)地基处理、隐蔽工程施工记录和大桥、隧道施工监控资料。

(4)各项质量控制指标的试验记录和质量检验汇总图表。

(5)施工过程中遇到的非正常情况记录及其对工程质量影响分析。

(6)施工过程中如发生质量事故,经处理补救后,达到设计要求的认可证明文件等。

复习思考题

1. 水泥混凝土路面的类型有哪些?

2. 水泥混凝土路面的接缝类型有哪些?

3. 简述水泥混凝土路面的缩缝、胀缝的构造组成。

4. 水泥混凝土路面的施工方法有哪些?

5. 简述水泥混凝土路面小型机具施工法的施工工序。

6. 简述水泥混凝土路面小型机具施工的摊铺、振捣施工要点。

7. 简述水泥混凝土路面切缝的施工要点。

8. 简述水泥混凝土路面灌缝的施工要点。

9. 简述水泥混凝土路面三辊轴机组摊铺法施工工序。

10. 简述水泥混凝土路面滑模摊铺机施工工序。

项目三 路基路面现场试验检测

情境一 路基路面工程检验评定方法

知识目标

1. 了解公路质量检验评定标准；
2. 熟悉公路质量检验评定办法。

能力目标

培养学生具备填写路基评定表格的能力。

素质目标

1. 培养学生具备诚实守信、不造假数据的匠德。
2. 培养学生具备吃苦耐劳、爱岗敬业的匠心。

思政案例：
诚信小故事

《标准》是对公路工程质量进行管理、监控和检验的法规性技术文件，是检验评定公路工程质量和等级的标准尺度。该标准适用于公路工程施工单位、工程监理单位、建设单位、质量监督部门和质量检测机构对工程质量的管理、监控和检验评定。其适用范围主要针对四级及四级以上公路的新建和改建工程。对于公路大、中修工程，由于交通运输部已专门制定了大、中修工程的质量检验评定标准，故该标准不要求大、中修工程参照执行。

考虑到建设任务、施工管理和质量控制的需要，将建设项目划分为单位工程、分部工程、分项工程三级。

在建设项目中，根据业主下达的任务和签订的合同，具有独立施工条件，可以单独作为成本计算的对象为单位工程。单位工程分为路基工程、路面工程、桥梁工程（大、中桥）、互通立交工程、隧道工程和交通安全施工等六类。

在单位工程中，按结构部位、路桥长度及施工特点或施工任务划分为若干个分部工程；在分部工程中，按不同的施工方法、材料、工序及路段长度等划分为若干个分项工程。

施工单位应按各分项工程划分进行质量自检和资料汇总，质量监督部门按照各分项工程划分逐级进行工程质量等级评定。一般路基、路面单位工程和分项工程的划分内容详见表3-1-1。

表 3-1-1 一般路基、路面单位工程和分项工程的划分

单位工程	分部工程	分项工程
路基工程(每 10 km或每标段)	路基土石方工程(1～3 km 路段)	土方路基,填石路基,软土地基处治,土工合成材料处治层等
	排水工程(1～3 km 路段)	管节预制,混凝土排水管施工,检查(雨水)井砌筑,土沟,浆砌水沟,盲沟,跌水,急流槽,水簸箕,排水泵站沉井、沉淀池等
	小桥及符合小桥标准的通道,人行天桥,渡槽(每座)	钢筋加工及安装,砌体,混凝土扩大基础,钻孔灌注桩,混凝土墩、台,墩、台身安装,台背填土,就地浇筑梁、板,预制安装梁、板,就地浇筑拱圈,混凝土桥面板桥面防水层,支座垫石和挡块,支座安装,伸缩装置安装,栏杆安装,混凝土护栏,桥头搭板,砌体坡面护体,混凝土构件表面防护,桥梁总体等
	涵洞、通道(1～3 km 路段)	钢筋加工及安装,涵台,管切预制,管座及涵管安装,波形钢管涵安装,盖板预制,盖板安装,箱涵浇筑,拱涵浇(砌)筑,倒虹吸竖井、集水井砌筑,一字墙和八字墙,涵洞填土,顶进施工的涵洞,砌体坡面防护,涵洞总体等
	护支挡工程(1～3 km 路段)	砌体挡土墙,墙背填土,边坡锚固防护,土钉支护,砌体坡面防护,石笼防护,导流工程等
	大型挡土墙,组合挡土墙(每处)	钢筋加工及安装,砌体挡土墙,悬臂式挡土墙,扶壁式挡土墙,锚杆、锚定板和加筋土挡土墙,墙背填土等
路面工程(每 10 km或每标段)	路面工程(1～3 km 路段)	垫层、底基层、基层、路缘石、路肩等

一、一般规定

(1)公路工程质量检验评定应按分项工程、分部工程、单位工程逐级进行,并应符合下列规定:

① 在合同段中,具有独立施工条件和结构功能的工程为单位工程。

② 在单位工程中,按路段长度、结构部位及施工特点等划分的工程为分部工程。

③ 在分部工程中,根据施工工序、工艺或材料等划分的工程为分项工程。

（2）单位工程、分部工程和分项工程应在工前准备阶段按表 3-1-1 进行划分。

（3）公路工程质量检验评定应符合下列规定：

① 分项工程完工后，应根据《标准》进行检验，对工程质量进行评定。隐蔽工程在隐蔽前应检查合格。

② 分部工程、单位工程完工后，应汇总评定所属分项工程、分部工程质量资料，检查外观质量，对工程质量进行评定。

二、工程质量检验

（1）分项工程应按基本要求、实测项目、外观质量和质量保证资料等检验项目分别检查。

（2）分项工程质量应在所使用的原材料、半成品、成品及施工控制要点等符合基本要求的规定，无外观质量限制缺陷且质量保证资料真实齐全时，方可进行检验评定。

（3）基本要求检查应符合下列规定：

① 分项工程应对所列基本要求逐项检查，经检查不符合规定时，不得进行工程质量的检验评定。

② 分项工程所用的各种原材料的品种、规格、质量及混合料配合比和半成品、成品应符合有关技术标准规定并满足设计要求。

（4）实测项目检验应符合下列规定：

① 对检查项目按规定的检查方法和频率进行随机抽样检验并计算合格率。

②《标准》规定的检查方法为标准方法，采用其他高效检测方法应经比对确认。

③《标准》中以路段长度规定的检查频率为双车道路段的最低检查频率，对多车道应按车道数与双车道之比相应增加检查数量。

④ 应按下式计算检查项目合格率：

$$检查项目合格率(\%) = \frac{合格的点（组）数}{该项目的全部检查点数} \times 100\%$$

（5）检查项目合格判定应符合下列规定：

① 关键项目的合格率应不低于 95%（机电工程为 100%），否则该检查项目为不合格。

② 一般项目的合格率应不低于 80%，否则该检查项目为不合格。

③ 有规定极值的检查项目，任一单个检测值不应突破规定极值，否则该检查项目为不合格。

④ 采用《标准》附录 B 至附录 S 所列方法进行检验评定的检查项目，不满足要求时，该检查项目为不合格。

（6）外观质量应进行全面检查，并满足规定要求，否则该检验项目为不合格。

（7）工程应有真实、准确、齐全、完整的施工原始记录、试验检测数据、质量检验结果等质量保证资料。质量保证资料应包括下列内容：

① 所用原材料、半成品和成品质量检验结果。

② 材料配合比、拌和加工控制检验和试验数据。

③ 地基处理、隐蔽工程施工记录和桥梁、隧道施工监控资料。

④ 质量控制指标的试验记录和质量检验汇总图表。

⑤ 施工过程中遇到的非正常情况记录及其对工程质量影响分析评价资料。

⑥ 施工过程中如发生质量事故,经处理补救后达到设计要求的认可证明文件等。

(8)检验项目评为不合格的,应进行整修或返工处理,直至合格。

三、工程质量评定

(1)工程质量等级应分为合格与不合格。

(2)分项工程、分部工程、单位工程质量评定应有符合表 3-1-2、表 3-1-3 和表 3-1-4 规定的资料。

表 3-1-2　分项工程质量检验评定表

分项工程名称:　　　工程部位:(桩号、墩台号、孔台)　　　所属建设项目(合同段):

所属分部工程名称:　　　所属单位工程:　　　施工单位:　　　分项工程编号:

基本要求	1. 2. ⋮														
实测项目	项次	检查项目	规定值或允许偏差	实测值或实测偏差值										质量评定		
				1	2	3	4	5	6	7	8	9	10	平均值、代表值	合格率(%)	合格判定
外观质量											质量保证资料					
工程质量等级评定																

检验负责人:　　　检测:　　　记录:　　　复核:　　　　年　月　日

表 3-1-3　分部工程质量检验评定表

分部工程名称：　　　　　　　　　　工程部位：(桩号、墩台号、孔号)

所属单位工程：

所属建设项目(合同段)：

施工单位：　　　　　　　　　　　　分部工程编号：

分项工程			备注
分项工程编号	分项工程名称	质量等级	
外观质量			
评定资料			
质量等级			
评定意见			

检验负责人：　　　　记录：　　　复核：　　　　　　　　　　年　　月　　日

表 3-1-4 单位工程质量检验评定表

单位工程名称：　　　　　　　　　　　工程地点、桩号：

所属建设项目(合同段)：

施工单位：　　　　　　　　　　　　　单位工程编号：

分部工程			备注
分部工程编号	分部工程名称	质量等级	
外观质量			
评定资料			
质量等级			
评定意见			

检验负责人：　　　　记录：　　　　复核：　　　　　　　　　　　年　　月　　日

（3）分项工程质量评定合格应符合下列规定：

① 检验记录应完整。

② 实测项目应合格。

③ 外观质量应满足要求。

（4）分部工程质量评定合格应符合下列规定：

① 评定资料应完整。

② 所含分项工程及实测项目应合格。

③ 外观质量应满足要求。

（5）单位工程质量评定合格应符合下列规定：

① 评定资料应完整。

② 所含分部工程应合格。

③ 外观质量应满足要求。

（6）评定为不合格的分项工程、分部工程，经返工、加固、补强或调测，满足设计要求后，可重新进行检验评定。

（7）所含单位工程合格，该合同段评定为合格；所含合同段合格，该建设项目评定为合格。

情境二　路基路面现场检验方法

知识目标

1.了解路基路面现场质量检验方法;
2.熟悉路基面现场质量检验仪器;
3.熟悉路基路面现场质量检验步骤与方法。

能力目标

培养学生具备路面现场质量检验的能力。

素质目标

1.培养学生具备爱岗敬业、严谨认真的匠心。
2.培养学生具备吃苦耐劳、诚实守信、不造假数据的匠德。

任务一　路基路面几何尺寸检测方法

一、适用范围

本方法用于路基路面各部分的宽度、高程、横坡及中线偏位等几何尺寸的检测,以供道路施工过程、路面交(竣)工验收及旧路调查使用。

二、方法与步骤

1. 准备工作

(1)在路基或路面上准确恢复桩号。

(2)根据有关施工规范或《标准》的要求,按《公路路基路面现场测试规程》(JTG 3450—2019)附录 A 的方法,在一个检测路段内选取测定的断面位置及里程桩号,在测定断面作上标记。通常将路面宽度、横坡、高程及中线偏位选取在同一断面位置,且在整数桩号上测定。

(3)根据道路设计的要求,确定路基路面横断面各部分的边界位置并作好标记。

(4)根据道路设计的要求,确定路基路面纵断面位置并作好标记。

(5)根据道路设计的要求,在与中线垂直的横断面上确定成型后路面的实际中心线位置并作好标记。

(6)当采用全站仪测量边坡坡度时,根据道路设计要求,确定路基边坡的坡顶、坡脚位置并作好标记。

2. 路基路面各部分的宽度及总宽度测试步骤

用钢卷尺沿中线垂直方向上水平量取路基路面各部分的宽度 B_1,以 m 计,准确至

0.001 m。测量时钢卷尺应保持水平,不得将尺紧贴路面量取,也不得使用皮尺。

3. 纵断面高程测定步骤

(1)将水准仪架设在路面平顺处调平,将水准尺竖立在设计高程的纵断面位置上,以路线附近的水准点高程作为基准。测量高程并记录读数 H_1,以 m 计,准确至 0.001 m。

(2)连续测试全部测点,并与水准点闭合,闭合差应达到三等水准测量要求。

4. 路基路面横坡测定步骤

(1)对设有中央分隔带的路面:将水准仪(全站仪)架设在路基路面平顺处调平,将水准尺分别竖立在路面与中央分隔带分界的路缘带边缘 d_1 处(或路基顶面相应位置)及路面与路肩交界位置或外侧路缘石边缘(或路基顶面相应位置)d_2 处,d_1 与 d_2 两测点应在同一横断面上,测量 d_1 与 d_2 处的高程并记录读数,以 m 计,准确至 0.001 m。

(2)对无中央分隔带的路面:将水准仪(全站仪)架设在路基路面平顺处调平,将水准尺分别竖立在道路中心 d_1(或路基顶面相应位置)及路面与路肩交界位置或外侧路缘石边缘(或路基顶面相应位置)d_2 处,d_1 与 d_2 两测点应在同一横断面上,测量 d_1 与 d_2 处的高程,记录高程读数,以 m 计,准确至 0.001 m。

(3)用钢卷尺测量两测点的水平距离,以 m 计,准确至 0.005 m。

5. 中线偏位测定步骤

(1)对有中线坐标的道路:根据待测点 P 的施工桩号,在道路上标记 P 点,从设计资料中查出该点的设计坐标,用经纬仪(全站仪)对该设计坐标进行放样,并在放样点 P' 处作好标记,量取 PP' 的长度,即为中线偏位 Δ_{CL},以 mm 计,准确至 1 mm。

(2)对无中线坐标的道路:根据待测点 P 的施工桩号,在道路上标记 P 点,由设计资料计算出该点的坐标,用经纬仪(全站仪)对该坐标进行放样,并在放样点 P' 处作好标记,量取 PP' 的长度,即为中线偏位 Δ_{CL},以 mm 计,准确至 1 mm。

6. 路基边坡坡度测试步骤

(1)全站仪法

将全站仪架设在路基路面平顺处调平,在同一横断面上选择坡顶 a、坡脚 b 两测点,分别测量其相对高程并记录读数 H_a、H_b,同时测量并记录两点间的水平距离 L,测量结果以 m 计,准确至 0.001 m。

(2)坡度测量仪法

将坡度测量仪的测试面垂直于路中线放在待测边坡上,旋转刻度盘,将水平气泡调到水平位置,读取并记录刻度盘上的刻度值即为路基边坡坡度,保留两位小数。

7. 相邻板高差测试步骤

将水平尺垂直跨越接缝并水平放置于高出的一侧,用塞尺量测接缝处水平尺下基准面与位置较低板块的高差,以高差最大值为该接缝处的相邻板高差 H,以 mm 计,准确至 0.5 mm。

8. 纵、横缝顺直度测试步骤

(1)在待测试路段的直线段上,将尼龙线对齐 20 m 长的纵缝两端并拉直,用钢直尺量测纵缝与尼龙线的最大间距,以 mm 计,准确至 1 mm,即为该处纵缝顺直度。

(2)将尼龙线沿板宽对齐面板横缝两端并拉直,用钢直尺量测横缝与尼龙线的最大间距,以 mm 计，准确至 1 mm，即为该板的横缝顺直度。

三、数据处理

（1）按式（3-2-1）计算各个断面的实测宽度 B_{1i} 与设计宽度 B_{0i} 之差。总宽度为路基路面各部分宽度之和。

$$\Delta B_i = B_{1i} - B_{0i} \tag{3-2-1}$$

式中　B_{1i}——第 i 个断面的实测宽度(m)；

　　　B_{0i}——第 i 个断面的设计宽度(m)；

　　　ΔB_i——第 i 个断面的宽度偏差(m)。

（2）按式（3-2-2）计算各个断面的实测高程 H_{1i} 与设计高程 H_{0i} 之差。

$$\Delta H_i = H_{1i} - H_{0i} \tag{3-2-2}$$

式中　H_{1i}——第 i 个断面的纵断面实测高程(m)；

　　　H_{0i}——第 i 个断面的纵断面设计高程(m)；

　　　ΔH_i——第 i 个断面的纵断面高程偏差(m)。

（3）按式（3-2-3）、式（3-2-4）计算实测横坡 i_{1i} 与设计横坡 i_{0i} 之差，结果准确至 0.01%。

$$i_{1i} = \frac{d_{1i} - d_{2i}}{B_{1i}} \tag{3-2-3}$$

$$\Delta i_i = i_{1i} - i_{0i} \tag{3-2-4}$$

式中　i_{1i}——第 i 个断面的横坡(%)；

　　　d_{1i}, d_{2i}——第 i 个断面测点 d_{1i} 及 d_{2i} 处的高程读数(m)；

　　　B_{1i}——第 i 个断面测点 d_{1i} 与 d_{2i} 之间的水平距离(m)；

　　　Δi_i——第 i 个断面的横坡偏差(%)；

　　　i_{0i}——第 i 个断面的设计横坡(%)。

（4）边坡坡度通常以 1: m 的形式表示。全站仪法采用式（3-2-5）、式（3-2-6）计算路基边坡坡度。路基边坡各部分位置示意如图 3-2-1 所示。

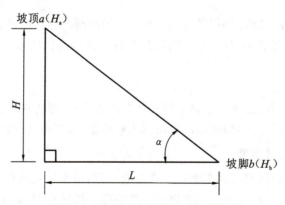

图 3-2-1　路基边坡各部分位置示意图

$$H_i = H_{ai} - H_{bi} \tag{3-2-5}$$

$$m_i = L_i / H_i \tag{3-2-6}$$

式中　H_i——第 i 个断面坡顶、坡脚测点的高差，即垂直距离(m)；

H_{ai}, H_{bi}——第 i 个断面坡顶、坡脚测点的相对高程读数(m);

m_i——第 i 个断面的坡度值,路面坡度以 $1 : m_i$ 表示;

L_i——第 i 个断面坡顶、坡脚测点的水平距离(m)。

四、报告

本方法应报告以下技术内容:

(1) 测试位置信息(测试断面桩号、坐标等)。

(2) 实测宽度、设计宽度、宽度偏差。

(3) 实测纵断面高程、设计纵断面高程、高程偏差。

(4) 实测横坡、设计横坡、横坡偏差。

(5) 实测边坡坡度。

(6) 中线偏位、相邻板高差以及纵横缝顺直度。

任务二　路面结构层厚度的检测方法

路面厚度是指基层、面层材料压实成型后的厚度及路面总厚度,以 cm 计。在路面工程中,各个层次的厚度是和道路整体强度密切相关的。在路面设计中,不管是刚性路面还是柔性路面,其最终要决定的都是各个层次的厚度。只有在保证厚度的情况下,路面的各个层次及整体的强度才能得到保证。此外,严格控制各结构层的厚度,还能对路面的标高起到一定的控制作用。所以在《标准》中,路面各个层次的厚度的分值较高。

路面各结构层厚度的检测一般与压实度同时进行。当用灌砂法进行压实度检查时,可量取挖坑灌砂深度(即结构层厚度);当用钻芯取样法检查压实度时,可直接量取芯样高度。结构层厚度也可以采用水准仪量测法求得,即在同一测点量出结构层底面及顶面的高程,然后求其差值。这种方法无须破坏路面,测试精度高。目前,国内外还用雷达、超声波等方法检测路面结构层厚度。本文主要介绍挖坑法和钻芯法。

一、适用范围

挖坑法适用于基层或砂石路面的厚度测试,钻芯法适用于沥青面层、水泥混凝土路面板和能够取出完整芯样的基层的厚度测试。

二、仪具与材料技术要求

(1) 挖坑用镐、铲、凿子、锤子、小铲、毛刷。

(2) 路面取芯机(图 3-2-2):手推式或车载式,配有淋水冷却装置。钻头的标准直径为100 mm,如芯样仅供测量厚度,不做其他试验时,对沥青面层与水泥混凝土板也可用直径为50 mm 的钻头;对基层材料有可能损坏试件时,也可用直径为 150 mm 的钻头,但钻孔深度均必须达到层厚。

(3) 量尺:钢直尺、游标卡尺,分度值不大于 1 mm。

(4) 其他:直尺、搪瓷盘、棉纱等。

图 3-2-2　路面取芯机

1. 准备工作

(1) 按《公路路基路面现场测试规程》(JTG 3450—2019)规定的方法确定挖坑测试或钻芯取样的位置,如为既有道路,应避开坑洞等显著缺陷或接缝位置。

(2) 在选择的试验地点,选一块约 400 mm×400 mm 的平坦表面,用毛刷将其清扫干净。

2. 挖坑法厚度测试步骤

(1) 根据材料坚硬程度,选择镐、铲、凿子等适当的工具,开挖这一层材料,直至层位底面,在便于开挖的前提下,开挖面积应尽量缩小,坑洞大体呈圆形,边开挖边将材料铲出,置于搪瓷盘中。

(2) 用毛刷清扫坑底,确认已开挖至下一层的顶面。

(3) 将直尺平放,横跨于坑的两边,用钢直尺在坑的中部位置垂直伸至坑底,测量坑底至直尺下缘的距离,即为测试层的厚度 T_1,以 mm 计,准确至 1 mm。

3. 钻芯法厚度测试步骤

(1) 按《公路路基路面现场测试规程》(JTG 3450—2019)的规定用路面取芯机钻孔并取出芯样,钻孔深度应超过测试层的底面。

(2) 取出完整芯样,找出与下层的分界面。

(3) 用钢直尺或游标卡尺沿芯样呈圆周对称的十字方向量取表面至分界面的高度,共四处,计算其平均值,即为该层的厚度 T_1,以 mm 计,准确至 1 mm。

(4) 清理干净坑中的残留物,用棉纱等吸干钻孔时留下的积水,待干燥后采用同类型材料填补压实。

(1) 按式(3-2-7)计算实测厚度 T_{1i} 与设计厚度 T_{0i} 之差。

$$\Delta T_i = T_{1i} - T_{0i} \tag{3-2-7}$$

式中　　T_{1i}——路面第 i 层的实测厚度(mm);

　　　　T_{0i}——路面第 i 层的设计厚度(mm);

　　　　ΔT_i——路面第 i 层厚度的偏差(mm)。

(2) 按《公路路基路面现场测试规程》(JTG 3450—2019)附录 B 的方法,计算一个测试路段厚度的平均值、标准差,并计算厚度代表值。

本方法应报告以下技术内容:

(1) 现场测试位置信息(桩号、路面结构层类型等)。

(2) 各测试位置的路面厚度实测值和设计值、路面厚度偏差。

(3) 测试路段厚度的平均值、标准差、代表值。

任务三　压实度的检测方法

高标准压实是保证路基、路面应有强度和稳定性的一项最经济有效的技术措施。通常用压实度来衡量现场压实的质量。对于路基土及路基层面,压实度是指工地实际达到的干密度与室内标准击实试验所得的最大干密度的比值;对于沥青路面,压实度是指现场实际达到的密度与标准密度的比值。

目前常用的测定压实度试验方法有灌砂法、环刀法、灌水法、钻芯法、核子密度仪法等,此处主要介绍灌砂法。

一、适 用 范 围

(1)本方法适用于现场测试基层或底基层、砂石路面及路基结构的压实度,以评价结构层的压实质量。

(2)本方法不适用于填石路堤等有大孔洞或大空隙的结构压实度测试。

二、仪具与材料技术要求

(1)灌砂设备:灌砂设备包括灌砂筒、标定罐和基板。

① 灌砂筒:金属材质,型式和主要尺寸见图 3-2-3(a),并符合表 3-2-1 的规定。灌砂筒上部为储砂筒,下部为圆锥体漏斗,筒底与漏斗顶端铁板之间设有开关。灌砂筒的选择:测试前,应根据填料最大粒径及测试层厚度选择不同尺寸的灌砂筒,并符合表 3-2-2 的规定。

② 标定罐:金属材质,上端有罐缘,型式和主要尺寸见图 3-2-3(b),并符合表 3-2-1 的规定。

③ 基板:金属材质的方盘,盘中心有一圆孔,主要尺寸符合表 3-2-1 的规定。

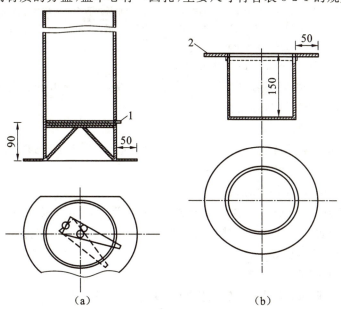

图 3-2-3　灌砂筒和标定罐(尺寸单位：mm)

(a)灌砂筒;(b)标定罐

1—开关;2—罐缘

表 3-2-1　灌砂设备的主要尺寸要求

灌砂设备类型			小型灌砂设备	中型灌砂设备	大型灌砂设备
灌砂筒	储砂筒	直径(mm)	100	150	200
		容积(cm³)	2121	4771	8482
	流砂孔	直径(mm)	10	15	20
标定罐	金属标定罐	内径(mm)	100	150	200
		外径(mm)	150	200	250
基板	金属方盘基板	边长(mm)	350	400	450
		深(mm)	40	50	60
	中孔	直径(mm)	100	150	200
	板厚	厚(mm)	≥1.0(铁)	≥1.0(铁)	≥1.0(铁)
			≥1.2(铝合金)	≥1.2(铝合金)	≥1.2(铝合金)

注:储砂筒的容积可按照检测层厚度不同而适当调整,其他指标不变,以保证灌砂过程连续。

表 3-2-2　灌砂筒类型(mm)

灌砂筒类型	填料最大粒径	适宜的测试层厚度
ϕ100	<13.2	≤150
ϕ150	<31.5	≤200
ϕ200	<63	≤300
ϕ250 及以上	≤100	≤400

注:路基填料最大粒径超过 100 mm 的,应采用其他方法测试压实度;当挖坑过程中存在超过规范规定粒径 10% 的填料时应另在附近选点重做。试验过程中若发现储砂筒内砂不足以填满试坑时,说明灌砂筒尺寸过小,应选择较大尺寸的灌砂筒重新试验,而不应在试验过程中添加量砂。

(2)玻璃板:边长 500～600 mm 的方形板。

(3)试样盘和铝盒:小筒挖出的试样可用铝盒存放,大筒挖出的试样可用 300 mm× 500 mm×40 mm 的搪瓷试样盘存放。

(4)电子秤:分度值不大于 1 g。

(5)电子天平:用于含水率测试时,对细粒土、中粒土、粗粒土的分度值宜分别为 0.01 g、 0.1 g、1.0 g。

(6)含水率测试设备:如铝盒、烘箱、微波炉等。

(7)量砂:粒径为 0.3～0.6 mm 清洁干燥的砂,质量为 20～40 kg。使用前须洗净、烘干,筛分至符合要求并放置 24 h 以上,使其与空气的湿度达到平衡。

(8)盛砂的容器:塑料桶等。

(9)温度计:分度值不大于 1 ℃。

(10)其他:凿子、改锥、铁锤、长把勺、长把小簸箕、毛刷等。

三、方法与步骤

1. 准备工作

（1）按照有关标准和规程对结构层填料进行击实试验，得到最大干密度 l_{dm}。

（2）按本方法规定选用灌砂设备。

（3）标定灌砂筒下部圆锥体内砂的质量。

① 在灌砂筒内装满砂，灌砂筒内砂至筒顶距离不超过 15 mm 为止。称取筒内砂的质量 m_1，准确至 1 g。以后每次标定及试验都应该维持装砂高度与质量不变。

② 将开关打开，使灌砂筒筒底的流砂孔、圆锥形漏斗上端开口圆孔及开关铁板中心的圆孔上下对准，让砂自由流出，并使流出砂的体积与工地所挖试坑内的体积相当（或等于标定罐的容积），然后关上开关。

③ 不晃动储砂筒的砂，轻轻地将罐砂筒移至玻璃板上，将开关打开，让砂流出，直到筒内砂不再下流时，将开关关上，并细心地取走灌砂筒。

④ 收集并称量留在玻璃板上的砂或称量筒内的砂，准确至 1 g，玻璃板上的砂就是填满筒下部圆锥体的砂（m_2）。

⑤ 重复上述测量三次，取其平均值。

（4）标定量砂的单位质量 ρ_S（g/cm³）。

① 用水确定标定罐的容积 V，准确至 1 cm³。

将空罐放在台秤上，使罐的上口处于水平位置，读计罐质量 m_5，准确至 1 g。向标定罐中灌水，注意不要将水弄到台秤上或罐的外壁，将一直尺放在灌顶，在罐中水面快接近直尺时，用滴管向罐中加水，直到水面接触直尺，移去直尺，读计罐和水的合重 m_4，准确到 1 g。重复测量 5～6 次，以获得精确的平均值 m_4，重复测量时，仅需从罐中取出少量水（用吸管），并用滴管重新将水加满到接触直尺。标定罐的体积：

$$V = m_4 - m_5 \tag{3-2-8}$$

式中　V——标定罐的体积（cm³）；

　　　m_4——标定罐和水的合计质量（g）；

　　　m_5——标定罐的质量（g）。

② 在储砂筒中装入质量为 m_1 的砂，并将灌砂筒放在标定罐上，将开关打开，让砂流出。在整个流砂过程中，不要碰动灌砂筒，直到储砂筒内的砂不再下流时，将开关关闭，取下灌砂筒，称取筒内剩余砂的质量（m_3），准确至 1 g。

③ 按下式计算填满标定罐所需砂的质量 m_a（g）：

$$m_a = m_1 - m_2 - m_3 \tag{3-2-9}$$

式中　m_a——标定罐中砂的质量（g）；

　　　m_1——装入灌砂筒内的砂的总质量（g）；

　　　m_2——灌砂筒下部圆锥体内砂的质量（g）；

　　　m_3——灌砂入标定罐后，筒内剩余砂的质量（g）。

④ 重复上述测量三次，取其平均值。

⑤ 按下式计算量砂的单位质量 ρ_S：

$$\rho_S = m_a / V \qquad\qquad (3\text{-}2\text{-}10)$$

式中　ρ_S——量砂的单位质量(g/cm^3);

　　　V——标定罐的体积(cm^3)。

2. 现场操作步骤

(1) 选点、清扫基面:在试验地点,选一块平坦表面,将其清扫干净,其面积不小于基板面积。

(2) 将基板放在平坦表面上。当表面的粗糙度较大时,将盛有量砂(m_1)的灌砂筒放在基板中孔上,做好基板位置标识。将灌砂筒的开关打开,让砂流入基板中孔内,直到储砂筒内的砂不再下流时关闭开关。取下灌砂筒,并称量储砂筒内砂的质量(m_5),准确至 1 g。

(3) 取走基板,收回留在试验地点未混入杂质的量砂,重新将表面清扫干净。

(4) 将基板放回原处并固定,沿基板中孔凿洞(洞的直径与灌砂筒直径一致)。在凿洞过程中,不应使凿出的材料丢失,并随时将凿松的材料取出装入塑料袋中或大铝盒内密封,防止水分蒸发。试洞的深度应等于测试层厚度,但不得有下层材料混入。称取洞内材料质量 m_w,准确至 1 g。当需要测试厚度时,应先测量厚度后再称量材料总质量。

(5) 从挖出的全部材料中取有代表性的试样,放在铝盒或洁净的搪瓷盘中,按照《公路土工试验规程》(JTG E40—2019)的有关规定测试其含水率(ω)。单组取样数量如下:用小灌砂筒测试时,对于细粒土,不少于 100 g;对于各种中粒土,不少于 500 g。用中灌砂筒测试时,对于细粒土,不少于 200 g;对于各种中粒土,不少于 1000 g;对于粗粒土或水泥、石灰、粉煤灰等无机结合料稳定材料,宜将取出的材料全部烘干,且不少于 2000 g,称其质量(m_d)。用大型灌砂筒测试时,宜将取出的材料全部烘干,称其质量(m_d)。

(6) 储砂筒内放满砂到要求质量 m_1,将基板安放在试坑原位上。灌砂筒安放在基板中间,下口对准基板中孔,打开灌砂筒开关,让砂流入试坑内。在此期间,不应碰灌砂筒,直到储砂筒内的砂不再下流时,关闭开关。取走灌砂筒,并称量筒内剩余砂的质量(m_4),准确至 1 g。

(7) 如清扫干净的平坦表面粗糙度不大,也可省去步骤(2)和步骤(3)的操作。在试洞挖好后,将灌砂筒直接对准试坑,中间不需要放基板。打开灌砂筒开关,让砂流入试坑内。在此期间,不应碰灌砂筒,直到储砂筒内的砂不再下流时,关闭开关。取走灌砂筒,并称量剩余砂的质量(m'_4),准确至 1 g。

(8) 取出储砂筒内的量砂,以备下次试验时再用。

(9) 取走基板,将留在试坑内未混入杂质的量砂收回;将坑内剩余量砂清理干净后,回填与被测结构同材质的填料,并用铁锤分 3~4 层夯实。

(10) 回收的量砂烘干、过筛,并放置 24 h 以上,使其与空气的湿度达到平衡后可以继续使用。若量砂中混有杂质,则应废弃。

四、数据处理

(1) 按式(3-2-11)或式(3-2-12)计算填满试坑所用砂的质量。

灌砂时,试坑上放有基板时:

$$m_b = m_1 - m_4 - (m_1 - m_5) \qquad\qquad (3\text{-}2\text{-}11)$$

灌砂时,试坑上不放基板时:

$$m_b = m_1 - m'_4 - m_2 \qquad (3\text{-}2\text{-}12)$$

式中 m_b——填满试坑砂的质量(g);

m_1——灌砂前灌砂筒内砂的质量(g);

m_2——灌砂筒下部圆锥体内砂的质量(g);

m_4, m'_4——灌砂后,储砂筒内剩余砂的质量(g);

$(m_1 - m_5)$——灌砂筒下部圆锥体内及基板和粗糙表面间砂的合计质量(g)。

(2)按式(3-2-13)计算试坑材料的湿密度。

$$\rho = \frac{m_w}{m_b} \times \rho_S \qquad (3\text{-}2\text{-}13)$$

式中 m_w——试坑中取出的全部材料的质量(g);

ρ_S——量砂的单位质量(g/cm³)。

(3)按式(3-2-14)计算试坑材料的干密度。

$$\rho_d = \frac{\rho}{1 + 0.01\omega} \qquad (3\text{-}2\text{-}14)$$

式中 ρ_d——试坑材料的干密度(g/cm³);

ω——试坑材料的含水率(%)。

(4)按式(3-2-15)计算施工压实度。

$$K = \frac{\rho_d}{\rho_{dm}} \times 100\% \qquad (3\text{-}2\text{-}15)$$

式中 K——测试地点的施工压实度(%)。

ρ_d——试样的干密度(g/cm³);

ρ_{dm}——由击实得到的试样的干密度(g/cm³)。

任务四 平整度的检测方法

路面平整度是评定路面使用品质的重要指标之一,它既是一个路面外观指标又是衡量路面质量及现有路面破坏程度的一个重要指标。路面平整度直接关系到行车安全,以及车辆的通行能力和运营的经济性,还影响着路面的使用年限。测量路面平整度的目的:一是检查控制路面施工质量与验收路面工程;二是根据测定的路面平整度指标确定养护维修计划。

路面平整度包括纵断面和横断面两个方面。测定平整度的仪器种类繁多,国外这方面从最初的直尺式测定仪发展成为可以记录行车道真实断面形状的横断面记录仪。目前国内最常用的平整度测试方法是三米直尺法和连续式平整度仪法。

一、三米直尺测试平整度方法

1. 适用范围

(1)本方法适用于用三米直尺测试路表与三米直尺基准面的最大间隙(δ_m),用以表征路表平整度。

(2)本方法适用于碾压成型后的路基、基层、面层平整度测试,但不适用于高速、一级沥青混凝土路面和水泥混凝土路面平整度检测。

2. 仪具与材料技术要求

(1)三米直尺：测量基准面长度为 3 m，基准面应平直，用硬木或铝合金钢等材料制成。

(2)最大间隙测量器具。

① 楔形塞尺：硬木或金属制的三角形塞尺，有手柄。塞尺的长度与高度之比不小于 10，宽度不大于 15 mm，边部有高度标记，分度值不大于 0.5 mm。

② 深度尺：金属制的深度测量尺，有手柄。深度尺测量杆端头直径不小于 10 mm，分度值不大于 0.5 mm。

(3)其他：皮尺或钢尺等。

3. 方法与步骤

(1) 准备工作

① 确定测试方式。当测试沥青路面施工过程中的质量时，应以单尺方式测试，且测试位置应选在接缝处；其他情况一般以连续 10 尺方式测试。

② 选择测试位置。除特殊需要者外，应以行车道一侧车轮轮迹(距车道线 0.8～1.0 m)作为连续测试的位置。对既有道路已形成车辙的路面，应取车辙中间位置为测试位置。

③ 清扫路面测试位置处的碎石、杂物等。

(2) 测试步骤

① 将三米直尺沿道路纵向摆在测试位置的路面上。

② 目测三米直尺底面与路表面之间的间隙情况，确定最大间隙的位置。

③ 将具有高度标线的塞尺塞进间隙处，测试其最大间隙的高度；或者用深度尺在最大间隙位置测试直尺上顶面距地面的深度，该深度减去尺高即为测试点的最大间隙的高度。以 mm 计，准确至 0.5 mm。

4. 试验记录与计算

单杆检测路面的平整度计算，以三米直尺与路面的最大间隙为测定结果，连续测定 10 尺时，判断每个测定值是否合格，根据要求计算合格百分率，并计算 10 个最大间隙的平均值。

$$合格率＝合格尺数/总测尺数×100\% \tag{3-2-16}$$

二、连续式平整度仪测试平整度方法

1. 适用范围

(1)本方法适用于连续式平整度仪测试路面纵向相对高程的标准差(σ)，用以表征路面的平整度。

(2)本方法不适用于在已有较多坑槽、破损严重的路面上测试。

2. 仪具与材料技术要求

(1)连续式平整度仪。

① 整体结构：连续式平整度仪构造如图 3-2-4 所示，除特殊情况外，连续式平整度仪的标准长度为 3 m；中间为一个 3 m 长的机架，机架可缩短或折叠，前后各 4 个行走轮，前后两组轮的轴间距离为 3 m。

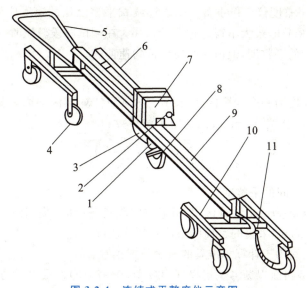

图 3-2-4　连续式平整度仪示意图

1—测量架；2—离合器；3—拉簧；4—脚轮；5—牵引架；6—前架；
7—记录计；8—测定轮；9—纵梁；10—后架；11—软轴

② 地面高差测量传感器：安装在机架中间，可以是能起落的测定轮，或激光测距仪。

③ 其他辅助机构：连续式平整度仪的辅助机构有蓄电池电源，距离传感器，与数据采集、处理、存储、输出部分配套的采集控制箱及计算机、打印机等。

④ 测试间距为 100 mm，每一计算区间的长度为 100 m 并输出一次结果。

⑤ 可记录测试长度（m）、曲线振幅大于某一定值（如 3 mm、5 mm、8 mm、10 mm 等）的次数、曲线振幅的单向（凸起或凹下）累计值及以 3 m 机架为基准的中点路面偏差曲线图。

⑥ 机架装有一牵引钩及手拉柄，可用人力或汽车牵引。

（2）牵引车：小面包车或其他小型牵引汽车。

（3）皮尺或测绳。

3. 方法与步骤

（1）准备工作

① 当为施工过程中质量控制需要时，测试地点根据需要决定；当进行路面工程质量检查验收或路况评定时，通常以行车道一侧车轮轮迹带作为连续测试的标准位置；对已形成车辙的路面，取一侧车辙中间位置为测点位置。

② 清扫路面测试位置处的碎石、杂物等。

③ 检查仪器测试箱各部分应完好、灵敏，测定轮胎压正常，并将各连接线接妥，安装记录设备。

（2）测试步骤

① 将连续式平整度仪置于测试路段路面起点上，保证测定轮位置在轮迹带范围内。

② 在牵引汽车的后部，将连续式平整度仪与牵引汽车连接好，按照要求依次完成各项操作。

③ 启动牵引汽车，沿道路纵向行驶，横向位置保持稳定。

④ 确认连续式平整度仪工作正常。牵引连续式平整度仪的速度应保持匀速且沿车道方向行驶,速度宜为 5 km/h,最大不得超过 12 km/h。在测试路段较短时,亦可用人力拖拉连续式平整度仪测试路面的平整度,但拖拉时应保持匀速前进。

4. 数据处理

(1) 以 100 m 长度为一个计算区间,按式(3-2-17)计算该区间内采集的位移值(d_i)的标准差 σ_i,即该区间的平整度,以 mm 计,保留 1 位小数。

$$\sigma_i = \sqrt{\frac{\sum d_i^2 - (\sum d_i)^2 / N}{N-1}} \qquad (3\text{-}2\text{-}17)$$

式中 σ_i——各计算区间的平整度计算值(mm);

          d_i——以 100 m 为一个计算区间,每隔一定距离(自动采集间距为 10 cm,人工采集间距为 1.5 m)采集的路面凹凸偏差位移值(mm);

          N——计算区间用于计算标准差的测试数据个数。

(2) 按《公路路基路面现场测试规程》(JTG 3450—2019)附录 B 的方法,计算一个测试路段平整度的平均值、标准差、变异系数。

任务五　回弹弯沉的检测方法

路面弯沉是汽车车轮荷载作用下路面表面产生的垂直变性值。它是反映路面整体抗压强度的一个综合指标。在施工控制及施工验收中,竣工验收弯沉值反映了工程质量;在沥青路面设计中,路表回弹弯沉是重要的设计指标,规范规定双轮胎轮隙中心处路面表面最大回弹弯沉值应不大于竣工验收弯沉值;在旧路的补强设计中,回弹弯沉值是反映旧路强度的一个重要参数;在水泥混凝土路面中,弯沉检测能用于接缝传荷能力和脱空的分析评定。所以正确的弯沉测试具有重要意义。

一、主要的弯沉测试方法

(1) 贝克曼梁法:传统方法,速度快,静态测试,比较成熟,目前属于标准方法。

(2) 自动弯沉仪法:利用贝克曼梁原理快速测定,属于静态测试范畴,但测定的是总弯沉,因此使用时应用贝克曼梁进行标定换算。

(3) 落锤式弯沉仪法:利用重锤自由落下的瞬间产生的冲击力荷载测定弯沉,属于动态弯沉,并能反算路面的回弹模量,快速连续,使用时应用贝克曼梁进行标定换算。

本文主要介绍贝克曼梁法。

二、贝克曼梁测试路基路面回弹弯沉

1. 适用范围

(1) 本方法适用于测试路基及沥青路面的回弹弯沉,以便评价其承载能力。

(2) 本方法不适用于路基冻结后的回弹弯沉检测。

2. 仪具与材料技术要求

(1) 贝克曼梁:由合金铝制成,上有水准泡,其前臂与后臂长度比为 2∶1。贝克曼梁按长度分为 5.4 m(3.6 m+1.8 m)梁和 3.6 m(2.4 m+1.2 m)梁两种,如图 3-2-5 所示。长度为 5.4 m 的贝克曼梁适用于各种类型的路面结构回弹弯沉的测试;长度为 3.6 m 的贝克曼梁适用于柔性基层沥青路面回弹弯沉的测试。

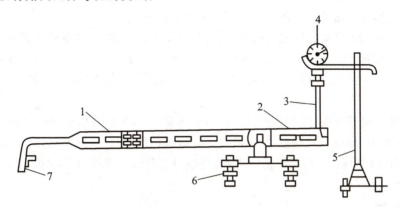

图 3-2-5 弯沉仪构造图

1—前臂;2—后臂;3—立杆;4—百分表;5—表架;6—支座;7—测头

　(2)加载车:单后轴、单侧双轮组的载重车,双轮轮隙应能满足自由插入贝克曼梁测头的要求,轴载、轮胎气压等技术参数应符合表 3-2-3 的要求。

　(3)百分表及表架。

　(4)路表温度计:分辨力不大于 1 ℃。

　(5)其他:钢直尺等。

表 3-2-3 弯沉测定用的标准车参数

技术参数	要求	技术参数	要求
后轴标准轴载 P(kN)	100±1	轮胎气压(MPa)	0.7±0.05
单侧双轮荷载(kN)	50±0.5	单轮传压面当量圆面积(mm^2)	$(3.56±0.20)×10^4$

3. 方法与步骤

　(1)准备工作

　① 检查并保持测定用标准车的车况及制动性能良好,轮胎胎压符合规定充气压力。

　② 向汽车车槽中装载重物(铁块或集料),并在地磅上称量后轴总重量及单侧轮荷载,确保其达到规定的轴重要求。汽车行驶及测定过程中,轴重不得变化。

　③ 测定轮胎接地面积。在平整光滑的硬质路面上用千斤顶将汽车后轴顶起,在轮胎下方铺一张新的复写纸,轻轻落下千斤顶,即在方格纸上印上轮胎印痕,用求积仪或数方格的方法测算轮胎接地面积,准确至 0.1 cm²。

　④ 检查弯沉仪百分表量测灵敏度。

　⑤ 当在沥青路面上测定时,用路表温度计测定试验时气温及路表温度(一天中气温不断变化,应随时测定),并通过气象台了解前 5 d 的平均气温(日最高气温与最低气温的平均值)。

　⑥ 记录沥青路面修建或改建材料、结构、厚度、施工及养护等情况。

（2）测试步骤

① 在测试路段布置测点,其距离随测试需要而定,测点应在路面行车车道的轮迹带上,并用白油漆或粉笔画上标记。

② 将试验车后轮轮隙对准测点后 3～5 cm 处的位置上。

③ 将弯沉仪插入汽车后轮之间的缝隙处,与汽车方向一致,梁臂不得碰到轮胎,弯沉仪侧头置于测点上(轮隙中心前方 3～5 cm 处),并安装百分表于弯沉仪的测杆上,百分表调零,用手指轻轻叩打弯沉仪,检查百分表应稳定回零。弯沉仪可以是单侧测定,也可以是双侧同时测定。

④ 测定者吹哨发令指挥汽车缓慢前进,百分表随路面变形的增加而持续向前转动,当表针转动到最大值时,迅速读取读数 L_1。汽车仍在继续前进,表针反向回转,待汽车驶出弯沉影响半径(约 3 m 以上)后,令汽车停止。待表针回转稳定后,再次读取终读数 L_2。汽车前进的速度宜为 5 km/h 左右。

4. 数据处理

（1）弯沉仪的支点变形修正

① 当采用长度为 3.6 m 的弯沉仪进行弯沉测定时,有可能引起弯沉仪支座处变形,因此在测定时应检验支点有无变形。如果有变形,应用另一台检验用的弯沉仪安装在测定用弯沉仪的后方,其测点架于测定用弯沉仪的支点旁。当汽车开出时,同时测定两台弯沉仪的弯沉读数,如检验弯沉仪百分表有读数,则应记录并进行支点变形修正。当在同一结构层上测定时,可在不同位置测定 5 次,求取平均值,以后每次测定时以此作为修正值。

② 当采用长度为 5.4 m 的弯沉仪测定时,可不进行支点变形修正。

（2）温度修正

沥青面层厚度大于 5 cm 且路面温度超过(20±2)℃ 范围时。回弹弯沉值应进行温度修正,具体温度的修正方法见《公路路基路面现场测试规程》(JTG 3450—2019)。

（3）结果的评定

① 弯沉代表值为弯沉测量值的上波动界限,按下式计算:

$$l_r = \bar{l} + Z_a S \tag{3-2-18}$$

式中 l_r——一个评定路段的弯沉代表值(0.01 mm);

$\bar{l}$——一个评定路段内经各项修正后的各测点弯沉的平均值(0.01 mm);

S——一个评定路段内经各项修正后的全部测点弯沉的标准差(0.01 mm);

Z_a——与保证率有关的系数,当设计弯沉值按《公路沥青路面设计规范》(JTG D50—2017)确定时,采用表 3-2-4 中的规定值。

表 3-2-4　Z_a 值

层位	Z_a	
	高速公路、一级公路	二、三级公路
沥青层面	1.645	1.5
路基、柔性基面	2.0	1.645

② 当路基和柔性基层、底基层的弯沉代表值不符合要求时,可将超出 $\bar{l}±(2～3)S$ 的弯沉

特异值舍弃,重新计算平均值和标准差。对于舍弃的弯沉值大于 $\bar{l}+(2\sim3)S$ 的点,应找出其周围界限,进行局部处理。用两台弯沉仪同时进行左右轮弯沉值测定时,应按两个独立的测点计,不能采用左右两点的平均值。

③ 弯沉代表值不大于设计要求的弯沉值时合格,大于时不合格。

④ 若在非不利季节测试时,应考虑季节影响系数。

任务六 路面抗滑性检测

一、手工铺砂法测试路面构造深度

1. 适用范围

本方法适用于测试沥青路面及无刻槽水泥混凝土路面表面构造深度,用以评定路面表面抗滑性能。

2. 仪具与材料

(1)手工砂铺仪:由量砂筒、推平板组成,具体技术要求如下:

量砂筒:形状尺寸如图 3-2-6(a)所示,一端是封闭的,容积为 $(25\pm0.15)\text{mL}$,可通过称量砂筒中水的质量以确定其容积 V,并调整其高度,使其容积符合规定要求。附专用的刮尺将筒口量砂刮平。

推平板:形状尺寸如图 3-2-6(b)所示,推平板应为木制或铝制,直径为 50 mm,底面粘一层厚 1.5 mm 的橡胶片,上面有一圆柱形把手。

(2)量砂:足够数量的干燥洁净的匀质砂,粒径为 0.15~0.30 mm。

(3)量尺:钢板尺或专用构造深度尺。

(4)其他:装砂容器(小铲)、扫帚或毛刷、挡风板等。

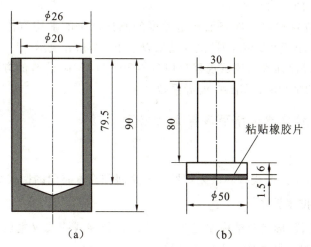

图 3-2-6 量砂筒和推平板示意图(尺寸单位:mm)

(a)量砂筒;(b)推平板

3. 方法与步骤

（1）准备工作

① 量砂准备。取洁净的细砂晾干、过筛，取 0.15~0.3 mm 的砂置适当的容器中备用。量砂只能在路面上使用一次，不宜重复使用。回收砂必须经干燥、过筛处理后方可使用。

② 按《公路路基路面现场测试规程》(JTG 3450—2019)附录 A 的方法，对测试路段按随机取样选点的方法，决定测点所在横断面位置。测点应选在行车道的轮迹带上，距路面边缘不应小于 1 m。

（2）测试步骤

① 用扫帚或毛刷子将测点附近的路面清扫干净，面积不小于 30 cm×30 cm。

② 用小铲向圆筒中缓缓注入准备好的量砂至高出量筒成尖顶状，手提圆筒上部，用钢尺轻轻叩打圆筒中部 3 次，并用刮尺边沿筒口一次刮平。

③ 将砂倒在路面上，用底面粘有橡胶片的推平板，由里向外重复做摊铺运动，稍稍用力将砂尽可能地向外摊开，使砂填入凹凸不平的路表面的空隙中，尽可能将砂摊成圆形，并不得在表面上留有浮动余砂。注意：摊铺时不可用力过大或向外推挤。

④ 用钢板尺测量所构成圆的两个垂直方向的直径，取其平均值，准确至 1 mm。

⑤ 按以上方法，同一处平行测定不少于 3 次，3 个测点均位于轮迹带上，测点间距为 3~5 m，对同一处的测定位置以中间测点的位置表示。

4. 试验记录与数据处理

（1）构造深度 TD 测定结果按式(3-2-19)计算：

$$TD = \frac{1000V}{\pi D^2/4} = \frac{31831}{D^2} \tag{3-2-19}$$

式中　TD——路面表面构造深度(mm)；

　　　　V——砂的体积(25 cm³)；

　　　　D——摊平砂的平均直径(mm)。

（2）每一测试位置均取 3 次路面构造深度的测试结果的平均值作为试验结果，准确至 0.01 mm。当平均值小于 0.2 mm 时，试验结果以小于 0.2 mm 表示。

（3）按《公路路基路面现场测试规程》(JTG 3450—2019)附录 B 的方法，计算每一个评定区间路面构造深度的平均值、标准差、变异系数。

二、数字式摆式仪测试路面摩擦系数方法

1. 适用范围

本方法适用于数字式摆式仪测试无刻槽水泥路面和沥青路面的摆式摩擦系数值 BPN。

2. 仪具与材料技术要求

（1）数字式摆式仪：形状及结构如图 3-2-7 所示。数字式摆式仪主机可输入测点编号，自动测量、存储和显示摆值及温度修正后的结果。

（2）橡胶片：尺寸为 6.35 mm×25.4 mm×76.2 mm，橡胶质量应符合规范要求。当橡胶片使用后，端部在长度方向上磨耗超过 1.6 mm 或边缘在宽度方向上磨耗超过 3.2 mm，或有油类污染时，即应更换新橡胶片。新橡胶片应先在干燥路面上测试 10 次后再用于测试，橡胶

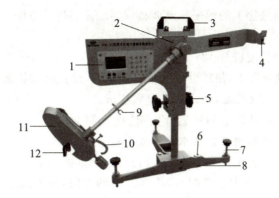

图 3-2-7　数字式摆式仪结构示意图
1—主机；2—角度传感器；3—提手；4—释放开关；5—升降把手；6—水平泡；
7—调平螺栓；8—底座；9—卡环；10—提升柄；11—摆头；12—滑溜块

片的有效使用期自出厂日期起算为 12 个月。

（3）滑动长度量尺（长 126 mm）。

（4）喷水壶。

（5）毛刷。

（6）路面温度计：分度不大于 1 ℃。

（7）其他：扫帚、记录表格等。

3. 方法与步骤

（1）准备工作

① 检查数字式摆式仪的调零灵敏情况，并定期进行滑块压力的标定。

② 选择测试位置，每个测试位置布设 3 个测点，测点间距离为 3～5 m，以中心测点的位置表示该测试位置。测试位置应选在车道横断面上轮迹处，且距路面边缘不应小于 1 m。

（2）测试步骤

① 清洁路面。用扫帚或其他工具将测点处路面上的浮尘或附着物打扫干净。

② 仪器调平。将仪器置于路面测点上，并使摆的摆动方向与行车方向一致。转动底座上的调平螺栓，使水准泡居中。

③ 零位标定。放松紧固旋钮，转动升降旋钮，使摆升高并能自由摆动，然后旋紧紧固旋钮。将摆固定在右侧悬臂上，使摆处于水平释放位置。打开数字式摆式仪主机电源，设置测试状态为"标定"，按下释放开关，使摆向左摆动，当摆到达最高位置后下落时，用手将摆杆接住，此时数字式摆式仪将自动记录空摆时的初始角度，保存此初始角度，完成零位标定。

④ 校核滑动长度。让摆处于自然下垂状态，松开固定旋钮，转动升降旋钮使摆下降，并提起举升柄使摆向左侧移动，然后放下举升柄使橡胶片长边下缘轻轻触地，在边侧紧靠橡胶片摆放滑动长度量尺，使量尺左端对准橡胶片触地下缘；再提起举升柄使摆向右侧移动，然后放下举升柄使橡胶片下缘轻轻触地，检查橡胶片下缘是否与滑动长度量尺的右端齐平。若齐平，则说明橡胶片两次触地的距离（滑动长度）符合 126 mm 的要求。左右两次橡胶片长边边缘应以刚接触路面为准，不可借摆的力量向前滑动，以免标定的滑动长度与实际不符。

橡胶片两次触地与量尺两端若不齐平，通过升高或降低摆或仪器底座的高度进行调整。

微调时，也可用旋转仪器底座上的调平螺丝调整仪器底座高度的方法。这种方法比较方便，但需注意保持水准泡居中。

重复操作，直至滑动长度符合 126 mm 的要求。

⑤ 将摆固定在右侧悬臂上，使摆处于水平释放位置，设置测试状态为"就绪"。

⑥ 用喷水壶浇洒测点处路面，使之处于湿润状态。

⑦ 测摆值。按下右侧悬臂上的释放开关，使摆在路面滑过，当摆杆回落时，用手接住读数，但不做记录。然后使摆杆重新置于水平释放位置。

按照步骤⑤～⑦的方法，重复操作 5 次，读记每次测试的摆值。5 个摆值中最大值与最小值的差值不得大于 3。如差值大于 3 时，应检查产生的原因，并再次重复上述各项操作，至符合规定为止。

⑧ 在测点处用温度计测记潮湿路表温度，准确至 1 ℃。

⑨重复步骤①～⑧，完成一个测试位置 3 个测点的摆值测试。

4. 数据处理

（1）计算每个测点 5 个摆值的平均值作为该测点的摆值 BPN_T，取整数。

（2）每个测点摆值的温度修正：

当路面温度为 T（℃）时测得的摆值 BPN_T 应按式（3-2-20）换算成标准温度 20 ℃ 的摆值 BPN_{20}：

$$BPN_{20} = BPN_T + \Delta BPN \qquad (3-2-20)$$

式中　BPN_{20}——换算成标准温度 20 ℃ 时的摆值；

　　　BPN_T——路面温度 T 时得到的摆值；

　　　ΔBPN——温度修正值按表 3-2-5 确定。

表 3-2-5　温度修正值

温度（℃）	0	5	10	15	20	25	30	35	40
温度修正值 ΔBPN	−6	−4	−3	−1	0	+2	+3	+5	+7

（3）计算每个测试位置 3 个测点摆值的平均值作为该测试位置的摆值，取整数。

复习思考题

1. 什么是压实度？有几种检测方法？各有什么特点？
2. 简述灌砂法试验中灌砂筒下部圆锥体内砂的质量的标定过程。
3. 简述贝克曼梁法测试路面弯沉的试验方法与步骤。
4. 简述用三米直尺测定平整度试验的现场测试步骤。

参 考 文 献

[1] 中华人民共和国交通运输部.公路工程技术标准:JTG B01—2014[S].北京:人民交通出版社,2015.

[2] 中华人民共和国交通运输部.公路工程质量检验评定标准 第一册 土建工程:JTG F80/1—2017[S].北京:人民交通出版社,2017.

[3] 中华人民共和国交通运输部.公路路基设计规范:JTG D30—2015[S].北京:人民交通出版社,2015.

[4] 中华人民共和国交通运输部.公路路基施工技术规范:JTG/T 3610—2019[S].北京:人民交通出版社,2019.

[5] 中华人民共和国交通运输部.公路路面基层施工技术细则:JTG/T F20—2015[S].北京:人民交通出版社,2015.

[6] 中华人民共和国交通运输部.公路沥青路面设计规范:JTG D50—2017[S].北京:人民交通出版社,2017.

[7] 中华人民共和国交通运输部.公路路基路面现场测试规程:JTG 3450—2019[S].北京:人民交通出版社,2019.

[8] 中华人民共和国交通部.公路沥青路面施工技术规范:JTG F40—2004[S].北京:人民交通出版社,2005.

[9] 中华人民共和国交通运输部.公路工程沥青及沥青混合料试验规程:JTG E20—2011[S].北京:人民交通出版社,2011.

[10] 中华人民共和国交通运输部.公路水泥混凝土路面设计规范:JTG D40—2011[S].北京:人民交通出版社,2011.

[11] 中华人民共和国交通运输部.公路水泥混凝土路面施工技术细则:JTG/T F30—2014[S].北京:人民交通出版社,2014.

[12] 刘志.路基施工技术[M].北京:人民交通出版社,2010.

[13] 于国锋.路基工程施工[M].北京:人民交通版社,2009.

[14] 夏连学.路面施工技术[M].北京:人民交通出版社,2011.

[15] 王淑红,杨平.沥青路面施工[M].北京:人民交通出版社,2011.

[16] 丁烈梅.路面施工技术[M].北京:北京理工大学出版社,2017.

[17] 齐秀廷,丁烈梅.路基施工技术[M].北京:人民交通出版社,2017.

[18] 栗振锋,李素梅.路基路面工程[M].3 版.北京:人民交通出版社,2018.

[19] 杨仲元.路基路面施工技术[M].4 版.北京:人民交通出版社,2021.

公路施工技术练习册

姓名：_____

班级：_____

说　明

1. 练习册编写宗旨

以学生的发展为中心,基于对学生进行知识、能力、素质同步培养的目的,探索在枯燥的施工类课程教学中,引导学生抓住岗位知识要点、分析岗位能力要求、领悟岗位素质要求,组织学生将每各环节的学习成果填表,进行"做中学""学中练""练中赛",提高学生的课程参与度,进而提高学生的综合素养。

2. 练习册使用方法

方法1:当采用翻转课堂教学法时,可让学生先自己预习课本某个知识点,填写该知识点相应的练习册,对填表结果进行小组互评、教师点评。

方法2:当采用理论讲授法时,教师每讲解一个施工步骤,学生填写一个施工步骤的知识要点、岗位能力、素质要求、岗位人员。循环进行,直至完成本次课的教学内容。

3. 练习册填表方法

以"土方路基填筑施工"为例。

(1)"知识":实质上是填写技术交底的内容。

"施工步骤":依次填写"测量放样""基底处理""分层填筑""分层压实""路基整形""检测验收"等。

"施工要点":例如"分层填筑"环节施工要点填写"采用水平分层填筑法,每层松铺厚度为20～30cm;采用自卸汽车运土、推土机摊铺、平地机整平"。

"材料":例如"分层填筑"环节的材料为"黏性土、碎石土等"。

"设备":例如"分层填筑"环节的设备为"自卸汽车、推土机、平地机、洒水车"。

(2)"能力":填写负责该施工步骤的主要岗位人员所应具备的能力。

例如:"分层填筑"环节主要岗位人员是施工员,其"能力"应填写"组织协调能力、技术交底能力、语言表达能力等"。

(3)"素质":填写负责该施工步骤的主要岗位人员所应具备的素质。

例如:"分层填筑"环节主要负责人是施工员,其"素质"应填写"吃苦耐劳、爱岗敬业等"。

(4)"岗位人员":填写负责该施工步骤的主要岗位人员。

例如:"测量放样"环节的"岗位人员"填写"测量员"或"测量工程师","分层填筑"环节的"岗位人员"填写"路基施工员"或"路基工程师"。

4. 由于编者水平有限,不妥之处在所难免,敬请使用本练习册的教师和其他读者给予批评指正。

目　　录

项目一　路基施工技术

项目二　路面施工技术

项目三　路基路面现场试验检测

项目一 路基施工技术

练习 1 路基施工图纸识读

路基施工图纸识读（一）

图纸名称	知 识			能 力	素 质	岗位人员
	形 状	尺 寸	其 他			
公路平面设计图	线形组合：	JD5 平曲线要素：	路线长度：			
路线纵断面设计图	线形组合：	竖曲线要素：	填挖状况：			
路基横断面图	填挖状况：	挖深： 挖方面积：	路基宽度： 设计高程：			
路基设计表	内容组成：	K0＋940 设计高程：	K0＋940 处 W1＝			

路基施工图纸识读（二）

图纸名称	知识			能力	素质	岗位人员
	数量	数据	其他			
导线点成果表	导线点数量：	GP03点坐标：	GP03点高程：			
水准点成果表	Ⅱ等国家水准点数量：	BM2点高程：	BM2点位置：			
直线、曲线及转角表	交点数量：	JD4—JD5间距：	JD4—JD5方位角：			
逐桩坐标表	桩的数量：	QDK0+060坐标：	QDK0+060方位角：			

练习 2　路基施工准备

知　　识			能　力　素　质	岗位人员
施工步骤	施工要点	用到的材料/设备		
人员准备				
材料准备				
机械准备				
技术准备				

练习 3 土方路基填筑施工

知　识									
施工要点									
能　力	材　料								
	设　备								
素　质									
岗位人员									
施工步骤									

练习4 土方路基开挖施工

知 识			能 力 素 质		岗位人员
施工要点	材 料	设 备			
施工步骤					

练习 5　路基地表排水设施施工

知　识		能　力　素　质	岗位人员
施工要点	材　料　设　备		
施工步骤			

练习 6　路基地下排水设施施工

知　识				能　力　素　质		岗位人员
施工步骤	施工要点	材　料	设　备			

练习 7 坡面防护施工

知 识			能 力 素 质			岗位人员
施工要点	材 料	设 备				
施工步骤						

练习 8　石砌挡土墙施工

知　识				能　力	素　质	岗位人员
施工步骤	施工要点	材　料	设　备			

练习 9　软基处理施工

知　识											
能　力　素　质	岗位人员										
	质										
	素										
	能　力										
	设　备										
	材　料										
施工要点											
施工步骤											

项目二 路面施工技术

练习 10 路面施工图纸识读

图纸名称	知识				能力	素质	岗位人员
	形状	尺寸	其他				

练习 11　水泥稳定类基层厂拌法施工

知　识				能　力	素　质	岗位人员
施工步骤	施工要点	材　料	设　备			

练习 12　水泥稳定类基层路拌法施工

知　识				能　力	素　质	岗位人员
施工要点	材　料	设　备				
施工步骤						

练习 13　级配碎石基层施工

知　识				能　力	素　质	岗位人员
施工要点	材　料	设　备				
施工步骤						

练习 14 沥青路面热拌法施工

施工步骤	知　识				能　力　素　质　岗位人员			
	施工要点	材料	设备					

练习 15　沥青路面层铺法施工

知　识												
施工要点												
能　力	材　料											
	设　备											
素　质												
岗位人员												
施工步骤												

练习 16　水泥混凝土路面小型机具法施工

知　识					能　力　素　质		岗位人员
施工要点			材　料	设　备			
施工步骤							

练习 17 水泥混凝土路面三辊轴机组法施工

知　识				能　力		素　质	岗位人员
施工步骤	施工要点	材　料	设　备				

练习 18 水泥混凝土路面滑模摊铺法施工

知　　识					能　　力		岗位人员
施工要点	材　料	设　备			能　力	素　质　质	
施工步骤							

项目三　路基路面现场试验检测

练习 19　路基压实度检测（灌砂法）

一、试验目的

二、试验仪器

三、试验步骤

四、试验记录

灌砂法压实度检测记录表

序号	试验项目及公式		
1	灌砂前筒＋砂重(g)		
2	锥体砂重(g)		
3	粗糙面耗砂重(g)		
4	灌砂筒＋剩余砂重(g)		
5	试坑内耗砂重(g)	$(5)=(1)-(2)-(3)-(4)$	
6	标准砂密度 ρ_s (g/cm³)		
7	试坑体积(cm³)	$(7)=(5)\div(6)$	
8	湿试样质量(g)		
9	试样湿密度(g/cm³)	$(9)=(8)\div(7)$	

续表

序号	试验项目及公式				
10	盒号				
11	盒重(g)				
12	盒＋湿土重(g)				
13	盒＋干土重(g)				
14	干土质量(g)	$(14)=(13)-(11)$			
15	水质量(g)	$(15)=(12)-(13)$			
16	试样含水量(%)	$(16)=(15)/(14)\times100\%$			
17	平均含水量(%)				
18	试验干密度(g/cm³)	$(18)=(9)\div[1+(17)]$			
19	最大干密度(g/cm³)				
20	压实度(%)	$(20)=(18)/(19)\times100\%$			

注：密度均应准确至 0.01 g/cm³。

五、数据整理与试验结果

试验评分表

组号：

序号	类型	考核项目	考核内容	分数	评分标准	扣分	得分	扣分原因
1	知识	预习	试验目的 试验仪器 试验步骤	5	目的不明确扣 2 分；不了解试验步骤扣 3 分			
		试验操作	操作水平	30	操作每错一步扣 5 分；读数不正确扣 5 分			
		成果整理	测定数据	10	无数据扣 10 分			
			计算过程	5	无计算过程扣 5 分			
			结论与总结	5	无结论扣 5 分			
		结束工作	整理现场	10	未打扫扣 10 分；打扫不彻底扣 5 分			
		安全文明操作		5	有仪器损坏扣 3 分；有安全事故扣 5 分			
2	能力	组织协调、团结协作等		15	组织能力欠佳扣 5 分；不愿意协作扣 10 分			
3	素质	吃苦耐劳、严谨认真、数据诚信等		15	不能吃苦扣 5 分；不认真扣 5 分；假数据扣 5 分			

练习 20　回弹弯沉检测（贝克曼梁法）

一、试验目的

二、试验仪器

三、试验步骤

四、试验记录

回弹弯沉测定记录表

试验车型号：＿＿＿＿＿＿＿＿　　　　　　　　　后轴重：＿＿＿＿＿＿＿＿

车轮当量圆直径,单圆 D:左＿＿＿＿＿右＿＿＿＿＿　　　　双圆 d:左＿＿＿＿＿右＿＿＿＿＿

车轮对路面的单位压力:左＿＿＿＿＿MPa　右＿＿＿＿＿MPa　　路面温度：＿＿＿＿＿＿＿

桩　　号	百分表读数(0.01mm)		弯沉 (0.01mm)
	初读数	末读数	

五、数据整理与试验结果

试验评分表

组号：

序号	类型	考核项目	考核内容	分数	评分标准	扣分	得分	扣分原因
1	知识	预习	试验目的 试验仪器 试验步骤	5	目的不明确扣 2 分； 不了解试验步骤扣 3 分			
		试验操作	操作水平	30	操作每错一步扣 5 分； 读数不正确扣 5 分			
		成果整理	测定数据	10	无数据扣 10 分			
			计算过程	5	无计算过程扣 5 分			
			结论与总结	5	无结论扣 5 分			
		结束工作	整理现场	10	未打扫扣 10 分； 打扫不彻底扣 5 分			
		安全文明操作		5	有仪器损坏扣 3 分； 有安全事故扣 5 分			
2	能力	组织协调、团结协作等		15	组织能力欠佳扣 5 分； 不愿意协作扣 10 分			
3	素质	吃苦耐劳、严谨认真、 数据诚信等		15	不能吃苦扣 5 分；不认真 扣 5 分；假数据扣 5 分			

练习 21　路面平整度检测试验（三米直尺法）

一、试验目的

二、试验仪器

三、试验步骤

四、试验记录

平整度检测记录表（三米直尺法）

结构层名称									
桩号	实测值(mm)								最大值
测点数		合格点数					合格率		

五、数据整理与试验结果

试验评分表

组号：

序号	类型	考核项目	考核内容	分数	评分标准	扣分	得分	扣分原因
1	知识	预习	试验目的 试验仪器 试验步骤	5	目的不明确扣 2 分； 不了解试验步骤扣 3 分			
		试验操作	操作水平	30	操作每错一步扣 5 分； 读数不正确扣 5 分			
		成果整理	测定数据	10	无数据扣 10 分			
			计算过程	5	无计算过程扣 5 分			
			结论与总结	5	无结论扣 5 分			
		结束工作	整理现场	10	未打扫扣 10 分； 打扫不彻底扣 5 分			
		安全文明操作		5	有仪器损坏扣 3 分； 有安全事故扣 5 分			
2	能力	组织协调、团结协作等		15	组织能力欠佳扣 5 分； 不愿意协作扣 10 分			
3	素质	吃苦耐劳、严谨认真、 数据诚信等		15	不能吃苦扣 5 分；不认真 扣 5 分；假数据扣 5 分			

练习 22　路面平整度检测试验（连续式平整度仪法）

一、试验目的

二、试验仪器

三、试验步骤

四、试验记录

平整度检测记录（连续式平整度仪法）

工程部位				桩号范围			
标准值 σ(mm)				标准值 IRI(m/km)			
起点桩号	终点桩号	车道号	平整度标准差 σ(mm)	国际平整度指数 IRI(m/km)	测点数（N）	振幅大于____mm的点数	振幅累计值（mm）

五、数据整理与试验结果

试验评分表

组号：

序号	类型	考核项目	考核内容	分数	评分标准	扣分	得分	扣分原因
1	知识	预习	试验目的 试验仪器 试验步骤	5	目的不明确扣2分； 不了解试验步骤扣3分			
		试验操作	操作水平	30	操作每错一步扣5分； 读数不正确扣5分			
		成果整理	测定数据	10	无数据扣10分			
			计算过程	5	无计算过程扣5分			
			结论与总结	5	无结论扣5分			
		结束工作	整理现场	10	未打扫扣10分； 打扫不彻底扣5分			
		安全文明操作		5	有仪器损坏扣3分； 有安全事故扣5分			
2	能力	组织协调、团结协作等		15	组织能力欠佳扣5分； 不愿意协作扣10分			
3	素质	吃苦耐劳、严谨认真、 数据诚信等		15	不能吃苦扣5分；不认真 扣5分；假数据扣5分			

练习 23　路面构造深度检测试验（手工铺砂法）

一、试验目的

二、试验仪器

三、试验步骤

四、试验记录

路面构造深度检测（手工铺砂法）记录表

路面结构层次					$TD=31831/D^2$		
测点桩号	横距 （m）	圆直径 D（mm）			构造深度 TD （mm）	平均构造深度 TD（mm）	备注
		1	2	平均值			

五、数据处理及试验结果

试验评分表

组号：

序号	类型	考核项目	考核内容	分数	评分标准	扣分	得分	扣分原因
1	知识	预习	试验目的 试验仪器 试验步骤	5	目的不明确扣 2 分； 不了解试验步骤扣 3 分			
		试验操作	操作水平	30	操作每错一步扣 5 分； 读数不正确扣 5 分			
		成果整理	测定数据	10	无数据扣 10 分			
			计算过程	5	无计算过程扣 5 分			
			结论与总结	5	无结论扣 5 分			
		结束工作	整理现场	10	未打扫扣 10 分； 打扫不彻底扣 5 分			
		安全文明操作		5	有仪器损坏扣 3 分； 有安全事故扣 5 分			
2	能力	组织协调、团结协作等		15	组织能力欠佳扣 5 分； 不愿意协作扣 10 分			
3	素质	吃苦耐劳、严谨认真、 数据诚信等		15	不能吃苦扣 5 分；不认真 扣 5 分；假数据扣 5 分			

练习 24　路面摩擦系数测定（摆式仪法）

一、试验目的

二、试验仪器

三、方法与步骤

四、试验记录

路面摩擦系数检测记录表

路面类型							路面温度				
测点位置	摆值 BPN_T						温度修正			平均抗滑值 BPN_{20}	备注
	1	2	3	4	5	平均值	路面温度 $T(℃)$	修正值 ΔBPN	修正后值 BPN_{20}		

五、数据处理及试验结果

试验评分表

组号：

序号	类型	考核项目	考核内容	分数	评分标准	扣分	得分	扣分原因
1	知识	预习	试验目的 试验仪器 试验步骤	5	目的不明确扣2分； 不了解试验步骤扣3分			
		试验操作	操作水平	30	操作每错一步扣5分； 读数不正确扣5分			
		成果整理	测定数据	10	无数据扣10分			
			计算过程	5	无计算过程扣5分			
			结论与总结	5	无结论扣5分			
		结束工作	整理现场	10	未打扫扣10分； 打扫不彻底扣5分			
		安全文明操作		5	有仪器损坏扣3分； 有安全事故扣5分			
2	能力	组织协调、团结协作等		15	组织能力欠佳扣5分； 不愿意协作扣10分			
3	素质	吃苦耐劳、严谨认真、 数据诚信等		15	不能吃苦扣5分；不认真 扣5分；假数据扣5分			